浙江省高职院校"十四五"重点立项建设教材

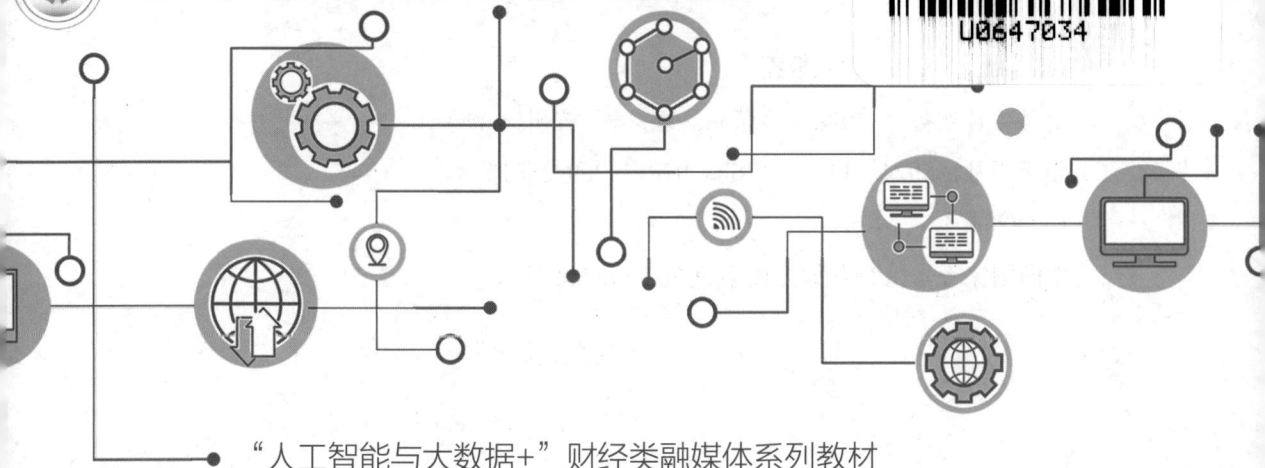

"人工智能与大数据+"财经类融媒体系列教材

FINANCIAL ACCOUNTING PRACTICE

财务会计实务

杨　娟　袁荣京　◎主编

郑小红　吴海波　薛世媛　◎副主编

潘上永　◎主审

ZHEJIANG UNIVERSITY PRESS

浙江大学出版社

·杭州·

图书在版编目（CIP）数据

财务会计实务 / 杨娟，袁荣京主编. -- 杭州 : 浙
江大学出版社，2024. 11. -- ISBN 978-7-308-25515-8

Ⅰ. F234.4

中国国家版本馆 CIP 数据核字第 2024C8W593 号

财务会计实务

CAIWU KUAIJI SHIWU

杨　娟　袁荣京　主编

策划编辑	李　晨	
责任编辑	高士吟	
责任校对	郑成业	
封面设计	春天书装	
出版发行	浙江大学出版社	
	（杭州市天目山路148号　邮政编码310007）	
	（网址：http://www.zjupress.com）	
排　　版	杭州林智广告有限公司	
印　　刷	杭州宏雅印刷有限公司	
开　　本	787mm×1092mm　1/16	
印　　张	20.75	
字　　数	451千	
版 印 次	2024年11月第1版　2024年11月第1次印刷	
书　　号	ISBN 978-7-308-25515-8	
定　　价	59.80元	

PREFACE

前　言

　　本教材吸收了浙江省首批课程思政示范课程"企业会计核算"的建设成果，以"爱国敬业、诚信严谨、廉洁守法"为课程思政主线，以"夯实财务会计知识、锤炼会计操作技能、培养学生会计职业素养、形成会计综合职业能力"为宗旨，按照"理实一体"的设计理念，将理论知识、实际操作技能及职业素养教育融为一体。教材在编写过程中，以企业会计基本准则和具体准则为依据，同时考虑高等职业教育培养目标，本着"知识够用、能力为主"的要求，围绕财务报告的目标，将教材内容分为资产负债表核算、利润表核算和财务报表三大模块。在模块之下，又以完成实际会计工作任务的逻辑顺序整合教材内容，科学设计资产、负债、所有者权益、收入、费用和利润等具体项目，其重点在于培养学生具有熟练按照最新会计准则和税收法规等进行企业日常经济业务的会计处理能力。本教材具有以下特色。

1. 融入课程思政

　　党的二十大报告提出，"育人的根本在于立德"[①]。本教材将"立德树人"基本要求贯穿于编写的全过程，在开发过程中注重思政元素的设计与融入：从核心价值观、会计职业道德、哲学方法论等方面对教材的素养目标进行了一体化设计；每个项目"案例导入"模块的内容多偏向于课程思政；部分项目结合具体教学内容以二维码的形式插入融入课程思政内容的案例资源。

2. 产教深度融合

　　基于产教融合理念，校企合作，共同打造具有真实企业情景的项目化、任务驱动式理实一体化教材。校企联合共编教材，优势互补。企业人员编写实训教学案例，强化新知识、新技术、新工艺的应用，从可持续发展角度，提出会计人员综合职业素质和技能的要求；专业教师依据行业专家提出的人才培养要求，确立教材知识体系，拟定编写方案，突出了教材的实用性和针对性。

3. 注重应用实践

　　教材编写落实工学结合、任务引领、教学做一体化的设计思想，从模块到任务，将教材内容结构化。以具体工作项目为载体，设计、组织课程内容，形成以工作任务为中心、以技术实践知识为焦点、以技术理论知识为背景的课程内容结构。教材对理论不作深入探讨，但

---

① 习近平. 高举中国特色社会主义伟大旗帜　为全面建设社会主义现代化国家而团结奋斗：在中国共产党第二十次全国代表大会上的报告 [N]. 人民日报，2022-10-26（1）.

对方法、手段力求详尽，以方便学生在实际工作中运用。作者在教材编写过程中，进行了充分的调研，吸收了一线财务人员的建议，提高了可操作性，使本教材更突出实用性。

4.呈现立体性

本教材作为浙江省在线精品课程"企业会计核算"的配套教材，立足于智慧职教MOOC学院的课程平台，以传统纸质教材为基础，以学科课程为中心，统合多媒体、多形态、多层次的教学资源，是包括多种教学服务内容的结构配套的教学出版物的集合。在纸质教材中以二维码的方式"无缝隙"地链接课程平台的富媒体资源，丰富纸质教材的表现形式，构建了"纸质教材、在线课程、混合式学习"三位一体的新型教学体系，实现"时时教、处处学"，满足"互联网+"时代产生的教学新需求。

本教材由杭州职业技术学院杨娟教授担任第一主编，广东农工商职业技术学院的袁荣京担任第二主编。长沙商贸旅游职业技术学院郑小红、湖北生物科技职业学院吴海波、云南财经职业学院薛世媛担任副主编。杭州和清正会计师事务所孙洁、杭州职业技术学院施卓晨、章琳、王盛、施鸿等参与了教材的编写。教材编写的具体分工如下：项目一、项目四、项目五、项目六、项目九、项目十一、项目十三由杨娟、袁荣京编写，项目二、项目三、项目七由郑小红、吴海波、薛世媛编写、项目八、项目十、项目十二、项目十四、项目十五由孙洁、施卓晨、章琳、王盛、施鸿编写。本教材由杨娟总纂定稿，由孙洁提供实训案例指导，由浙江经贸职业技术学院的潘上永教授对教材进行了审核。

本教材在编写过程中得到浙江大学出版社、相关企业的大力支持，在此表示深切的谢意！

由于作者水平有限，书中难免有疏漏之处，恳请广大读者批评指正。

编 者

2024 年 10 月

CONTENTS

目　录

模块一　资产负债表核算

模块 一

资产负债表核算

项目一 财务会计认知

📖 学习目标

◆ 知识目标 ◆

1. 了解财务会计的概念、特征和目标；
2. 理解财务会计的六大要素；
3. 掌握财务会计核算的基本前提和财务会计信息的质量要求；
4. 熟悉会计法规。

◆ 技能目标 ◆

1. 能判断某一业务事项所遵循的原则及前提条件；
2. 能识别会计要素的类型。

◆ 素养目标 ◆

1. 培养学生的规矩意识、制度意识、法律意识；
2. 培养学生诚实守信、爱岗敬业的职业素养；
3. 提升学生从全局出发分析问题、解决问题的能力。

项目一 课程思政
教学案例

📖 案例导入

2023 年 10 月 30 日，比亚迪在港交所发布的三季度报告显示，2023 年前三季度，实现营业收入 4 222.75 亿元，同比增长 57.75%；实现归母净利润 213.67 亿元，同比增长 129.47%。其中，第三季度营收 1 621.51 亿元，同比增长 38.49%；净利润 104.13 亿元，同比增长 82.16%。

以上数据来源于财务会计提供的财务报告。财务会计用一种特殊的商业语言给投资者提供据以决策的会计信息。这样的会计信息首先必须是真实可靠的，所以，"诚实守信"历来被认为是会计领域的专业素养。希望未来的你能恪守会计职业道德，遵守会计法律法规，扎实掌握专业技能，成长为大数据与会计领域的复合型人才。

资料来源：张冰.单季盈利超 100 亿元！比亚迪三季度毛利率超特斯拉[EB/OL].（2023-10-31）[2024-07-20].https://www.bjnews.com.cn/detail/1698727159129625.html.

📖 项目导图

本项目的内容结构如图 1-1 所示。

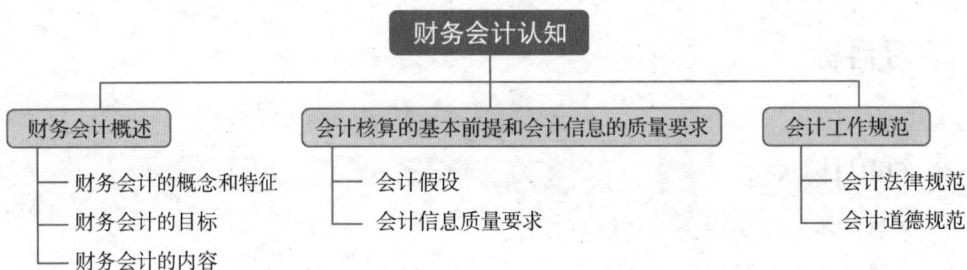

图 1-1 项目一的内容结构

📖 项目实施

任务一 财务会计概述

一、财务会计的概念和特征

（一）财务会计的概念

财务会计是以会计准则和会计制度为依据，通过一系列会计核算的专门方法，确认和计量企业资产、负债、所有者权益的增减变化，反映收入的取得、费用的发生和归属以及利润的形成和分配，定期以财务报告的形式向会计信息使用者提供企业的财务状况、经营成果和现金流量等情况。

（二）财务会计的特征

（1）财务会计主要通过通用的财务报告来提供信息。现代社会中，会计信息的需求者众多，既有企业外部的，也有企业内部的管理部门。由于各种信息需求者所需要的决策信息千差万别，因此，为了满足所有会计信息使用者的共同需要，财务会计只能通过定期编制通用的财务报告（包括财务报表、附表、附注和财务状况说明书），向会计信息使用者传递企业财务状况、经营成果、现金流量等会计信息，反映企业管理层受托责任履行情况，为财务报告使用者作出经济决策提供依据。

（2）财务会计主要是为外部会计信息使用者提供会计信息。财务会计提供的会计信息虽然可以供企业外部使用者和内部的管理部门使用，但主要还是服务于企业外部的会计信息使用者，包括企业的投资者、债权人、政府及其有关部门和社会公众。

（3）财务会计有一套系统的规范体系。由于所有权和经营权的分离，财务报告是由企业管理部门负责编制的，而财务报告的使用者主要来自企业外部。外部信息使用者与企业管理部门有着不同的利益和信息要求。为了维护企业所有利害关系人的利益，提高会计信息的质量，防止企业管理部门在会计报表中弄虚作假，财务会计必须遵循一套系统的规范体系，包括《中华人民共和国会计法》（以下简称《会计法》）、会计工作基础规范、会计准则、会计制度等。

二、财务会计的目标

财务会计的目标即财务会计报告的目标，是指在一定的历史条件下，通过财务会计所要实现的目的或达到的最终结果。我国《企业会计准则——基本准则》规定，财务会计报告的目标可以概括为两个方面。

（一）反映企业管理层受托责任的履行情况（受托责任）

所有者一般在企业之外，经营者受所有者的委托经营企业，所以在现代公司制度下，满足所有者对企业财务状况、经营成果所关注的信息只有会计信息，这就是会计信息重要的原因所在。所以提供会计信息的一个重要的目标，就是反映企业管理层（经营者）受托责任的履行情况，以有助于评价企业的经营管理责任及资源使用的有效性。

（二）向财务报告使用者提供决策有用的信息（与决策相关）

财务报告使用者主要包括投资者、债权人、政府及其有关部门和社会公众等。其中最主要的使用者是投资者，如果其他使用者的需要与投资者的需要不一致，一般要服从于投资者的需要。例如，所得税会计，因为会计不是依照税法的规定制定相关规则，所以如果相关的税务部门在会计利润总额的基础上确定税收，则要进行相应的调整，而会计提供给股东和所有者的信息是以会计准则为依据进行的，所以这两者之间会产生差异，从而就产生了递延所得税资产和递延所得税负债的确认问题。

三、财务会计的内容

财务会计的内容有会计确认、会计计量与会计报告。

（一）会计确认

会计确认是指某一会计事项作为某项会计要素正式加以记录和列入财务报表的过程。会计确认是要明确某一经济业务涉及哪个会计要素的问题。

会计要素是根据交易或事项的经济特征所确定的财务会计对象及其分类。根据我国《企业会计准则——基本准则》的规定，会计要素分为资产、负债、所有者权益、收入、费用和利润六项。其中，反映财务状况的要素为资产、负债、所有者权益，反映经营业绩的要素为收入、费用和利润。

1. 资产

资产是由企业过去的交易或事项形成的、由企业拥有或控制的、预期会给企业带来经济利益的资源。这一定义强调了资产的三项特点。

（1）资产是由过去的交易或事项形成的。过去的交易或事项包括购买、生产、建造行为或其他交易和事项，即只有过去的交易或事项才能产生资产。至于未来的和未发生的交易或事项可能产生的结果，则不属于现在的资产，所以不能确认为资产。

例如，甲、乙企业签订了一份购买原材料的合同，由于各种原因，合同尚未履行，即购买行为尚未发生，因此该批原材料不符合资产的定义，不能确认为资产。

（2）资产应为企业拥有或控制的。一项资源只要作为企业的资产被确认，企业就享有该项资源的所有权，可以随意使用或处置；或者虽然不享有该项资源的所有权，但该资源能够被企业控制。

例如，某企业以融资租赁方式租入一项固定资产，企业虽然不拥有其所有权，但在租赁该项固定资产期间对其有控制权，即在租赁期内，该企业控制了该资产的使用权及其所带来的经济利益，因此应将其作为企业的资产予以确认、计量和报告。

（3）资产预期会给企业带来经济利益。这是指资产具有直接或间接导致现金或现金等价物流入企业的潜力。这种潜力可以来自企业日常的生产经营活动，也可以来自企业非日常的生产经营活动，即资产是可望给企业带来现金流入的经济资源。如果某一项目预期不能为企业带来经济利益，就不能确认其为资产；如果某一项目前期确认为企业的资产，后期不能再为企业带来经济利益，则不能继续确认其为资产。

例如，某企业拥有原材料、库存商品、半成品、待处理财产损溢等，其中原材料、库存商品、半成品都是企业拥有或控制的，是能为企业带来经济利益的资源，因此被确认为资产；而待处理财产损溢预期不能为企业带来经济利益，因此不能确认为资产。

对于资产的确认，应该在满足资产定义的同时，满足以下两个条件：①与该资源有关的经济利益很可能流入企业。②该项目的成本和价值能够可靠地计量。只符合资产定义、不符合资产确认条件的项目，不可列入资产负债表。

资产按其流动性可分为流动资产和非流动资产。

流动资产是指预计在一个正常营业周期内变现、出售或耗用，或为交易目的而持有的资产，如货币资产、交易性金融资产、应收票据、应收账款、存货等。

非流动资产是指流动资产以外的资产，如长期股权投资、固定资产、无形资产等。

2. 负债

负债是由企业过去的交易或者事项形成、预期会导致经济利益流出企业的现时义务。负债具有如下特点。

（1）负债是由企业过去的交易或者事项形成的现时义务。例如，某企业已经向银行借入款项1 000万元，即属于过去的交易或事项形成的负债；某企业同时与银行达成了3个月后再借入2 000万元的借款意向书，但该交易尚未形成，故不能确认为负债。

（2）负债预期会导致经济利益流出企业。例如，某企业购买原材料，因资金周转有困难，延期支付供货方款项，形成了应付账款500万元，到期偿还就会使500万元流出企业，应确认为负债。

对于负债的确认，在满足负债定义的同时，满足以下两个条件：①与该义务有关的经济利益很可能流出企业；②未来流出经济利益的金额能够可靠地计量。只符合负债定义不符合负债确认条件的项目，不可列入资产负债表。

负债按偿还期长短可分为流动负债和非流动负债。

流动负债是指预计在一个正常营业周期内，需要动用流动资产或其他流动负债清偿的短期负债，如短期借款、应付账款、应付票据、预收账款、应付职工薪酬、应交税费、其他应付款等。

非流动负债是指流动负债以外的负债，需在下一个营业周期内动用流动资产或新的流动负债清偿的负债，如长期借款、应付债券、长期应付款等。

3. 所有者权益

所有者权益是指企业资产扣除负债后由所有者享有的剩余权益（所有者权益＝资产－负债）。公司的所有者权益又称为股东权益。所有者权益的来源包括所有者投入的资本、直接计入所有者权益的利得和损失、留存收益等。

利得是企业非日常活动所形成的、会导致所有者权益增加的、与所有者投入资本无关的经济利益的流入。

损失是企业非日常活动所发生的、会导致所有者权益减少的、与向所有者分配利润无关的经济利益的流出。

所有者权益具有如下特点：

（1）企业不需要偿还所有者权益，除非发生清算；

（2）企业清算时，只有先偿还负债后，才可以偿还权益给所有者；

（3）所有者按照其权益大小参与企业的利润分配。

所有者权益包括实收资本（股本）、资本公积和留存收益。其中，留存收益分为盈余公积和未分配利润。

4. 收入

收入是指企业在日常经营活动中形成的、会导致所有者权益增加的、与所有者投入资本无关的经济利益的总流入。收入的确认应该同时符合下列条件：

（1）与收入相关的经济利益很可能流入企业；

（2）经济利益流入企业会导致企业资产的增加或负债的减少；

（3）经济利益的流入额能够可靠地计量。

5. 费用

费用是指企业在日常经营活动中发生的、会导致所有者权益减少的、与向所有者分配利润无关的经济利益的总流出。费用具有以下特点：

（1）费用是企业在日常经营活动中发生的；

（2）费用会导致经济利益的流出，该流出不包括向所有者分配的利润；

（3）费用最终会导致所有者权益的减少。

因此，费用只有在经济利益很可能流出，从而导致企业资产减少或者负债增加且经济利益的流出额能够可靠计量时才能予以确认。

例如，某企业用银行存款偿还了一笔短期借款1 000万元。偿还短期借款尽管导致经济利益流出1 000万元，但并没有导致企业所有者权益减少，而是减少了负债，故不应该确认为费用。

6. 利润

利润是指企业在一定会计期间的经营成果，包括收入减去费用之后的净额、直接计入当期利润的利得和损失等。利润金额取决于收入和费用、直接计入当期利润的利得和损失。

（二）会计计量

会计计量是为了将符合确认条件的会计要素登记入账并列报于财务报表而确定其金额的过程。用货币对会计要素进行计量的标准称为会计计量属性。会计计量属性主要包括历史成本、重置成本、可变现净值、现值和公允价值。

1. 历史成本

历史成本又称实际成本或原始成本，是指取得或制造某项财产物资时所实际支付的现金或者现金等价物。历史成本是会计计量属性中最基本的计量属性，是国际惯例和我国惯例中的基础性计价标准。

2. 重置成本

重置成本又称现行成本，是指按照当前的市场条件，企业重新取得同样一项资产所需支付的现金和现金等价物金额。重置成本常用于盘盈固定资产的计量。

3. 可变现净值

可变现净值是指在生产经营过程中，以预计售价减去进一步加工成本、估计的销售费用和相关税费后的金额。可变现净值常用于期末存货的计量。

4. 现值

现值是对未来现金流量以恰当的折现率进行折现后的价值，是考虑货币时间价值因素等的一种计量属性。现值常用于非流动资产可收回金额的确定。

5. 公允价值

公允价值是指市场参与者在计量日发生的有序交易中，出售一项资产所能收到或者转移一项负债所需支付的价格。公允价值常用于部分金融资产的计量和投资性房地产的计量等。

（三）会计报告

会计报告即财务报告或财务会计报告，是指企业对外提供的反映企业某一特定日期的财务状况和某一会计期间的经营成果、现金流量等会计信息的文件。财务报告包括财务报表和其他应当在财务报告中披露的相关信息和资料。财务报表至少应当包括会计报表及其附注（具体报表格式和编制方法参见项目十五相关内容）。其中，会计报表包括资产负债表、利润表、现金流量表、所有者权益（或股东权益，下同）变动表。财务报表的上述组成部分具有同等的重要程度。财务报告的构成如表 1-1 所示。

表 1-1 财务报告的构成

财务报告	财务报表	会计报表	资产负债表
			利润表
			现金流量表
			所有者权益变动表
		附注	
	其他应当在财务报告中披露的相关信息和资料		

（四）会计科目

根据《企业会计准则——应用指南》，会计科目分为资产类、负债类、共同类、所有者权益类、成本类和损益类。常用的会计科目如表 1-2 所示。

表 1-2 常用的会计科目整理

序号	名称	序号	名称
1	**一、资产类**	22	商品进销差价
2	库存现金	23	委托加工物资
3	银行存款	24	周转材料
4	其他货币资金	25	存货跌价准备
5	交易性金融资产	26	债权投资
6	应收票据	27	债权投资减值准备
7	应收账款	28	其他债权投资
8	预付账款	29	其他权益工具投资
9	合同资产	30	长期股权投资
10	合同资产减值准备	31	长期股权投资减值准备
11	应收股利	32	投资性房地产
12	应收利息	33	投资性房地产累计折旧
13	其他应收款	34	投资性房地产累计摊销
14	坏账准备	35	投资性房地产减值准备
15	代理业务资产/受托代销商品	36	长期应收款
16	材料采购	37	未实现融资收益
17	在途物资	38	固定资产
18	原材料	39	累计折旧
19	材料成本差异	40	固定资产减值准备
20	库存商品	41	在建工程
21	发出商品	42	工程物资

续表

序号	名称	序号	名称
43	固定资产清理	74	资本公积
44	无形资产	75	盈余公积
45	累计摊销	76	本年利润
46	无形资产减值准备	77	利润分配
47	商誉	78	库存股
48	长期待摊费用	79	其他综合收益
49	递延所得税资产	80	**四、成本类**
50	待处理财产损溢	81	生产成本
51	**二、负债类**	82	制造费用
52	短期借款	83	合同履约成本
53	交易性金融负债	84	合同取得成本
54	应付票据	85	研发支出
55	应付账款	86	**五、损益类**
56	预收账款	87	主营业务收入
57	合同负债	88	其他业务收入
58	应付职工薪酬	89	公允价值变动损益
59	应交税费	90	资产处置损益
60	应付利息	91	投资收益
61	应付股利	92	营业外收入
62	其他应付款	93	主营业务成本
63	代理业务负债/受托代销商品款	94	其他业务成本
64	预计负债	95	税金及附加
65	递延收益	96	销售费用
66	长期借款	97	管理费用
67	应付债券	98	财务费用
68	长期应付款	99	资产减值损失
69	未确认融资费用	100	信用减值损失
70	专项应付款	101	营业外支出
71	递延所得税负债	102	所得税费用
72	**三、所有者权益类**	103	以前年度损益调整
73	实收资本	104	—

任务二　会计核算的基本前提和会计信息的质量要求

一、会计假设

会计假设也称会计核算基本前提，是对会计核算所处的空间和时间范围等所做的合理设定。会计假设一般包括四个方面的内容：会计主体、持续经营、会计分期和货币计量。

1 会计假设和
　会计基础
2 会计对象和
　会计核算流程

（一）会计主体

会计主体是指会计为之服务的特定单位。会计主体强调的是企业会计确认、计量和报告的空间范围。例如，甲所有者投资 A 企业，则 A 企业的会计人员进行会计核算的空间范围就是 A 企业的资金运动。至于甲所有者投资到其他企业的相关核算，则不属于 A 企业会计人员进行会计核算的范围。

会计主体不同于法律主体。法律主体是在法律上具有法人资格。根据《会计法》的规定，法人一定要进行独立核算，提供独立的财务报告，则法律主体一定是会计主体。但是，进行独立的会计核算、单独提供会计报告的会计主体不一定是法律主体。例如，企业中的分公司、事业部等需要进行独立的会计核算、单独提供会计报告，但它们不是法人主体；对于企业合并形成的集团，其中的母公司是一个法人，子公司也是一个法人，但将母公司和子公司看作整体的集团就不是法人。

（二）持续经营

持续经营是指会计主体在可以预见的未来，将会按当前的规模和状态无限期经营下去，不会倒闭和清算。企业会计确认、计量和报告应当以持续经营为基本前提。

例如，企业购入一项固定资产，按照 50 年的预计年限计提折旧，这种情况就是假设企业在未来的 50 年不会破产，即假设持续经营。

在这个基本前提下，会计便可认定企业拥有的资产将会按照既定的用途被使用，企业的债务也将在持续经营中得到有序清偿。如果持续经营这一前提不存在，一系列的会计准则和会计方法将失去存在的基础。在持续经营的假设下，并不是企业就不会破产，如果企业在经营过程中实际破产了，则将其核算转入破产清算会计，破产清算会计是非持续经营下的财务会计。

（三）会计分期

会计分期是指将会计主体持续不断的经营活动人为地划分为若干连续、相等的期间，以便分期考核其经营活动的成果。企业应当划分会计期间，分期结算账目和编制财务报告。

通常情况下，财务报告分为会计年度报告和中期报告。我国以日历年度作为会计年度。例如，2024 年度财务报告反映的期间就是 2024 年 1 月 1 日至 2024 年 12 月 31 日。

中期报告是指短于一个完整的会计年度的报告，包括半年度报告、季度报告和月份报告。

会计分期在会计核算中的具体表现为权责发生制和收付实现制、应收应付、折旧和摊销等会计处理方法。

（四）货币计量

货币计量是指在会计核算中以货币作为基本计量单位，反映会计主体的财务状况、经营成果和现金流量。与基本计量单位相对应，其他计量单位包括劳动量度、实物量度等。货币计量假设建立在币值稳定的基础上。

企业的会计核算一般以人民币为记账本位币，业务收支以人民币以外的货币为主的企业，可以选定其中一种货币作为记账本位币，但是编报的财务报告应当折算为人民币。

上述会计核算的四项基本假设具有相互依存、相互补充的关系。会计主体确立了会计核算的空间范围，持续经营和会计分期确立了会计核算的时间范围及长度，而货币计量则为会计核算提供了必要手段。没有会计主体，就不会有持续经营；没有持续经营，就不会有会计分期。

二、会计信息质量要求

（一）可靠性

企业应当以实际发生的交易或者事项为依据进行会计确认、计量和报告，如实反映符合确认和计量要求的各项会计要素及其他相关信息，保证会计信息真实可靠、内容完整。

可靠性原则有四个方面的含义：一是真实性，指提供的会计信息应如实反映企业的财务状况、经营成果和现金流量；二是客观性，指对经济业务的确认、计量和报告应不偏不倚，以事实为依据，不受主观意志所左右；三是可验证性，指有可靠的凭据，以供核查其数据来源和信息产生过程；四是内容完整，如收入大幅增加是国家政策调整所致时，报表中除了提供收入信息外，还应披露国家政策的影响。

（二）相关性

企业提供的会计信息应当与财务报告使用者的经济决策需要相关，有助于财务报告使用者对企业过去、现在或未来的情况作出评价或预测。

将可靠性、相关性信息质量要求与财务报告目标相结合，两者的关系为：决策相关目标对会计信息质量的要求是相关性，受托责任目标对会计信息质量的要求是可靠性。

可靠性和相关性是整个会计信息质量要求中最重要的两个要求，是由财务报告的目标引申出来的。

（三）可理解性

可理解性原则是指会计核算和编制的财务报告应当清晰明了，便于财务报告使用者理解和使用。

可理解性实际上是当今会计面临的重大问题，在将专业的会计信息提供给社会大众、非财会人员，使之对其决策提供帮助等方面，会计信息的可理解性尤为重要。所以财务报告中不仅包括表内信息，还包括大量的文字说明，这可以在一定程度上增强会计信息的可理解性。

（四）可比性

企业提供的会计信息应当具有可比性。可比性有以下两个方面的含义。

1. 纵向可比

同一企业不同时期发生的相同或相似的交易或事项，应当采用一致的会计政策，不得随意变更。确需变更的，应当在附注中说明。

2. 横向可比

不同企业发生的相同或相似的交易或事项，应当采用规定的会计政策，确保会计信息口径一致、相互可比。企业经营的好坏、资产情况如何需要通过企业间会计报表信息的相互比较来反映，如果企业记账口径一致，将增强企业的可比性。

（五）实质重于形式

企业应当按照交易或者事项的经济实质进行会计确认、计量和报告，不应仅以交易或者事项的法律形式为依据。

如果企业仅以交易或者事项的法律形式为依据进行会计确认、计量和报告，容易导致会计信息失真，无法如实反映经济现实和实际情况。

对于合并报表，母公司和子公司都是法人，但它们组成的集团不是一个法人，而是一个整体，所以要编制合并报表。该业务体现了实质重于形式的要求。

（六）重要性

企业提供的会计信息应当反映与企业财务状况、经营成果和现金流量等有关的所有重要的交易或者事项。

企业的会计核算应当遵循重要性原则，在会计核算过程中，应当在对交易或事项进行全面反映的基础上区别其重要性程度，采用不同的核算方法。若企业会计信息的省略或者错报会影响使用者据此作出经济决策，该信息就具有重要性。重要性的应用依赖于职业判断，企业应当根据其所处环境和实际情况，从项目的性质和金额大小两个方面来判断其重要性。重要性原则与企业会计信息成本效益直接相关，坚持重要性原则能使提供会计信息的收益大于成本。

（七）谨慎性

企业对交易或者事项进行会计确认、计量和报告应当保持应有的谨慎，不应高估资产或者收益，低估负债或者费用。

当某些经济业务或会计事项存在不同会计处理程序和方法时，会计人员应该尽可能选择不多计资产或收益、少计负债和费用的会计处理程序和方法。例如，企业对其所持有的资产未来可能发生的损失计提减值准备、对固定资产采用加速折旧法计提折旧等都体现了谨慎性的要求。

（八）及时性

企业对于已经发生的交易或者事项，应当及时进行会计确认、计量和报告，不得提前或者延后。

任务三 会计工作规范

会计工作规范是指所有能对会计工作起约束作用的原则、准则、法规、条例和道德守则等的总和，是为适应会计实践活动需要而发展起来而又用于指导和约束会计行为的准绳。它是联系会计理论目标和会计实务的桥梁与纽带。从范围来看，会计工作规范包括会计法律规范和会计道德规范。

一、会计法律规范

会计法律规范是指国家为管理会计工作而颁布的法律、法令、条例、规章、制度等规范性文件的总称，是组织和从事会计工作必须遵守的规范。

我国会计法律规范体系按其内容可分为四类：第一类是会计工作的基本法，也是制定其他会计法规的法律依据——《会计法》。第二类是关于会计工作的法规，主要内容包括会计工作的规定、办法、规则等，如《会计基础工作规范》《会计档案管理办法》等。第三类是关于会计人员的法规，主要内容包括会计人员的配备、职责、权限、技术职能、任免和奖励等方面的规定，如《会计人员职权条例》《中华人民共和国注册会计师条例》《总会计师条例》等。第四类是关于会计业务处理的法规，主要是对会计业务处理应遵守的基本规则、具体要求和使用的程序方法等方面的规定，如《企业会计准则》《企业财务会计报告条例》等。下面主要介绍《会计法》和《企业会计准则》的内容。

（一）《会计法》

《会计法》是调整我国经济生活中会计关系的法律规范，是制定其他会计法规的依据，是指导会计工作的最高准则，是会计法律制度中层次最高的法律规范。

1985年1月21日，第六届全国人大常委会第九次会议审议通过了新中国第一部《会计法》。该法共6章31条，自1985年5月1日起施行。2024年6月28日，十四届全国人大常委会第十次会议表决通过了《全国人民代表大会常务委员会关于修改〈中华人民共和国会计法〉的决定》，该决定自2024年7月1日起施行。

目前施行的《会计法》在内容上包括总则，会计核算，公司、企业会计核算的特别规定，会计监督，会计机构和会计人员，法律责任，附则，共7章。

1. 总则

总则部分主要规定了《会计法》的立法宗旨、适用范围，单位及其负责人的会计责任，对会计人员的奖惩与法律保护，会计工作管理体制，国家实行统一的会计制度。

2. 会计核算

会计核算部分主要对会计核算应填制的资料、会计核算的内容、会计年度、记账本位币、会计电算化、会计凭证和账簿、对账、会计处理方法、财务会计报告、会计记录使用的文字、会计档案等方面做出了规定。

3. 公司、企业会计核算的特别规定

公司、企业会计核算的特别规定部分主要对公司和企业会计核算应遵循的规定、会计核算不得有的行为做出了规定。

4. 会计监督

会计监督部分主要对建立和健全单位内部会计监督制度、会计机构和会计人员对违反本法和国家统一的会计制度和账实不符的处理权、任何单位和个人对单位违反本法和国家统一的会计制度的权利、注册会计师对会计资料审计、财政部门对各单位监督的内容、财政和审计等部门对单位的会计资料的检查等做出了规定。

5. 会计机构和会计人员

会计机构和会计人员部分主要对设置会计机构或会计人员、建立稽核制度、会计人员从业资格证书的具备和吊销、会计职业道德、会计人员交接等做出了规定。

6. 法律责任

法律责任部分主要对会计人员、单位负责人对违反本法所规定的行为由相关部门给予相应的金额处罚、行政处分、追究刑事责任等做出规定。

7. 附则

附则部分主要对单位负责人和国家统一的会计制度的含义、个体工商户会计管理的具体办法、本法施行时间做出了规定。

(二)《企业会计准则》

2006年2月15日，财政部发布了新企业会计准则体系。新企业会计准则体系由1项基本准则和38项具体准则组成。

新会计准则体系由基本准则、具体准则和企业会计准则应用指南三个层次构成。

1. 基本准则

基本准则处于第一层次，主要规范了会计目标、会计基本假设、会计信息质量要求以及会计要素的确认、计量和报告等，涉及整个会计工作和会计准则体系的指导思想与指导原则，对38项具体准则起统驭和指导作用，具体准则的制定不得违反基本准则的精神。基本准则在整个准则体系中处于最高层次，属于"准则的准则"。

2. 具体准则

具体准则是根据基本准则制定的，是用来指导企业各类经济业务确认、计量、记录和报告的规范。具体准则在会计准则体系中处于第二层次，共有38项，可分为一般业务准则、特殊行业准则、财务报告准则和首次执行准则四类。

一般业务准则主要规范各类企业普遍适用的一般经济业务的确认和计量；特殊行业准则主要规范特殊行业中特定业务的确认和计量；财务报告准则主要规范普遍适用于各类企业通用的报告类准则；首次执行准则则是新旧会计准则的"衔接办法"。

3. 企业会计准则应用指南

企业会计准则应用指南包括企业会计准则解释和会计科目和主要账务处理程序，是根据基本准则和具体准则制定、指导会计实务的操作性指南，处于会计准则体系的第三层次，主要解决在运用准则处理经济业务时所涉及的会计科目的设置、账务处理、会计报表体系的构成、报表项目的内容以及报表的格式等内容。企业会计准则应用指南是新会计准则的具体化，对会计准则体系起到补充和辅助作用，是整个会计准则体系的应用指南。

（三）与财务会计有关的其他法规

财务会计涉及的范围相当广泛，与其有关的会计规范不可能全部包括在会计法、会计准则和会计制度中，有相当一部分分散在其他法规文件中，如《中华人民共和国企业法》《中华人民共和国公司法》《中华人民共和国票据法》等。这些法律法规都从不同方面对企业财务会计作出了规定。

二、会计道德规范

（一）会计道德规范的含义

会计道德规范是指在会计职业活动中应当遵循的、体现会计职业特征的、调整会计职业关系的各种职业行为准则和规范，主要包括以下几个方面。

（1）会计道德规范是调整会计职业活动中各种利益关系的手段。

（2）会计道德规范具有相对稳定性。

（3）会计道德规范具有广泛的社会性。

（二）会计道德规范的主要内容

1. 爱岗敬业

爱岗敬业指的是忠于职守的事业精神，这是会计道德的基础。爱岗敬业的基本要求有：第一，正确认识会计职业，树立职业荣誉感；第二，热爱会计工作，敬重会计职业；第三，安心工作，任劳任怨；第四，严肃认真、一丝不苟；第五，忠于职守，尽职尽责。

2. 诚实守信

诚实守信是遵守自己所作出的承诺，讲信用，重信用，信守诺言，保守秘密。诚实守信是做人的基本准则，是人们最根本的道德规范，也是会计道德的精髓。

诚实守信的基本要求有：第一，做老实人，说老实话，办老实事，不弄虚作假；第二，保密守信，不为利益所诱惑。

3. 廉洁自律

廉洁就是不贪污钱财，不收受贿赂，保持清白。自律是指自律主体按照一定的标准，自己约束自己、自己控制自己的言行和思想的过程。廉洁自律是会计道德的前提，也是会计道德的内在要求，这是由会计工作的特点决定的。

廉洁自律的基本要求有：第一，树立正确的人生观和价值观；第二，公私分明，不贪不占；第三，遵纪守法，尽职尽责。

4. 客观公正

客观是指按事物的本来面目去反映，不掺杂个人的主观意愿，也不为他人意见所左右。公正就是平等、公平、正直，没有偏失。但公平是相对的，世上没有绝对的公正。客观公正是会计道德所追求的理想目标。

客观公正的基本要求有：第一，端正态度；第二，依法办事；第三，实事求是，不偏不倚；第四，保持独立性。

5. 坚持准则

坚持准则是指会计人员在处理业务的过程中，要严格按照会计法律制度办事，不为主观或他人意志所左右。这里所说的准则不仅指会计准则，还包括会计法律、法规、国家统一的会计制度及与会计工作相关的法律制度。坚持准则是会计道德的核心。

坚持准则的基本要求有：第一，熟悉准则；第二，遵循准则；第三，坚持准则。

6. 提高技能

从业人员必须"具备一定的会计专业知识和技能"才能胜任会计工作。作为一名会计工作者，必须不断地提高职业技能，这既是会计人员的义务，也是在职业活动中做到客观公正、坚持准则的基础，还是参与管理的前提。

提高技能的基本要求有：第一，具有不断提高会计专业技能的意识和愿望；第二，具有勤学苦练的精神和科学的学习方法。

7. 参与管理

参与管理简单地讲就是参加管理活动，为管理者当参谋，为管理活动服务。会计管理是企业管理的重要组成部分，在企业管理中具有十分重要的作用。

参与管理的基本要求有：第一，努力钻研业务，熟悉财经法规和相关制度，提高业务技能，为参与管理打下坚实的基础；第二，熟悉服务对象的经营活动和业务流程，使管理活动更具针对性和有效性。

8. 强化服务

强化服务就是要求会计人员具有文明的服务态度、强烈的服务意识和优良的服务质量。

强化服务的基本要求有：第一，强化服务意识；第二，提高服务质量。

项目二　货币资金

📖 学习目标

◆ 知识目标 ◆

1. 识记现金管理的基本内容；
2. 熟悉银行结算方式、银行结算原则和结算纪律的有关规定；
3. 掌握库存现金的核算、银行存款业务的核算；
4. 掌握其他货币资金的核算。

◆ 技能目标 ◆

1. 能运用会计基本理论知识解释货币资金信息生成过程；
2. 能熟练填制货币资金业务的原始凭证，并能根据原始凭证编制记账凭证；
3. 能解决货币资金业务会计处理过程中的常见问题；
4. 能进行库存现金的清查；
5. 能编制银行存款余额调节表。

◆ 素养目标 ◆

1. 培养学生的劳模精神、工匠精神和诚实守信的职业素养；
2. 培养学生的法律意识、准则意识、制度意识，使学生初步具有相应的会计职业判断意识；
3. 提升学生分析、解决实际问题的能力，培养和提升学生的信息技术应用能力、团队合作能力。

项目二 课程思政教学案例

📖 案例导入

　　顺达有限责任公司（以下简称顺达公司）位于国际旅游城市杭州，地址在西湖区，交通方便，环境优美。公司是一家集研发、生产、销售为一体的高新技术企业，主要经营功能计量泵、加药装置、水处理装置、机电一体化设备、气电一体化设备、教学实验设备、高精度自动温控设备、高精度自动控压设备、高精度自动控湿设备等，产品广泛应用于石油、化工、食品、造纸、医药、饮水、污水处理、环保和纺织等科研及生产部门。该公司为增值税一般纳税人。

公司住所：杭州市西湖区丰潭路 12 号　　电话：0571-81677225

法定代表人：李兴业

企业类型：有限责任公司

注册资本：人民币 9 000 万元

主营产品：各种化工实验设备

纳税人登记号：330100691709771

一般纳税人，增值税率 13%。

开户银行：中国工商银行杭州文苑支行　　账号：81120101302788358

记账本位币：人民币。

公司会计人员：公司会计主管韩琳；会计张园；出纳杨爱。

预留银行印鉴：

思考：企业应建立怎样的出纳岗位职责？又应如何从制度上加强货币资金的日常管理？

📖 项目导图

本项目的内容结构如图 2-1 所示。

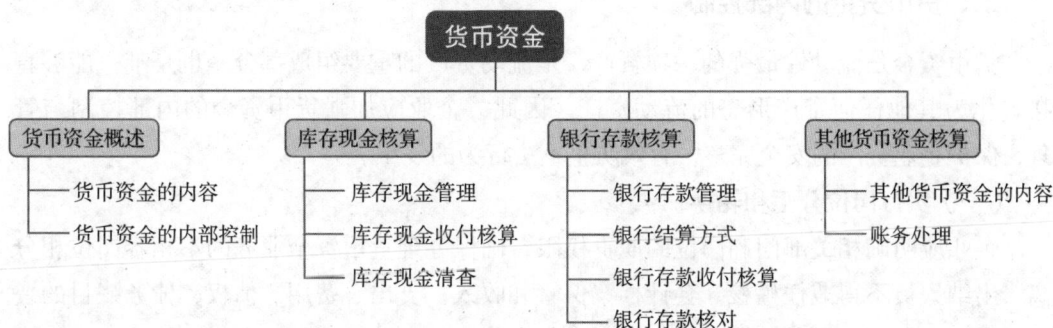

图 2-1　项目二的内容结构

📖 项目实施

任务一　货币资金概述

一、货币资金的内容

货币资金是指在企业生产经营过程中处于货币形态的资产。任何企业要进行生产经营活动都必须拥有货币资金。

根据存放地点及用途的不同，货币资金可分为库存现金、银行存款及其他货币资金。

（一）库存现金

现金的概念有广义和狭义之分。广义的现金是指库存现金、银行存款及其他符合现金特征的票证。狭义的现金仅指库存现金，即存放于企业财会部门，由出纳人员保管，作为日常零星开支所需的那部分货币资金。库存现金包括人民币现金和外币现金。

（二）银行存款

银行存款是企业存放在银行或其他金融机构的货币资金，包括人民币存款和外币存款。

（三）其他货币资金

其他货币资金是指企业除库存现金、银行存款以外的其他各种货币资金，主要包括外埠存款、银行汇票存款、银行本票存款、信用卡存款、信用证保证金存款和存出投资款等。

二、货币资金的内部控制

货币资金是流动性最强的一项资产，是流动资产的重要组成部分，也是唯一能够直接转化为其他任何资产形态的流动资产。因此，企业应加强货币资金的内部控制与管理，保护企业资产的安全完整，有效防止不法行为的发生。

（一）实行岗位分工和轮换

企业应明确相关部门和岗位的职责权限，确保办理货币资金业务的不相容岗位相分离。出纳人员不得兼任稽核、会计档案保管和收入、支出、费用、债权、债务账目的登记工作。不得由一人办理货币资金业务的全过程。

企业要建立负责货币资金核算岗位人员的定期轮岗制度，并严格执行。

（二）执行授权批准制度

企业应该建立严格的货币资金授权批准制度。审批人员应当根据货币资金授权批准制度的规定，在授权范围内进行审批，不得超越审批权限；经办人员应当在职责范围内，按照审批人的批准意见办理货币资金业务。未经授权的部门和人员一律不得办理货币资金业务。

（三）加强票据印章管理

企业应加强与货币资金有关的票据的管理，明确各种票据的购买、保管、领用、背书转让、注销等环节的职责权限和处理程序，并专设登记簿进行记录，防止空白票据遗失和被盗用。

企业应加强银行预留印鉴的管理，财务专用章应由专人保管，个人名章必须由本人或其授权人员保管。严禁一人保管支付款项所需的全部印章。按规定需要有关负责人签字或盖章的经济业务，必须严格按签字或盖章手续办理。

（四）建立内部稽核制度

企业应当建立内部稽核制度，设置内部稽核单位和人员，对货币资金实施定期和不定期检查，以及时发现货币资金管理中存在的问题，及时改进对货币资金的管理控制。

任务二 库存现金核算

库存现金有狭义和广义之分。狭义的库存现金是指企业的库存现金；广义的库存现金既包括狭义的库存现金，又包括银行存款和其他符合现金定义的票证等。

本项目采用狭义的库存现金定义，即指出纳人员保管的，按规定作为企业经济业务零星开支的现款，包括人民币现金和外币现金。

现金管理

一、库存现金管理

（一）库存现金的使用范围

根据国家库存现金管理制度和结算制度的规定，企业收支的各种款项必须按照国务院颁发的《库存现金管理暂行条例》的规定办理，在规定的范围内使用库存现金。企业可以使用库存现金结算的范围是：

（1）职工工资、津贴；

（2）个人劳务报酬；

（3）根据国家规定颁发给个人的科学技术、文化艺术、体育等方面的各种奖金；

（4）各种劳保、福利费用以及国家规定的对个人的其他支出；

（5）向个人收购农副产品和其他物资的价款；

（6）出差人员必须随身携带的差旅费；

（7）结算起点以下的零星支出；

（8）中国人民银行确定需要支付库存现金的其他支出。

属于上述库存现金结算范围的支出，企业可以根据需要提取库存现金支付，不属于上述库存现金结算范围的款项支付一律通过银行进行转账结算。

（二）库存现金的日常收支

企业应当按照中国人民银行规定的库存现金管理办法和财政部关于各单位货币资金管理与控制的规定，办理有关库存现金收支业务。办理库存现金收支业务时，应当遵守以下规定：

（1）企业库存现金收入应于当日送存开户银行；

（2）不得坐支库存现金和"白条抵库"；

（3）企业从开户银行提取库存现金，应当写明用途；

（4）库存现金限额：3~5天日常零星开支需要。

二、库存现金收付核算

现金收支必须取得和填制合法的原始凭证，并由会计主管或其他指定专人进行，才能填制现金收付的记账凭证，并据以办理现金收付。出纳人员在收付现金后，还应在原始凭证上加盖"现金收讫"或"现金付讫"的戳记，以免重收重付。经过审核后的收付款记账凭证才能作为登记"现金日记账"和"现金总账"的依据。

【例2-1】2×23年4月1日，顺达公司签发现金支票一张，从银行提取现金2 000元，零星备用（见原始凭证2-1）。

原始凭证2-1　现金支票存根

中国工商银行 现金支票存根
IXII03882901
附加信息
出票日期：2×23年04月01日
收款人：顺达有限责任公司
金额：￥2 000.00
用途：备用金
单位主管：　　　　　会计：

顺达公司的账务处理如下。

借：库存现金　　　　　　　　　2 000

　　贷：银行存款　　　　　　　　　　2 000

【例2-2】2×23年4月2日，职工王亮因公出差，需向企业财务部门暂借库存现金1 000元（见原始凭证2-2、原始凭证2-3）。

原始凭证2-2　借　款　单

2×23年4月2日

借款单位	销售部	姓　名	王亮	出差地点 天　数		去上海，五天
事　由		出差		借款金额大写：壹仟元整		
单　位 负责人 签　章	李兴业	借款人签章			王亮	
		注意事项 1. 由借款人填写。 2. 凡借用公款必须使用本单。 3. 第三联为正式借据，由借款人和单位负责人签章。 4. 出差返回后三日内结算。				

原始凭证2-3　现金内部付款凭单

2×23年4月2日

领款人	王亮
付款用途	预借差旅费
金额	人民币大写：壹仟元整

主管领导：王志昂　　财务主管：韩琳　　出纳：杨爱　　领款人签字：王亮

顺达公司账务处理如下。

借：其他应收款——王亮　　　　　1 000

　　贷：库存现金　　　　　　　　　　1 000

【例2-3】2×23年4月3日，顺达公司以现金支付管理部门购办公用品费100元。

借：管理费用——办公用品费　　　100

　　贷：库存现金　　　　　　　　　　100

【例2-4】2×23年4月5日，顺达公司收到仓库出售废旧物资款400元。

借：库存现金　　　　　　　　　　400

　　贷：其他业务收入　　　　　　　　400

三、库存现金清查

库存现金清查主要是通过对库存现金的实地盘点，并与库存现金账户进行核对来检查账实是否相符，保护库存现金的安全完整。对于库存现金清查的结果，应编制现金盘点报告单。清查中发现库存现金的实存金额和账面金额不符时，应根据现金盘点报告进行账务处理。账实不符有两种情况：库存现金盘盈、库存现金盘亏。

【例2-5】顺达公司在2×24年6月30日进行库存现金清查时，发现短缺500元。经查，现金短缺是出纳杨爱失职所致，经批准，由杨爱赔偿现金500元。库存现金盘点表如表2-1所示。

表2-1 库存现金盘点表

2×24年6月30日 　　　　　　　　单位：元

账存金额	实存金额	盘盈	盘亏	备注
3 000.00	2 500.00		500.00	

监盘：刘琨　　　　　　　　盘点：王民　　　　　　　　出纳：杨爱

顺达公司的账务处理如下。

（1）发现现金短缺时：

借：待处理财产损溢——待处理流动资产损溢　　　　500

　　贷：库存现金　　　　　　　　　　　　　　　　　　500

（2）查明原因，报经批准后：

借：其他应收款——杨爱　　　　　　　　　　　　　500

　　贷：待处理财产损溢——待处理流动资产损溢　　　　500

【例2-6】顺达公司在2×24年7月31日进行库存现金清查时，发现库存现金溢余300元。无法查明原因，经批准转作营业外收入。

顺达公司的账务处理如下。

（1）发现现金溢余时：

借：库存现金　　　　　　　　　　　　　　　　　　300

　　贷：待处理财产损溢——待处理流动资产损溢　　　　300

（2）无法查明原因，经批准后：

借：待处理财产损溢——待处理流动资产损溢　　　　300

　　贷：营业外收入　　　　　　　　　　　　　　　　　300

【知识归纳】库存现金盘点的账务处理如表2-2所示。

表2-2 库存现金盘点的账务处理

业务内容		账务处理
盘盈	发现盘盈	借：库存现金 　　贷：待处理财产损溢——待处理流动资产损溢
	批准后	借：待处理财产损溢——待处理流动资产损溢 　　贷：其他应付款——应付库存现金溢余（应支付给有关人员或单位） 　　　　营业外收入——现金溢余（无法查明原因，经批准核销）

续表

业务内容		账务处理
盘亏	发现盘亏	借：待处理财产损溢——待处理流动资产损溢 　　贷：库存现金
	批准后	借：其他应收款——应收现金短缺款 （应由责任人赔偿） 　　其他应收款——应收保险赔款 （应由保险公司赔付） 　　管理费用——现金短缺 （无法落实责任，经批准核销） 　　贷：待处理财产损溢——待处理流动资产损溢

任务三　银行存款核算

一、银行存款管理

（一）银行存款账户

根据中国人民银行颁布的《银行账户管理办法》的规定，银行存款账户分为基本存款账户、一般存款账户、临时存款账户和专用存款账户。

1. 基本存款账户

基本存款账户是指企业办理日常转账结算和现金收付的账户。企业的工资、奖金等现金的支取只能通过该账户办理。一个企业只能选择一家银行的一个营业机构开立一个基本存款账户，不得在多家银行开立基本存款账户。

2. 一般存款账户

一般存款账户是指企业在基本存款账户以外的银行借款转存、与基本存款账户的企业不在同一地点的附属非独立核算单位的账户。企业可以通过该账户办理转账结算和现金缴存，但不能办理现金支取。

3. 临时存款账户

临时存款账户是指企业因临时进行经营活动需要开立的账户。企业可以通过该账户办理转账结算和根据国家现金管理的规定办理现金收付。

4. 专用存款账户

专用存款账户是指企业因特定用途需要开立的账户。企业通过该账户只能办理具有特定用途款项的存取和转账。

企业在银行开立账户后，可到开户银行购买各种银行往来使用的凭证（如现金支票、转账支票、进账单等），用以办理银行存款的收付。

（二）银行结算原则和纪律

《支付结算办法》规定了结算原则和结算纪律，保证结算活动的正常运行。

结算原则：恪守信用，履约付款；谁的钱进谁的账，由谁支配；银行不垫款。

结算纪律：单位和个人办理支付结算，不准签发没有资金保证的票据和远期支票，套取银行信用；不准签发、取得和转让没有真实交易和债权债务的票据，套取银行和他人资金；不准无理拒绝付款，任意占用他人资金；不准违规开立和使用账户。

（三）及时核对银行往来账务

企业应当及时、准确地记录银行往来账务，并与银行寄来的对账单进行核对，如发现不符，应查明原因，及时处理。

二、银行结算方式

（一）银行汇票

银行汇票是汇款人将款项交存当地出票银行，由银行签发给汇款人持往异地办理转账结算或支取库存现金的票据。

1. 结算程序

银行汇票结算程序如图 2-2 所示。

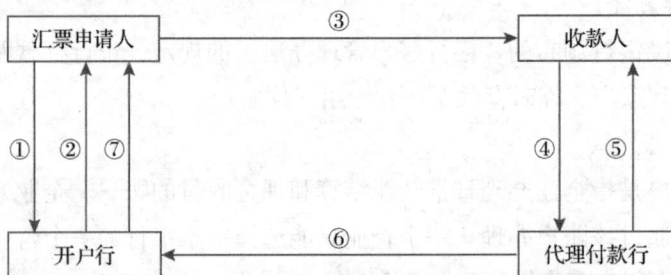

①银行汇票使用企业向银行申请汇票，填写"银行汇票申请书"；②银行向申请人交付银行汇票和解讫通知书；③企业持汇票进行采购，采购后将实际结算金额填入发票；④收款人填写进账单，连同银行汇票和解讫通知交付银行；⑤银行审核后在进账单上加盖"转讫"章后，将进账单退回企业；⑥代理付款行将有关票据传递给开票行；⑦开票行将结算多余尾款转入汇款企业的账户，并通知汇票使用单位。

图 2-2　银行汇票结算程序

2. 特点

银行汇票的特点是使用灵活、票随人到、兑现性强。

3. 适用范围

银行汇票适用于异地单位和个人先收款后发货或钱货两清的商品交易。

（二）银行本票

银行本票是银行签发的，承诺自己在见票时无条件支付确定的金额给收款人或持票人的票据。

1. 结算程序

银行本票结算程序如图 2-3 所示。

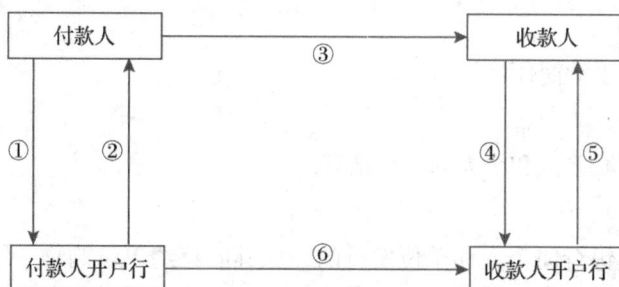

①付款人申请办理银行本票，填写"银行本票申请书"，并向银行交存款项；②银行受理并收妥款项后，向付款人签发银行本票；③付款人持银行本票进行经济业务活动并与收款人进行结算；④收款人对银行本票审核无误后，填写进账单，连同银行本票交付银行；⑤银行审核后在进账单上加盖"转讫"章后，将进账单退回企业；⑥付款人开户行与收款人开户行进行资金结算。

图2-3 银行本票结算程序

2. 特点

银行本票的特点是见票即付，流动性很强；由银行签发保证兑付，信誉高。

3. 适用范围

银行本票适用于单位和个人在同一票据交换区域办理的一切结算。

（三）支票

支票是出票人委托银行或其他金融机构见票时无条件支付一定金额给收款人或持票人的票据。

1. 种类

支票包括库存现金支票、转账支票和普通支票。库存现金支票只能支取库存现金；转账支票只能转账；普通支票既可以支取库存现金，也可以转账，但转账时，要在正面画线。

2. 结算程序

支票的结算程序如图2-4所示。

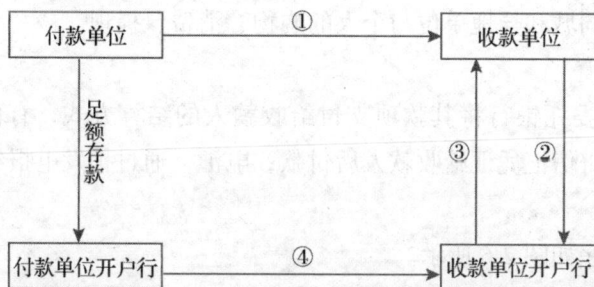

①付款单位签发支票给收款单位；②收款单位填制进账单，连同支票一起送交开户行；③开户行审核无误后，办理入账并退回进账单回单；④付款单位开户行向收款单位开户行划拨款项。

图2-4 支票的结算程序

3. 特点

支票的特点是手续简便灵活。

4. 适用范围

支票适用于同城单位和个人的一切结算。

（四）信用卡

信用卡是商业银行向个人和单位发行的，凭其向特约单位购物、消费和银行存取库存现金，具有消费信用的特制载体卡片。

1. 结算程序

信用卡的结算程序如图 2-5 所示。

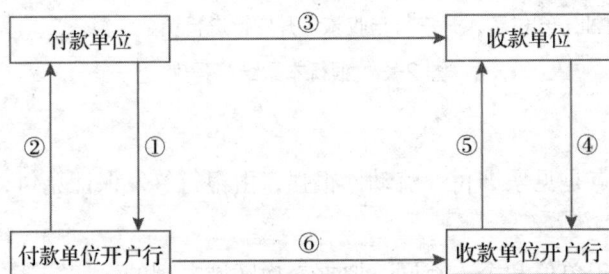

①付款单位向银行申请信用卡并存入备用金；②银行发给付款单位信用卡；③付款单位凭卡消费、购物；④收款单位凭签购单要求划账；⑤银行退回进账单回单，办理收款；⑥付款单位开户行向收款单位开户行划拨款项。

图 2-5　信用卡结算程序

2. 特点

①减少货币的使用，节约流通费用，扩大结算范围；

②便于购物消费，资金安全；

③简化收款手续。

3. 适用范围

信用卡适用于同城和异地单位与个人的购物、消费、提现。

（五）汇兑

汇兑是汇款人委托银行将其款项支付给收款人的结算方式，有信汇和电汇两种方式。信汇，通过邮寄信汇凭证给收款人后付款；电汇，通过拍发电报给收款人后付款。

1. 结算程序

汇兑的结算程序如图 2-6 所示。

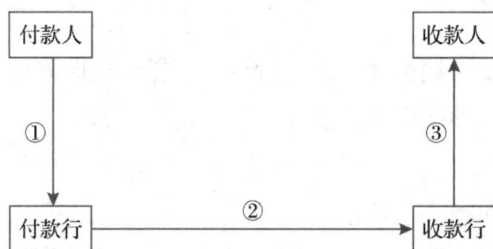

①付款人委托银行办理汇款；②付款行向收款行划拨款项；③收款行通知收款人款项进账。

图 2-6　汇兑的结算程序

2. 特点

汇兑的特点是划拨款项简单、灵活。

3. 适用范围

汇兑适用于异地单位和个人的一切结算。

（六）委托收款

委托收款是由收款人向其开户银行提供收款依据，委托银行向付款人收取款项的一种结算方式。单位和个人凭已承兑商业汇票、债券、存单等付款人债务证明办理款项结算，均可以使用委托收款结算方式。委托收款结算款项的划回方式分邮寄和电报两种，由收款人选用。

1. 结算程序

委托收款的结算程序如图 2-7 所示。

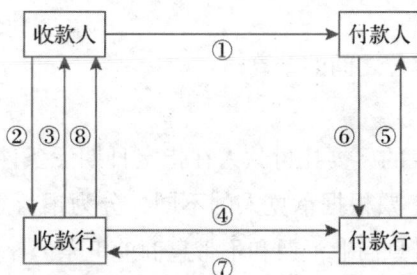

①收款人与付款人之间完成商品交易；②收款人委托其开户银行进行收款；③收款人开户银行受理并退回回单；④收款人开户行向付款人开户行传递凭证，请求付款；⑤付款人开户行通知付款人付款；⑥付款人同意付款；⑦付款人开户行向收款人开户行划拨款项；⑧收款人开户行通知收款人款已收妥。

图 2-7　委托收款的结算程序

2. 特点

委托收款的特点是便于收款单位主动收款，不受金额起点限制。

3. 适用范围

委托收款适用于同城和异地单位之间的结算。

（七）托收承付

托收承付是根据购销合同由收款人发货后，委托银行向异地付款人收取款项，由付款人向银行承认付款的一种结算方式。

1. 结算程序

托收承付结算程序如图 2-8 所示。

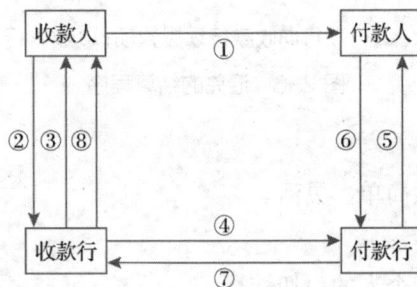

①收款人向付款人发出商品；②收款人向其开户行办理托收；③收款人开户银行受理并退回回单；④收款人开户行向付款人开户行传递凭证及单据；⑤付款人开户行通知付款人承付；⑥付款人承认付款，在承付期内未向银行表示拒绝付款的，银行即视作承付；⑦付款人开户行向收款人开户行划转款项；⑧收款人开户行通知收款人款已收妥。

图 2-8 托收承付的结算程序

2. 特点

托收承付的特点是便于收款单位主动收款，不受金额起点限制。

3. 适用范围

托收承付适用于异地单位之间的结算。

（八）商业汇票

商业汇票是出票人签发的，委托付款人在指定日期无条件支付确定的金额给收款人或者持票人的票据。商业汇票根据承兑人的不同，分为银行承兑汇票和商业承兑汇票；根据票据是否带息，分为带息商业汇票和不带息商业汇票。

1. 银行承兑汇票结算程序

银行承兑汇票结算程序如图 2-9 所示。

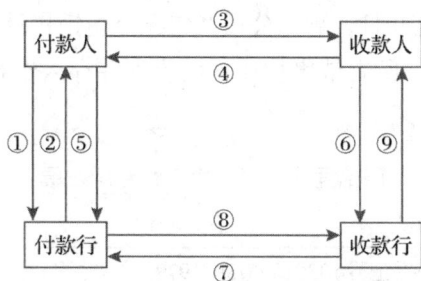

①付款人签发银行承兑汇票，向其开户行申请承兑；②银行审查同意后，由付款人与其开户行签订承兑协议，并将银行承兑汇票交给付款人；③付款人将银行承兑汇票交送收款人；④收款人发出商品；⑤付款人将票款足额交存银行，以备到期支付；⑥收款人将汇票和委托收款凭证送交开户行办理收款手续；⑦收款人开户行向付款人开户行传递凭证；⑧付款人开户行向收款人开户行划拨款项；⑨收款人开户行通知收款人款已收妥。

图 2-9　银行承兑汇票结算程序

2. 商业承兑汇票结算程序

商业承兑汇票结算程序如图 2-10 所示。

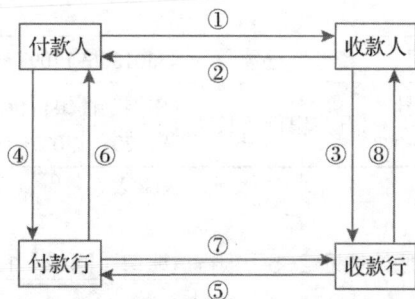

①付款人依照购销合同将商业承兑汇票交给收款人；②收款人收到经承兑的商业汇票，审核无误后发运商品；③收款人将汇票和委托收款凭证送交开户银行，办理收款手续；④付款人在汇票到期日前，将票款足额交存银行，以备到期支付；⑤收款人开户行向付款人开户行传递凭证；⑥付款人开户行通知付款人付款；⑦付款人开户行向收款人开户行划拨款项；⑧收款人开户行通知收款人款已收妥。

图 2-10　商业承兑汇票结算程序

3. 特点

商业汇票的特点是便于收款单位主动收款，不受金额起点限制。

4. 适用范围

商业汇票适用于同城和异地单位之间的结算。

三、银行存款收付核算

为了总括核算银行存款的收入、支出和结存情况，企业应设置"银行存款"总分类账户。

【例2-7】2×24年4月9日，顺达公司对红光公司销售计量泵10 000个，销售单价2.30元，增值税税率13%，所有销售款项均已收到并存入银行（见原始凭证2-4、原始凭证2-5）。

原始凭证2-4　增值税专用发票

开票日期：2×24年4月9日　　　　　发票联　　　　　发票号 NO.0234568

<table>
<tr><td rowspan="2">购货单位</td><td>名称</td><td colspan="2">红光公司</td><td colspan="2">税务登记号</td><td colspan="14">330100673971979</td></tr>
<tr><td>地址
电话</td><td colspan="2">杭州十六街区713室</td><td colspan="2">开户银行及账号</td><td colspan="14">杭州银行总行营业部 33106595001817 0049289</td></tr>
<tr><td colspan="2" rowspan="2">货物或应税劳务名称</td><td rowspan="2">规格型号</td><td rowspan="2">计量单位</td><td rowspan="2">数量</td><td rowspan="2">单价</td><td colspan="7">金额</td><td>税率%</td><td colspan="6">税额</td></tr>
<tr><td>万</td><td>千</td><td>百</td><td>十</td><td>元</td><td>角</td><td>分</td><td>13</td><td>万</td><td>千</td><td>百</td><td>十</td><td>元</td><td>角</td><td>分</td></tr>
<tr><td colspan="2">计量泵</td><td></td><td>个</td><td>10 000</td><td>2.30</td><td>2</td><td>3</td><td>0</td><td>0</td><td>0</td><td>0</td><td>0</td><td></td><td></td><td>2</td><td>9</td><td>9</td><td>0</td><td>0</td><td>0</td></tr>
<tr><td colspan="2"></td><td></td><td></td><td></td><td></td><td></td><td></td><td></td><td></td><td></td><td></td><td></td><td></td><td></td><td></td><td></td><td></td><td></td><td></td><td></td></tr>
<tr><td colspan="2">合计</td><td></td><td></td><td></td><td></td><td>2</td><td>3</td><td>0</td><td>0</td><td>0</td><td>0</td><td>0</td><td></td><td></td><td>2</td><td>9</td><td>9</td><td>0</td><td>0</td><td>0</td></tr>
<tr><td colspan="2">价税合计</td><td colspan="20">壹万伍仟玖佰玖拾元整 ￥25 990.00</td></tr>
<tr><td colspan="2">备注</td><td colspan="20"></td></tr>
<tr><td rowspan="2">销货单位</td><td>名称</td><td colspan="3">顺达有限责任公司</td><td colspan="2">税务登记号</td><td colspan="14">330100691709771</td></tr>
<tr><td>地址、电话</td><td colspan="3">西湖区丰潭路12号
0571-81677225</td><td colspan="2">开户银行及账号</td><td colspan="14">中国工商银行杭州文苑支行
81120101302788358</td></tr>
</table>

销货单位　　　　　　　　　　　收款人　　　　　　　　　　　开票人

原始凭证2-5　银行进账单（回单）1

2×24年4月9日

<table>
<tr><td rowspan="3">收款人</td><td>全称</td><td colspan="2">顺达有限责任公司</td><td rowspan="3">付款人</td><td>全称</td><td colspan="10">红光公司</td></tr>
<tr><td>账号</td><td colspan="2">81120101302788358</td><td>账号</td><td colspan="10">33106595001817 0049289</td></tr>
<tr><td>开户银行</td><td colspan="2">中国工商银行杭州文苑支行</td><td>开户银行</td><td colspan="10">杭州银行总行营业部</td></tr>
<tr><td colspan="4" rowspan="2">人民币（大写）壹万伍仟玖佰玖拾元整</td><td>千</td><td>百</td><td>十</td><td>万</td><td>千</td><td>百</td><td>十</td><td>元</td><td>角</td><td>分</td></tr>
<tr><td></td><td></td><td>￥</td><td>2</td><td>5</td><td>9</td><td>9</td><td>0</td><td>0</td><td>0</td></tr>
<tr><td>票据种类</td><td colspan="3"></td><td colspan="11" rowspan="2">出票人开户银行盖章：

　　　　　　×××</td></tr>
<tr><td>票据张数</td><td colspan="3"></td></tr>
<tr><td>单位主管</td><td colspan="3">会计　　复核　　记账</td></tr>
</table>

顺达公司的账务处理如下。

借：银行存款　　　　　　　　　　　　　　　　　　25 990

　　贷：主营业务收入　　　　　　　　　　　　　　　23 000

　　　　应交税费——应交增值税（销项税额）　　　　2 990

【例2-8】2×24年4月10日，顺达公司从杭州之江钢铁公司购入圆钢200吨，每吨单价200元，增值税税率13%，开具转账支票一张，通知银行付款，材料已验收入库（见原始凭证2-6至原始凭证2-8）。

原始凭证2-6　转账支票存根

中国工商银行
转账支票存根
IXII03882901
附加信息
出票日期：2×24年4月10日
收款人：杭州之江钢铁公司
金额：¥45 200.00
用途：购入材料
单位主管：　　　　　会计：

原始凭证2-7　增值税专用发票

开票日期：2×24年4月10日　　　　　　发票联　　　　　　发票号1234886

购货单位	名称	顺达有限责任公司	税务登记号	4101016809666666															
	地址电话	杭州市西湖区丰潭路12号	开户银行及账号	中国工商银行杭州文苑支行账号81120101302788358															

货物或应税劳务名称	规格型号	计量单位	数量	单价	金额							税率（%）	税额						
					万	千	百	十	元	角	分		万	千	百	十	元	角	分
圆钢		吨	200	200	4	0	0	0	0	0	0	13		5	2	0	0	0	0

价税合计	肆万伍仟贰佰元整 ¥45 200.00			
备注				
销货单位	名称	杭州之江钢铁公司	税务登记号	×××
	地址、电话	×××	开户银行及账号	×××

销货单位　　　　　　　　　　　　收款人　　　　　　　　开票人

原始凭证2-8　收料单

材料名称	规格	单位	数量	单价	金额
圆钢		吨	200	200	40 000

备注		点收	检验	经办部门	
				主管	经办
					汪海

顺达公司的账务处理如下。

借：原材料——圆钢　　　　　　　　　　　　40 000

　　应交税费——应交增值税（进项税额）　　 5 200

　　贷：银行存款　　　　　　　　　　　　　　　　45 200

四、银行存款核对

银行存款核对的基本方法是将银行存款日记账和银行对账单进行逐笔核对，如发现银行存款各笔收付及余额与银行对账单各笔收付及余额不一致，除双方记账错误以外，还可能是未达账项引起的。对发现的记账错误应及时查明，并予以更正；存在未达账项时，则应编制"银行存款余额调节表"。

未达账项是企业与银行之间由于结算凭证在传递时间上有先后顺序，造成一方已登记入账，而另一方尚未登记入账的款项。未达账项分为四种情况：

（1）企业已收款入账，而银行尚未收款入账的账项。

（2）企业已付款入账，而银行尚未付款入账的账项。

（3）银行已收款入账，而企业尚未收款入账的账项。

（4）银行已付款入账，而企业尚未付款入账的账项。

银行存款余额调节的应用公式如下。

调整后正确余额 = 银行对账单余额 + 企业已收银行未收款项 − 企业已付银行未付款项

　　　　　　　 = 银行存款日记账余额 + 银行已收企业未收款项 − 银行已付企业未付款项

【例2-9】顺达公司的银行存款日记账如表2-3所示，银行对账单如表2-4所示。请编制顺达公司的银行存款余额调节表。

表2-3　顺达公司银行存款日记账

2×24年		记账凭证		摘要	结算凭证		收入	支出	余额
月	日	字	号		种类	号数			
3	24			余额					30 200
	25	银付	228	付购料款	转支	045		2 000	

续表

2×24 年		记账凭证		摘要	结算凭证		收入	支出	余额
月	日	字	号		种类	号数			
3	26	银付	229	付运费	转支	046		200	
	27	银付	108	付购料款	电汇			10 000	
	28	银收	230	收到货款	电汇		22 000		
	29	银付	231	付修理费	转支	047		3 000	
	30	银付	109	支付货款	转支	127		15 000	
	31	银收	243	收到货款	电汇		25 000		

表 2-4　银行对账单

2×24 年		摘要	结算凭证		支出	存入	余额
月	日		种类	号数			
3	24	略					18 700
	25		转支	045	2 000		
	26		转支	046	200		
	27		转支	047	3 000		
	28		信汇			4 000	
	29		汇票			22 000	
	30		信汇		500		
	31		转支	127	15 000		

根据银行存款日记账和银行对账单编制银行存款余额调节表，如表 2-5 所示。

表 2-5　银行存款余额调节表

2×24 年 3 月 31 日　　　　　　　　　　　　　　　　　　　　　　　　　单位：元

项目	金额	项目	金额
企业存款余额	30 200	银行对账单余额	18 700
加：银收企未收	4 000	加：企收银未收	25 000
减：银付企未付	500	减：企付银未付	10 000
调节后余额	33 700	调节后余额	33 700

任务四　其他货币资金核算

一、其他货币资金的内容

企业除库存现金、银行存款以外，还有其他货币资金。从性质上看，其他货币资金与库存现金、银行存款一样，同属于货币资金，但由于存放地点与用途不同，在会计上作为其他货币资金单独核算。

其他货币资金主要包括以下几种：

（1）外埠存款。外埠存款指企业到外地进行临时或零星采购时，汇往采购地银行开立采购专户的款项，采用汇兑结算方式。

（2）银行汇票存款。银行汇票存款指企业为取得银行汇票，按照规定存入银行的款项，采用银行汇票结算方式。

（3）银行本票存款。银行本票存款指企业为取得银行本票，按照规定存入银行的款项，采用银行本票结算方式。

（4）信用证存款。信用证存款是指采用信用证结算方式的企业为开具信用证而存入银行信用证保证金专户的款项。

（5）信用卡存款。信用卡存款是指企业为取得信用卡而存入银行信用卡专户的款项。

（6）存出投资款。存出投资款指企业已存入证券公司，但尚未进行短期投资的款项。

二、账务处理

为了反映和监督其他货币资金的增减变化和结存情况，应设置"其他货币资金"总分类账户。该账户可按"外埠存款""银行汇票""银行本票""信用卡"和"存出投资款"等设明细账，进行明细分类核算。

【例 2-10】2×24 年 4 月 18 日，顺达公司向银行办理一张面额为 30 000 元的银行汇票（见原始凭证 2-9）。

原始凭证 2-9　中国工商银行汇票委托书（存根）

2×24 年 4 月 18 日　　　　　　　　　　　　　　　　　　　　　　　　第 1 号

收款人	西王食品	汇款人	顺达有限责任公司								此联由汇款人留存作记账传票
账号及地址	23234247789899	账号及地址	81120101302788358								
兑付地点	山东大王村	汇款用途	预付货款								
汇款金额	人民币（大写）	叁万元整	十万	万	千	百	拾	元	角	分	
			¥ 3	0	0	0	0	0	0	0	

顺达公司的账务处理如下。

借：其他货币资金——银行汇票存款　　　　　　　　　　30 000

　　　　贷：银行存款　　　　　　　　　　　　　　　　30 000

【例2-11】顺达公司委托当地的开户银行将10 000元采购资金汇往采购地某银行开设采购专户，收到汇兑结算凭证回单。

　　　　借：其他货币资金——外埠存款　　　　　　　10 000

　　　　　　贷：银行存款　　　　　　　　　　　　　　　　10 000

【例2-12】顺达公司收到采购员转来的供货单位的发票账单等原始凭证，列明采购材料货款8 000元，增值税款1 040元。

　　　　借：材料采购　　　　　　　　　　　　　　　　8 000

　　　　　　应交税费——应交增值税（进项税额）　　1 040

　　　　　　贷：其他货币资金——外埠存款　　　　　　　9 040

【例2-13】顺达公司收到银行转回的多余存款960元。

　　　　借：银行存款　　　　　　　　　　　　　　　　960

　　　　　　贷：其他货币资金——外埠存款　　　　　　　960

📖 学习目标

◆ 知识目标 ◆

1. 了解企业应收账款的意义；

2. 了解企业信用体系的构成；

3. 熟悉应收票据的分类、计价、背书转让、贴现等的概念和相关规定；

4. 熟悉应收账款的确认、计价、商业折扣、现金折扣等的概念和相关规定；

5. 掌握应收账款的确认与核算；

6. 掌握坏账准备的计提与核算；

7. 掌握预付账款的核算。

◆ 技能目标 ◆

1. 能进行不带息和带息应收票据的账务处理；

2. 能进行应收票据背书转让和贴现业务的账务处理；

3. 能进行无商业折扣和现金折扣的情况下应收账款的账务处理；

4. 能进行有商业折扣和现金折扣的情况下应收账款的账务处理；

5. 能进行应收账款减值的账务处理。

◆ 素养目标 ◆

1. 培养学生的劳模精神、工匠精神；

2. 培养学生具有相应的会计职业判断意识；

3. 培养学生诚信为本的素养，牢固树立诚信理念。

项目三 课程思政
教学案例

📖 案例导入

海天味业作为调味品行业的龙头企业，主要从事酱油、蚝油和调味酱等产品的研发、生产与销售。1955 年，海天味业的前身佛山市珠江酱油厂由广州 25 家古酱园合并组成。2014 年，海天味业于上海证券交易所主板上市，行业内市场占有率多年稳居第一。2021 年海天味业酱油市场占有率高达 34.95%。

　　现代企业在产品市场上的交易大部分建立在商业信用上，随着产品销售额的增加，企业也由此形成了巨额的应收账款，而有着"酱油界的茅台"之称的海天味业应收账款自 2015—2021 年一直为零。究其根源，主要是由于海天味业有着高品质、强大的渠道控制和让对手望尘莫及的市场份额，充分采用了"先款后货"的政策，使其在市场上有着绝对的话语权。

　　资料来源：覃琨.海天味业零应收账款的动因与经济后果分析：基于市场地位的视角[J].商场现代化，2023（17）：174-176.

　　思考：企业的应收账款为零意味着什么？如果应收账款占总资产比例过大会带来什么问题？

📖 项目导图

　　本项目的内容结构如图 3-1 所示。

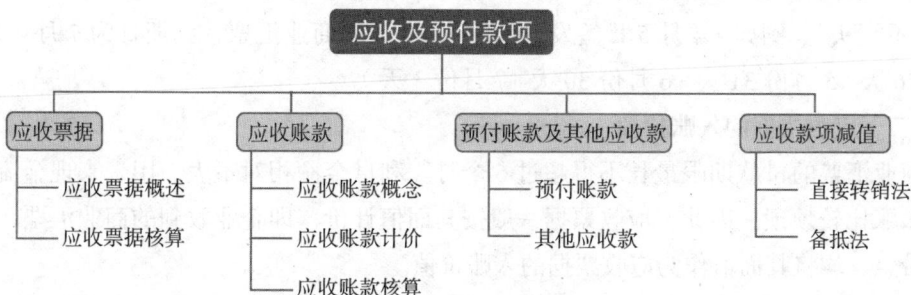

图 3-1　项目三的内容结构

📖 项目实施

任务一　应收票据

一、应收票据概述

（一）应收票据的分类

　　应收票据是指企业因销售商品、提供劳务等而收到的商业汇票。在银行开立存款账户的法人以及其他经济组织之间，必须具有真实的交易关系或债权债务关系，才能使用商业汇票。

　　商业汇票按承兑人的不同，分为商业承兑汇票和银行承兑汇票两种。商业承兑汇票由银行以外的付款人承兑，银行承兑汇票由银行承兑。商业汇票的付款人为承兑人。

商业汇票按是否带息，分为不带息商业汇票和带息商业汇票两种。

不带息商业汇票是指商业汇票到期时，承兑人只按面值向收款人或被背书人支付款项的票据。不带息商业汇票的票面不载明利率，其到期值＝票据面值。

带息商业汇票是指商业汇票到期时，承兑人必须按照票面金额加上应计利息向收款人或持票人支付票款的票据。带息商业汇票的到期值就是票据面值与票面利息之和。其到期值＝票据面值＋票据利息＝票据面值＋票据面值 × 票据利率 × 期限。

（二）应收票据的到期日

票据期限的确定有按月计算和按日计算两种。

（1）按月计算。若应收票据期限按月计算，不论各月份实际天数多少，均以到期月份的对应日计算。例如，4 月 5 日签发的期限为 3 个月的商业汇票，到期日为 7 月 5 日。月末签发的票据，不论月份大小，统一以到期月份的最后一天为到期日。例如，12 月 31 日签发的期限为 2 个月的票据，到期日为次年 2 月 28 日（闰年为 2 月 29 日）。

（2）按日计算。若应收票据期限按日计算，票据的到期日不考虑月数，统一按票据的实际天数计算到期日，但通常只计算出票日和到期日中的一天，即"算头不算尾"或"算尾不算头"。例如，4 月 5 日签发的期限为 90 天的商业汇票，到期日为 7 月 4 日（4 月份 26 天 +5 月份 31 天 +6 月份 30 天 +7 月份 3 天）。

（三）应收票据的入账价值

商业汇票的付款期限最长不得超过 6 个月。利息金额相对不大，用未来现金流量的现值入账比较烦琐。因此，应收票据一般按其面值计价，即企业收到的商业汇票，无论是否带息，均将其面值作为应收票据的入账价值。

二、应收票据核算

为了核算和监督应收票据的取得、票款收回等情况，企业应当设置"应收票据"账户。本账户为资产类账户，借方登记取得的应收票据的面值，贷方登记收回票款或因未能收回票款而转作应收账款的应收票据票面金额，或到期前向银行申请贴现的应收票据票面金额，期末借方余额表示企业持有的商业汇票的票面金额。该账户可按开出、承兑商业汇票的单位进行明细核算。

应收票据的核算

为了便于管理和分析各种票据，企业应当设置"应收票据备查簿"，逐笔登记商业汇票的种类、号数、出票日、票面金额、票面利率、交易合同号、付款人、承兑人、背书人的姓名或单位名称、到期日、背书转让日、贴现日、贴现率、贴现金额、收款日、收回金额及退票情况等资料。商业汇票到期结清票款或退票后，应在备查簿中予以注销。

（一）不带息应收票据的核算

1. 应收票据的取得

企业收到商业汇票，按票面金额，借记"应收票据"账户；按实现的营业收入，贷记"主营业务收入"等账户；按专用发票上注明的增值税税额，贷记"应交税费——应交增值税（销项税额）"账户。

2. 应收票据到期

应收票据到期时，应按实际收到的金额，即票据的面值，借记"银行存款"账户，贷记"应收票据"账户；若付款人无力支付票款，收到银行退回的商业承兑汇票、委托收款凭证、未付票款通知书或拒绝付款证明等，按应收票据的票面金额，借记"应收账款"账户，贷记"应收票据"账户。

【例 3-1】顺达公司 3 月 5 日销售给甲公司一批 A 产品，货款为 60 000 元，增值税税额为 7 800 元，收到甲公司签发并承兑的期限为 4 个月、面值为 67 800 元的不带息商业汇票一张。顺达公司的账务处理如下。

（1）3 月 5 日收到商业汇票时：

借：应收票据——甲公司　　　　　　　　　　　67 800
　　贷：主营业务收入　　　　　　　　　　　　　60 000
　　　　应交税费——应交增值税（销项税额）　　7 800

（2）7 月 5 日甲公司到期承兑时：

借：银行存款　　　　　　　　　　　　　　　　67 800
　　贷：应收票据　　　　　　　　　　　　　　　67 800

（3）甲公司到期无力支付票款，不能承兑付款时：

借：应收账款——甲公司　　　　　　　　　　　67 800
　　贷：应收票据——甲公司　　　　　　　　　　67 800

（二）带息应收票据的核算

带息应收票据的到期价值等于应收票据的面值加上应收票据的利息。票据利息的计算通常在票据持有期间的期末（半年末、年末）进行。按规定计算的票据利息，增加应收票据的票面价值，同时冲减财务费用。票据利息的计算公式如下。

$$应收票据利息 = 票据面值 \times 票面利率 \times 票据期限$$

【例 3-2】顺达公司于 9 月 1 日收到购货单位签发并承兑的商业汇票一张，收入为 200 000 元，增值税税额 26 000 元，期限 6 个月，票面利率 3%。

顺达公司的账务处理如下。

（1）收到票据时：

借：应收票据　　　　　　　　　　　　　　　　226 000
　　贷：主营业务收入　　　　　　　　　　　　　200 000
　　　　应交税费——应交增值税（销项税额）　　26 000

（2）年末，确认应计利息：

$226\ 000 \times 3\% \div 12 \times 4 = 2\ 260$（元）

借：应收票据　　　　　　　　　　　　　　　　2 260

　　贷：财务费用　　　　　　　　　　　　　　　　　　　2 260

　　（3）到期收到款项时：226 000×（1+3%÷12×6）=229 390（元）

　　借：银行存款　　　　　　　　　　　　　　　　　　229 390

　　　　贷：应收票据　　　　　　　　　　　　　　　　　　228 260

　　　　　　财务费用　　　　　　　　　　　　　　　　　　1 130

　　（4）到期时发现对方无力兑付该应收票据，顺达公司按应收票据的账面余额转入应收账款账户。期末不再计提利息，其所包含的利息，待实际收到时再冲减当期的财务费用。

　　借：应收账款　　　　　　　　　　　　　　　　　　228 260

　　　　贷：应收票据　　　　　　　　　　　　　　　　　　228 260

（三）转让应收票据

　　转让应收票据是指持票人因偿还前欠货款等原因，将未到期的商业汇票背书转让给其他单位或个人的业务活动。

　　企业将持有的应收票据背书转让，以取得所需物资时，按应计入取得物资成本的价值，借记"材料采购"或"原材料""库存商品"等账户，按可抵扣的增值税税额，借记"应交税费——应交增值税（进项税额）"账户，按商业汇票的票面金额，贷记"应收票据"账户，如有差额，借记或贷记"银行存款"等账户。

　　【例3-3】 顺达公司采购原材料一批，价款为50 000元，增值税税额为6 500元，经认证准予抵扣。将账面余额为60 000元的商业汇票背书转让，收到差额款3 500元并存入银行，材料已入库。

　　顺达公司的账务处理如下。

　　借：原材料　　　　　　　　　　　　　　　　　　　50 000

　　　　应交税费——应交增值税（进项税额）　　　　　6 500

　　　　银行存款　　　　　　　　　　　　　　　　　　3 500

　　　　贷：应收票据　　　　　　　　　　　　　　　　　　60 000

（四）应收票据贴现

　　企业持有的应收票据在未到期前，如因急需资金可以向其开户银行申请贴现。贴现是指票据持有人将未到期的票据背书转让给银行，银行受理后从票据到期值中扣除按银行贴现率计算确定的贴现利息，将余额付给持票人的业务活动。

　　1. 票据贴现的计算公式

　　（1）票据到期值。

　　不带息应收票据的到期值＝面值

　　带息应收票据的到期值＝面值＋利息＝面值＋面值×票面利率×票据期限

　　（2）贴现息＝票据到期值×贴现率×贴现期。

　　（3）贴现净额＝票据到期值－贴现息。

票据持票期、贴现期与票据期间的关系如图 3-2 所示。

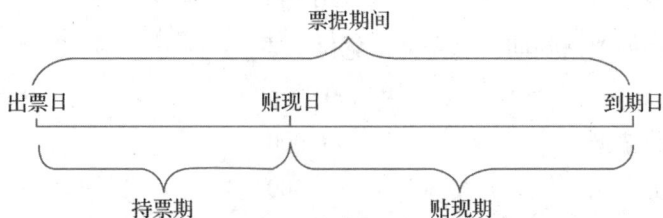

图 3-2 票据持票期、贴现期与票据期间的关系

2. 票据贴现的种类

（1）附追索权的贴现。如果银行对应收票据拥有追索权，则是指贴现后的票据，在到期时如果票据承兑人无力向贴现银行支付票款，则银行将向申请贴现企业提示票据，申请贴现企业应承担偿还票据金额的连带责任。

（2）不附追索权的贴现。如果银行对应收票据不拥有追索权，则应收票据贴现如同应收账款的直接出售，所有的兑现风险和利益在出售时全部转移给银行。

3. 票据贴现的账务处理

【例 3-4】顺达公司于 2×24 年 11 月 22 日将持有的票据一张向银行贴现（无追索权）。票据面值为 30 000 元，不带息。签票日为 10 月 21 日，期限 3 个月，贴现利率为年利率 8%（全年按照 360 天计算）。

顺达公司的账务处理如下。

票据到期值 =30 000（元）

贴现天数 =9+31+20=60（天）

贴现息 =30 000 × 8% ÷ 360 × 60=400（元）

贴现值 =30 000－400=29 600（元）

借：银行存款　　　　　　　　　　29 600

　　财务费用　　　　　　　　　　　400

　　　贷：应收票据　　　　　　　　　　30 000

【例 3-5】顺达公司于 2×24 年 12 月 20 日将一张由宏光公司签发的 40 000 元票据向银行申请贴现（有追索权）。该票据为带息票据，票面利率为 6%，贴现利率为 6%，期限为 90 天，出票日为 11 月 20 日（全年按照 360 天计算）。

顺达公司的账务处理如下。

票据到期值 =40 000 ×（1+6% ÷ 360 × 90）=40 600（元）

贴现期 =12+31+17=60（天）

贴现息 =40 600 × 6% ÷ 360 × 60=406（元）

贴现值 =40 600－406=40 194（元）

借：银行存款　　　　　　　　　　40 194

财务费用　　　　　　　　　　406

　　贷：短期借款　　　　　　　　40 600

如果顺达公司的票据到期，宏光公司兑付了票款：

借：短期借款　　　　　　　　40 600

　　贷：应收票据　　　　　　　　40 000

　　　　财务费用　　　　　　　　　600

如果顺达公司所贴现票据到期，宏光公司无力还款，贴现银行通知，银行已将款项扣除：

借：短期借款　　　　　　　　40 600

　　贷：银行存款　　　　　　　　40 600

同时，将应收票据转为应收账款：

借：应收账款　　　　　　　　40 600

　　贷：应收票据　　　　　　　　40 600

【**知识归纳**】应收票据的账务处理如表 3-1 所示。

表 3-1　应收票据的账务处理（以不带息应收票据为例）

业务内容			账务处理
取得应收票据			借：应收票据 　　贷：主营业务收入 　　　　应交税费——应交增值税（销项税额）
应收票据到期			借：银行存款（到期收到票款） 　　　　应收账款（到期未收到票款） 　　贷：应收票据
应收票据转让			借：材料采购、原材料、库存商品等 　　　　应交税费——应交增值税（进项税额） 　　贷：应收票据 　　　　银行存款（或借记）
应收票据贴现	贴现		借：银行存款（实得款项） 　　　　财务费用（贴现息） 　　贷：短期借款（票面金额）
	附追索权	承兑人到期支付	借：短期借款 　　贷：应收票据 　　　　财务费用
		承兑人无力支付	借：短期借款 　　贷：银行存款 借：应收账款 　　贷：应收票据
	不附追索权		借：银行存款（实得款项） 　　　　财务费用（贴现息） 　　贷：应收票据（票面金额）

任务二 应收账款

一、应收账款概念

应收账款是指企业因销售商品、产品或提供劳务等，应向购货单位或接受劳务单位收取的款项，包括买价、增值税款及代购货单位垫付的包装费、运杂费等。

应收账款是因赊销业务而产生的，所以应在赊销成立时确认入账。有关销售商品收入确认的具体条件，参见项目十三收入和费用中的相关内容。

二、应收账款计价

应收账款计价就是确定应收账款的入账金额，并合理估计其可收回的金额的方法。一般来说，应收账款应按买卖双方成交时的实际发生额入账，但企业在销售时往往实行折扣政策，会不同程度地影响应收账款及相应的销货收入的计价。

商业折扣和现金折扣是两种不同形式的折扣，其对应收账款入账金额的影响也不同。

（一）商业折扣

商业折扣是指对商品价目单所列的价格给予一定的折扣，实际上是对商品报价进行的折扣。商业折扣通常以百分比表示，如10%、15%等。商业折扣在交易成立及实际付款之前予以扣除，因此它对应收账款和销售收入均不产生影响。销售商品涉及商业折扣的，企业应当按照扣除商业折扣后的金额确定商品销售收入和应收账款金额。

（二）现金折扣

现金折扣是指销货企业为了鼓励客户在一定期间内早日偿还货款，对销售价格所给予的一定比率的扣减。现金折扣对于销货企业来说，称为销货折扣；对于购货企业来说，则称为购货折扣。现金折扣一般用2/10、1/20、n/30等表示，分别代表10天内付款给予2%的折扣，20天内付款给予1%的折扣，30天内付款无折扣，需支付全价付款。在现金折扣的情况下，应收账款入账金额的确认有两种处理方法：一是总价法，二是净价法。

1. 总价法

在总价法下，应收账款按企业销售商品的实际售价计价入账，把现金折扣作为理财费用记入财务费用处理。发生销售业务时，将未减去现金折扣的销售额作为实际售价金额入账，借记"应收账款"科目，贷记"主营业务收入""应交税费"等科目；实际收到款项时，按实际收款额借记"银行存款"科目，按实际发生的现金折扣借记"财务费用"科目，按收回应收账款的总价贷记"应收账款"科目。

2. 净价法

净价法是将扣减现金折扣后的金额作为实际售价，据以记作应收账款的入账金额。这种方法是把客户取得的折扣视为正常现象，认为一般客户都会提前付款，将客户超过折扣期限而多收入的金额视为提供信贷获得的收入，于收到账款时入账，作为冲减财务费用处理。

我国会计准则对于应收账款是按总价法进行规范的。

三、应收账款核算

为了核算和监督企业应收账款的发生和收回情况，企业应设置"应收账款"账户。该账户属于资产类账户，借方登记赊销时发生的应收账款金额；贷方登记客户偿还的应收账款或转为应收票据的应收账款，或已结转坏账损失的应收账款；期末一般为借方余额，反映企业尚未收回的应收账款。若余额在贷方，反映企业预收的账款。该账户按客户名称进行明细核算。

1 应收账款的核算
2 应收账款中的应收债权出售

（1）发生应收账款。发生应收账款时，按应收金额，借记"应收账款"账户；按实现的营业收入，贷记"主营业务收入"等账户；按专用发票注明的增值税税额，贷记"应交税费——应交增值税（销项税额）"账户。企业代购货单位垫付的包装费、运杂费，借记"应收账款"账户，贷记"银行存款"等账户。

（2）收回应收账款。收回时，借记"银行存款"账户，贷记"应收账款"账户。收回代垫费用时，借记"银行存款"账户，贷记"应收账款"账户。

如果企业应收账款改用商业汇票结算方式的，于收到商业汇票时，借记"应收票据"账户，贷记"应收账款"账户。

【例 3-6】2×24 年 4 月 12 日，顺达公司销售甲产品给元顺公司，发出产品时以银行存款 400 元支付代垫运杂费（见原始凭证 3-1 至原始凭证 3-3）。

原始凭证 3-1　增值税专用发票

开票日期：2×24 年 4 月 12 日　　　发票联　　　**发票号 NO.3296589**

购货单位	名称	元顺公司	税务登记号	4101016809666666														
	地址、电话	×××	开户银行及账号	中国工商银行绍兴市分行　81125309405876266														
货物或应税劳务名称	规格型号	计量单位	数量	单价	金额							税率 %	税额					
					万	千	百	十	元	角	分	13	万	千	百	十	元	角	分
甲产品		件	10 000	2.30	2	3	0	0	0	0	0			2	9	9	0	0	0
价税合计		贰万伍仟玖佰玖拾元整￥25 990.00																
销货单位	名称	杭州顺达有限责任公司	税务登记号	330100691709771														
	地址、电话	杭州市西湖区丰潭路 12 号	开户银行及账号	中国工商银行杭州文苑支行　81120101302788358														

销货单位 杭州顺达有限责任公司　　　　　**收款人** 李伟　　　　　**开票人** 赵青

原始凭证 3-2　运费结算单

2×24 年 4 月 12 日

托运单位：杭州运输公司
运费金额大写：肆佰元整　　¥ 400.00
货物：甲产品
验收：刘海
财会：张峰

原始凭证 3-3　转账支票存根

转账支票存根

支票号码：NO.0890027

科　　　目：银行存款

对方科目：应收账款

签发日期：2×24 年 4 月 12 日

收款人：杭州运输公司

金额：¥400.00

用途：代垫运费

备注：

单位主管：王申林　　会计：赵青

复核：　　　　　记账：

根据以上原始凭证，顺达公司的账务处理如下。

借：应收账款——元顺公司　　　　　　　　　　26 390

　　贷：主营业务收入　　　　　　　　　　　　　23 000

　　　应交税费——应交增值税（销项税额）　　　2 990

　　　银行存款　　　　　　　　　　　　　　　　　400

【例 3-7】2×24 年 4 月 28 日，上述款项收回，收到银行进账单回单（见原始凭证

3-4）。

原始凭证 3-4　银行进账单（回单）1

2×24 年 4 月 28 日

收款人	全　称	杭州顺达有限责任公司	付款人	全　称	元顺公司									
	账　号	81120101302788358		账　号	81125309405876266									
	开户银行	中国工商银行杭州文苑支行		开户银行	中国工商银行绍兴市分行									
人民币（大写）贰万陆仟叁佰玖拾元整					千	百	十	万	千	百	十	元	角	分
							￥ 2	6	3	9	0	0	0
票据种类			出票人开户银行盖章： ×××											

根据以上原始凭证，顺达公司的账务处理如下。

借：银行存款　　　　　　　　　　　　　　　　　26 390

　　贷：应收账款——元顺公司　　　　　　　　　　　　26 390

【例 3-8】顺达公司 2×24 年 7 月 1 日销售给元顺公司甲产品一批，开出的增值税专用发票注明的销售价款为 30 000 元，给买方的商业折扣为 10%，适用的增值税税率为 13%，采用委托收款方式结算，已向银行办妥托收手续。为及早收回货款，顺达公司和元顺公司约定的现金折扣条件为：2/10，1/20，n/30。假设计算现金折扣时不考虑增值税。

顺达公司的账务处理如下。

（1）7 月 1 日销售实现时，按销售总计确认收入：

借：应收账款——元顺公司　　　　　　　　　　　30 510

　　贷：主营业务收入　　　　　　　　　　　　　　　　27 000

　　　　应交税费——应交增值税（销项税额）　　　　　3 510

（2）若元顺公司在 10 天内付款：

折扣额 =27 000 × 2%=540（元）

借：银行存款　　　　　　　　　　　　　　　　　29 970

　　财务费用　　　　　　　　　　　　　　　　　　540

　　贷：应收账款　　　　　　　　　　　　　　　　　30 510

（3）若元顺公司在第 11 天至第 20 天内付款：

折扣额 =27 000 × 1%=270（元）

借：银行存款　　　　　　　　　　　　　　　　　30 240

　　财务费用　　　　　　　　　　　　　　　　　　270

　　贷：应收账款　　　　　　　　　　　　　　　　　30 510

（4）若元顺公司在第 21 天至第 30 天内付款：

借：银行存款　　　　　　　　　　　　　　　　　30 510

　　贷：应收账款　　　　　　　　　　　　　　　　　30 510

【知识归纳】应收账款的主要账务处理如表 3-2 所示。

表 3-2　应收账款的主要账务处理

业务内容	账务处理
发生应收账款	借：应收账款 　　贷：主营业务收入 　　　　应交税费——应交增值税（销项税额）
收回应收账款	借：银行存款 　　财务费用（发生的现金折扣） 　　贷：应收账款
应收账款改用商业汇票结算	借：应收票据 　　贷：应收账款

任务三　预付账款及其他应收款

一、预付账款

企业按照购货合同或劳务合同的规定，预先支付给供应单位或提供劳务方的账款，它是由企业主动付款形成的，属于企业短期性的债权。

预付账款与应收账款的区别在于，应收账款是企业因销售商品或提供劳务而产生的债权；而预付账款是企业因购货或接受劳务而产生的债权，是在货源紧张的情况下，预付给供货单位的款项。预付账款按实际发生额入账。

为了核算和监督预付账款的增减变动及结存情况，企业应设置"预付账款"账户。该账户属于资产类账户，借方登记预付的款项和补付的款项，贷方登记收到所购物资时结转的预付款项及退回的多付款项。期末余额一般在借方，反映企业实际预付的款项；若期末余额在贷方，反映企业尚未补付的款项。本账户按供货单位进行明细核算。

📖 知识拓展

预付账款情况不多的企业可以不设置"预付账款"账户，将预付的款项直接通过"应付账款"账户核算。

【例 3-9】顺达公司于 2×24 年 7 月 11 日按照合同规定开出转账支票一张，预付给通化公司购买 A 材料的款项 80 000 元。公司于 7 月 15 日收到 A 材料，通化公司开来的专用发票上注明价款 80 000 元，增值税税额 10 400 元。7 月 20 日向通化公司补付剩余货款。

顺达公司的账务处理如下。

（1）7月11日预付货款时：

借：预付账款——通化公司　　　　　　　　　　80 000

　　贷：银行存款　　　　　　　　　　　　　　　　80 000

（2）7月15日收到 A 材料时：

借：原材料——A 材料　　　　　　　　　　　　80 000

　　应交税费——应交增值税（进项税额）　　　10 400

　　贷：预付账款　　　　　　　　　　　　　　　　90 400

（3）7月20日向通化公司补付剩余货款：

借：预付账款　　　　　　　　　　　　　　　　10 400

　　贷：银行存款　　　　　　　　　　　　　　　　10 400

【知识归纳】预付账款的主要账务处理如表 3-3 所示。

表 3-3　预付账款的主要账务处理

业务内容	账务处理
预付货款	借：预付账款 　　贷：银行存款
收到货物	借：材料采购、原材料、库存商品等 　　应交税费——应交增值税（进项税额） 　　贷：预付账款
结清款项	借：预付账款（补付款） 　　贷：银行存款 退回多付的货款时，作相反的会计分录

二、其他应收款

其他应收款是指除应收账款、应收票据、预付账款等以外的其他各种应收及暂付款项。其主要内容包括：

（1）应收的各种赔款、罚款，如企业因财产等遭受意外损失而应向有关保险公司收取的赔款等。

（2）应收的出租包装物租金。

（3）应向职工收取的各种垫付款，如为职工垫付的水电费，应由职工负担的医药费、房租费等。

（4）存出保证金，如租入包装物支付的押金。

（5）备用金，如向有关部门拨出的备用资金。

（6）其他各种应收、暂付款项。

为了核算和监督其他应收款的增减变动及其结存情况，企业应设置"其他应收款"账户。该账户属于资产类账户，借方登记其他应收款的增加，贷方登记其他应收款的收回，期末余额一般在借方，反映企业尚未收回的其他应收款。该账户可按应收的单位或个人开设明细账进行核算。

知识拓展

备用金是为了满足企业内部有关部门和人员生产经营活动的需要，暂时拨付给有关部门和人员用于日常零星支出的备用现金。备用金采用先领后用、用后报销的办法，即由会计部门根据企业内部各单位或人员的实际需要核定备用金数额并拨付款项，待支出后凭单据向会计部门报销。按管理方式不同，备用金分为定额备用金和非定额备用金。

定额备用金是指用款部门或人员按定额持有的备用金。采用定额备用金制度，拨付时，借记"其他应收款"账户，贷记"库存现金"账户；报销时，用现金补足备用金定额，借记"管理费用"等账户，贷记"库存现金"账户；会计部门收回备用金时，借记"库存现金"账户，贷记"其他应收款"账户。

采用非定额备用金制度，拨付时，借记"其他应收款"账户，贷记"库存现金"账户；报销时，借记"管理费用"等账户，贷记"其他应收款"账户，如有差额，以现金退回或补付。

【例3-10】顺达公司租入包装物一批，以银行存款向出租方支付押金6 000元。

顺达公司的账务处理如下。

借：其他应收款　　　　　　　　6 000

　　贷：银行存款　　　　　　　　　6 000

【例3-11】顺达公司的会计部门对销售部门的销售人员实行定额备用金制度。2×24年6月发生下列经济业务，顺达公司的账务处理如下。

（1）会计部门拨付定额备用金5 000元。

借：其他应收款——备用金　　　5 000

　　贷：库存现金　　　　　　　　　5 000

（2）销售部门销售人员支付差旅费500元、办公费2 000元。将单据向会计部门报销时，补足余额。

借：管理费用　　　　　　　　　2 500

　　贷：库存现金　　　　　　　　　2 500

任务四　应收款项减值

企业的各项应收款项可能会因债务人拒付、破产、死亡等信用缺失，部分或全部无法收回。这类无法收回的应收款项通常称为坏账。企业因坏账而遭受的损失称为坏账损失。应收款项减值有两种核算方法，即直接转销法和备抵法。我国《企业会计准则》规定，应收款项减值的核算应采用备抵法。《小企业会计准则》规定，应收款项减值采用直接转销法。实际操作中，企业

应收款项减值

应根据自身所选择执行的会计准则进行相应的处理。

一、直接转销法

采用直接转销法时，日常核算中，应收款项可能发生的坏账损失不进行会计处理，只有在实际发生坏账时才作为坏账损失计入当期损益。

（一）坏账损失的确认

小企业应收及预付款项符合下列条件之一的，减除可收回的金额后确认的无法收回的应收及预付款项，作为坏账损失。

（1）债务人依法宣告破产、关闭、解散、被撤销，或者被依法注销、吊销营业执照，其清算财产不足清偿的。

（2）债务人死亡，或者依法被宣告失踪、死亡，其财产或遗产不足清偿的。

（3）债务人逾期3年以上未清偿，且有确凿证据证明已无力清偿债务的。

（4）与债务人达成债务重组协议或法院批准破产重整计划后，无法追偿的。

（5）因自然灾害、战争等不可抗力而无法收回的。

（6）国务院财政、税务主管部门规定的其他条件。

（二）坏账损失的账务处理

根据《小企业会计准则》的规定，确认应收账款实际发生的坏账损失，应当按照可收回的金额，借记"银行存款"等账户；按照其账面余额，贷记"应收账款"等账户；按照其差额，借记"营业外支出——坏账损失"账户。

【例3-12】某小企业2×24年发生的一笔25 000元应收账款，因债务人财务状况而长期未能收回，于2年后经催收收回2 000元，其余款项确实无法收回，确认为坏账。该小企业应进行如下账务处理。

```
借：银行存款                        2 000
   营业外支出——坏账损失            23 000
   贷：应收账款                              25 000
```

📝 知识拓展

直接转销法的优点是账务处理简单，将坏账损失在实际发生时确认为损失，符合其偶发性特征和小企业经营管理的特点。其缺点是不符合权责发生制会计基础，也与资产定义存在一定的冲突。在这种方法下，只有在坏账实际发生时，才将其确认为当期损益，导致资产和各期损益不实；另外，在资产负债表上，应收账款是按账面余额而不是按账面价值反映，这在一定程度上高估了期末应收款项。

二、备抵法

备抵法是根据收入和费用配比的原则，按期估计坏账损失，列为坏账费用，形成坏账准备，在实际发生坏账时冲销坏账准备的方法。

《企业会计准则》规定，企业应采用备抵法核算应收账款的坏账。应计提坏账准备的范围主要包括应收账款、预付账款、应收票据、其他应收款等。

在备抵法下，企业应设置"坏账准备"科目。该科目是各种应计提坏账准备的应收款项的抵减调整科目。其贷方登记每期提取的坏账准备数额，借方登记实际发生的坏账损失和冲减的坏账准备数额，期末余额一般在贷方，反映企业已经提取、尚未转销的坏账准备数额。在资产负债表上，应收账款项目应按应收账款账户余额减去应收账款提取的坏账准备后的净额反映。

坏账准备可按以下公式计算：

当期应计提的坏账准备＝当期按应收款项计算应计提坏账准备金额—（或＋）"坏账准备"账户的贷方（或借方）余额

采用备抵法核算应收账款的坏账，必须采用一定的方法合理估计各会计期间坏账损失。按期估计坏账损失的方法主要有三种，即应收款项余额百分比法、账龄分析法和个别认定法。

（一）应收款项余额百分比法

应收款项余额百分比法是按应收款项余额的一定比例估计坏账损失，计提坏账准备的方法。其计算公式如下。

当期按照应收款项计算坏账准备期末余额＝期末应收账款余额 × 估计的坏账率

【例3-13】顺达公司采用应收账款余额百分比法计提坏账准备，2×24 年应收账款余额为 1 500 000 元，根据经验和资料，公司提取坏账损失的比例为 5%。

当期按照应收款项计算坏账准备期末余额 =1 500 000 × 5%=75 000（元）

2×24 年末，顺达公司 1 500 000 元的应收账款中估计有 75 000 元可能发生坏账损失，企业应将应收账款的账面价值减记至 1 425 000 元（1 500 000—75 000）。

采用应收款项余额百分比法对坏账费用进行会计处理的要点是：

（1）企业首次计提坏账准备时，根据期末应收款项的余额和企业确定的坏账估计比率计算的估计坏账，借记"信用减值损失"科目，贷记"坏账准备"科目。

（2）发生坏账时，按实际发生的坏账数额，借记"坏账准备"科目，贷记"应收账款"科目。

（3）已经确认坏账的应收账款又收回时，根据收回数额，借记"应收账款"科目，贷记"坏账准备"科目；同时借记"银行存款"等科目，贷记"应收账款"科目。

（4）会计期末估计的坏账损失与"坏账准备"科目的余额有差异时，应对"坏账准备"科目的余额进行调整，使调整后"坏账准备"科目的贷方余额与估计的坏账数额一致。

【例3-14】顺达公司从 2×17 年开始计提坏账准备。2×22 年末应收账款余额为 1 200 000 元，该企业坏账准备的提取比例为 5‰。则 2×22 年末应计提的坏账准备为：坏账准备提取额 =1 200 000 × 5‰=6 000（元）。顺达公司的账务处理如下。

借：信用减值损失——计提的坏账准备　　　　　　　　6 000

　　　　贷：坏账准备　　　　　　　　　　　　　　　　　　6 000

　　2×23 年 11 月，企业发现有 1 600 元的应收账款无法收回，按有关规定确认为坏账损失。账务处理如下。

　　　　借：坏账准备　　　　　　　　　　　　　　　　　1 600

　　　　　　贷：应收账款　　　　　　　　　　　　　　　　　1 600

　　2×23 年 12 月 31 日，顺达公司应收账款余额为 1 440 000 元。按本年末应收账款余额计算应计提的坏账准备金额（坏账准备的余额）为：1 440 000×5‰=7 200（元）。

　　年末计提坏账准备前，"坏账准备"科目的贷方余额为：6 000−1 600=4 400（元）。

　　年末应补提的坏账准备金额为：7 200−4 400=2 800（元）。账务处理如下。

　　　　借：信用减值损失——计提的坏账准备　　　　　　2 800

　　　　　　贷：坏账准备　　　　　　　　　　　　　　　　　2 800

　　2×24 年 3 月 20 日，接银行通知，企业上年度已冲销的 1 600 元坏账又收回，款项已存入银行，有关账务处理如下。

　　　　借：应收账款　　　　　　　　　　　　　　　　　1 600

　　　　　　贷：坏账准备　　　　　　　　　　　　　　　　　1 600

　　　　借：银行存款　　　　　　　　　　　　　　　　　1 600

　　　　　　贷：应收账款　　　　　　　　　　　　　　　　　1 600

　　假设 2×24 年 12 月 31 日，顺达公司应收账款余额为 1 000 000 元。本年末坏账准备余额应为：1 000 000×5‰=5 000（元）。

　　至年末，计提坏账准备前的"坏账准备"科目的贷方余额为：7 200+1 600=8 800（元）。

　　年末应冲销多提的坏账准备金额为：8 800−5 000=3 800（元）。账务处理如下。

　　　　借：坏账准备　　　　　　　　　　　　　　　　　3 800

　　　　　　贷：信用减值损失——计提的坏账准备　　　　3 800

（二）账龄分析法

　　账龄分析法是按应收账款账龄的长短，根据以往的经验确定坏账损失百分比，并据以估计坏账损失的方法。这里所说的账龄是指客户所欠账款的时间。虽然应收账款能否收回及其收回的程度与应收账款的过期长短并无直接联系，但一般来说，账龄越长，账款不能收回的可能性就越大，因此企业可以按应收账款的账龄估计坏账。账龄分析法就是依据这一前提来估计坏账损失的。

　　【例 3-15】顺达公司 2×24 年 12 月 31 日应收账款账龄分析及坏账估算如表 3-4 所示。

表 3-4　账龄分析及坏账估算

应收账款账龄	应收账款期末余额/元	估计坏账率/%	估计坏账损失/元
未逾期	350 000	0.3	1 050
逾期 1 个月	250 000	2	5 000

续表

应收账款账龄	应收账款期末余额 / 元	估计坏账率 /%	估计坏账损失 / 元
逾期 2 个月	100 000	3	3 000
逾期 3 个月	150 000	5	7 500
逾期 3 个月以上	90 000	7	6 300
合计	940 000	—	22 850

（三）个别认定法

个别认定法指根据每一应收账款的情况来估计坏账损失的方法。如果某项应收账款的可收回性与其他应收款项存在明显差别（如债务单位所处的特定地区等），导致该项应收款项如果按照与其他应收款项同样的方法计提坏账准备，将无法真实地反映其可收回金额，可对该项应收款项采用个别认定法计提坏账准备。在同一会计期间采用个别认定法的应收款项，应从按其他方法计提坏账准备的应收款项中剔除。

【例 3-16】顺达公司采用应收账款余额百分比法计提坏账准备，根据经验和资料，公司提取坏账损失的比例为 5%。假设年初坏账准备余额为 600 000 元，本年发生坏账 200 000 元，本年收回上年已核销的坏账 10 000 元，年末应收账款余额 10 000 000 元，其中一项 500 000 元的应收账款有确凿证据表明只能收回 30%。

顺达公司年末"坏账准备"账户余额 =（10 000 000－500 000）× 5%+500 000
$$× 70\%=825\ 000（元）$$

顺达公司本年应计提坏账准备金额 =825 000－（600 000－200 000+10 000）=415 000（元）

【知识归纳】应收款项减值业务的账务处理总结如表 3-5 所示。

表 3-5　应收款项减值业务的账务处理总结

业务内容	账务处理
计提坏账准备	借：信用减值损失 　　贷：坏账准备 冲销坏账准备，作相反的账务处理
坏账损失确认	借：坏账准备 　　贷：应收账款等
已确认并转销的坏账损失又重新收回	借：应收账款等 　　贷：坏账准备 同时， 借：银行存款 　　贷：应收账款等

📖 学习目标

◆ 知识目标 ◆

1. 了解存货的定义、确认条件，熟悉存货的内容；
2. 明确存货初始计量、发出存货计量和期末存货计量等各种方法的特点和应用；
3. 明确原材料按实际成本核算和按计划成本核算账户使用与账务处理的区别；
4. 熟悉库存商品核算的方法；
5. 熟悉周转材料的概念和分类；
6. 了解存货清查的意义和方法。

◆ 技能目标 ◆

1. 能正确计算存货的采购成本、加工成本和其他成本；
2. 能熟练应用发出存货的计价方法，正确计算发出存货和期末存货的成本；
3. 能进行期末存货的计量和核算；
4. 能进行原材料按实际成本和计划成本的核算；
5. 能进行周转材料的核算和库存商品的核算；
6. 能进行委托加工物资的核算；
7. 能进行存货清查结果的账务处理。

◆ 素养目标 ◆

1. 培养学生的劳模精神、工匠精神和诚实守信的职业素养；
2. 能严格按照《企业会计准则》等政策法规的要求规范操作；
3. 培养学生的法律意识、准则意识、制度意识，使学生初步具有相应的会计职业判断能力；
4. 提升学生分析解决实际问题的能力、信息技术应用的能力、团队合作的能力。

项目四 课程思政
教学案例

📖 案例导入

大连獐子岛集团股份有限公司（以下简称獐子岛公司）于 2006 年 9 月在深交所

（深圳证券交易所）上市，以水产增养殖为主，是一家集海珍品育苗、增养殖、加工、贸易、海上运输于一体的综合性海洋食品公司，系农业产业化国家重点龙头企业。

獐子岛公司的扇贝从 2014 年起就成为资本市场热议的话题事件：2014 年 10 月冷水团绝收，2018 年 1 月扇贝饿死，2019 年 11 月扇贝大面积自然死亡，2020 年 5 月扇贝第四次逃跑，且计提巨额资产减值，如此反复的戏码引起了社会的广泛质疑。

2018 年 2 月，中国证监会对獐子岛公司进行立案调查。证监会利用"北斗"技术比对发现，减值海域中，2015 年、2016 年底播虾夷扇贝分别有 6.38 万亩[①]、0.13 万亩已在以往年度采捕，致使虚增资产减值损失 1 110.52 万元，占减值金额的 18.29%。2020 年 6 月 15 日，证监会针对獐子岛公司和吴厚刚等 16 名责任人员发布了中国证监会行政处罚决定书〔2020〕29 号，终于为这场闹剧盖棺论定。

资料来源：桑晓薇. 水产养殖企业存货审计风险研究：基于獐子岛和东海洋的案例分析 [D]. 昆明：云南财经大学，2023.

思考：獐子岛公司是如何通过存货进行财务造假的？从会计职业素养的角度看，獐子岛扇贝跑路事件带给你怎样的启示？企业期末存货计量的原则是什么？

📖 项目导图

本项目的内容结构如图 4-1 所示。

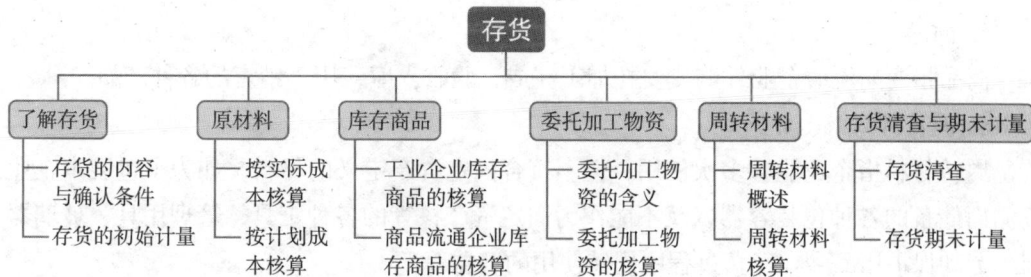

图 4-1　项目四的内容结构

📖 项目实施

任务一　了解存货

一、存货的内容与确认条件

（一）存货的内容

存货是指企业在日常活动中持有的以备出售的产成品或商品、处在生产过程中的在

[①] 1 亩 ＝ 0.067 公顷。

产品、在生产过程或提供劳务过程中耗用的材料和物料等。存货区别于固定资产等非流动资产的最基本特征是：企业持有存货的最终目的是出售，而不是自用或消耗。在大多数企业，存货是一项重要的流动资产，在流动资产中占有很大比重。企业的存货通常包括以下内容。

1. 原材料

原材料指企业生产过程中经加工改变其形态或性质并构成产品主要实体的各种原料以及主要材料、辅助材料、外购半成品、修理用备件、包装材料和燃料等。为建造固定资产等各项工程而储备的材料，虽然同属于材料，但是由于用于建造固定资产等各项工程，不符合存货定义，因此不能作为企业的存货。

2. 在产品

在产品指企业正在制造尚未完工的产品，包括正在各个生产工序加工的产品和已加工完毕但尚未检验或已检验但尚未办理入库手续的产品。

3. 半成品

半成品指经过一定生产过程并已检验合格交付半成品仓库保管，但尚未制造完工成为产成品，仍需进一步加工的中间产品。

4. 产成品

产成品指企业已经完成全部生产过程并验收入库，可以按照合同规定的条件送交订货单位，或者可以作为商品对外销售的产品。企业接受来料加工制造的代制品和为外单位加工修理的代修品，制造和修理完成验收入库后，应视同企业的产成品。

5. 商品

商品指商品流通企业外购或委托加工完成，验收入库，用于销售的各种产品。

6. 周转材料

周转材料指企业能够多次使用，但不符合固定资产定义的材料，如为了包装本企业商品而储备的各种包装容器以及不能作为固定资产核算的各种工具、管理用具、玻璃器皿、劳动保护用品和在经营过程中周转使用的容器等。

7. 委托代销商品

委托代销商品指企业委托其他单位代销的商品。

存货的内容很多，按其经济用途，可分为以下三类有形资产：一是在正常经营过程中储存备售的存货，如工业企业的产成品和商品流通企业的库存商品等；二是为最终出售正处于生产过程的存货，如在产品和半成品等；三是在生产经营过程中储存备耗的存货，如工业企业为生产产品而储存的原材料、包装物、低值易耗品等。

（二）存货的确认条件

根据《企业会计准则第 1 号——存货》的规定，符合存货定义的资产项目，要在资产负债表中作为存货予以确认，还必须符合以下条件：

（1）与该存货有关的经济利益很可能流入企业。通常，拥有存货的所有权是经济利益很可能流入企业的一个标志。在盘存日，材料、商品等所有权已属于企业，无论其存放在何处，都应作为企业的存货；反之，如果没有所有权，即使其存放在本企业，也不能作为本企业的存货。

（2）该存货的成本能够可靠地计量。要使存货的成本能够可靠地计量，就必须以取得确凿、可靠的证据为依据，并且具有可验证性。

二、存货的初始计量

存货应当按照成本进行初始计量。存货成本包括采购成本、加工成本和其他成本。

（1）存货的采购成本包括购买价款、相关税费、运输费、装卸费、保险费以及其他可归属于存货采购成本的费用。

（2）存货的加工成本是指在存货的加工过程中发生的追加费用，包括直接人工以及按照一定方法分配的制造费用。

（3）存货的其他成本是指除采购成本、加工成本以外的，使存货达到目前场所和状态所发生的其他支出。

存货的来源不同，其成本内容也不同。原材料、商品、低值易耗品等通过购买而取得的存货，其成本主要由采购成本构成；在产品、半成品、产成品等自制或需要委托外单位加工完成的存货，其成本由采购成本、加工成本以及使存货达到目前场所和状态所发生的其他支出构成。

任务二 原材料

原材料指在企业生产过程中，经加工而改变其形态或性质并构成产品主要实体的各种原料以及主要材料、辅助材料、外购半成品、修理用备件、包装材料和燃料等。原材料的日常收发和结存可以采用实际成本核算，也可以采用计划成本核算，这取决于企业的实际需要。

一、按实际成本核算

原材料按实际成本核算是指原材料的收入、发出和结存从材料的收发凭证到明细分类核算与总分类核算，均按实际成本计价。这种计价方法适用于材料品种少、收发业务不多的企业。

原材料按实际成本计价的核算

（一）外购原材料实际成本构成

外购原材料的成本即采购成本，包括购买价款、相关税费、运杂费、入库前的挑选整理费用、运输途中的合理损耗以及其他可归属于存货采购成本的费用。

其中，购买价款是指企业购入材料的发票账单上列明的价款，但不包括按照规定可以抵扣的增值税进项税额；相关税费是指企业购买材料发生的进口关税、消费税、资源

税和不能抵扣的增值税进项税额以及相应的教育费附加等应计入采购成本的税费；运杂费包括运输费、装卸费、保险费、包装费、仓储费等；入库前的挑选整理费用主要包括挑选整理中发生的工、费支出和必要损耗，扣除回收的下脚料废料价值。

知识拓展

（1）企业发生的采购差旅费、市内小额运杂费、专设采购机构经费应计入管理费用。

（2）运输途中非合理损耗应扣除赔偿后计入管理费用。

（3）因自然灾害而发生的意外损失应扣除赔偿等后计入营业外支出。

（4）存货入库后至发出前所发生的储存保管费用应计入当期损益，但在生产过程中为达到下一个生产阶段所必需的仓储费用应计入存货成本。

（5）商品流通企业在采购商品过程中发生的运输费、装卸费、保险费以及其他可归属于存货采购成本的费用等进货费用应当计入存货采购成本。如果采购商品的进货费用金额较小，也可以在发生时直接计入当期的销售费用。

（二）账户设置

原材料采用实际成本核算，企业应设置"原材料""在途物资""应付账款""应付票据""预付账款""应交税费——应交增值税（进项税额）"等账户。

1. "原材料"账户

"原材料"账户属于资产类账户，用来核算企业各种库存材料的实际成本。借方登记验收入库原材料的实际成本，贷方登记发出原材料的实际成本，期末借方余额反映库存材料实际成本。本账户可按材料的保管地点（仓库）、材料的类别、品种和规格等进行明细核算。

2. "在途物资"账户

"在途物资"账户属于资产类账户，用来核算企业采用实际成本（或进价）进行材料、商品等物资的日常核算、货款已付尚未验收入库在途物资的采购成本。借方登记企业购入在途物资的实际成本，贷方登记已验收入库材料、商品实际成本，期末借方余额反映企业在途物资的实际采购成本。本账户可按供应单位和物资品种进行明细核算。

（三）外购原材料的核算

由于货款结算方式和采购地点的不同，以及材料入库和货款的支付在时间上不一定完全同步，外购原材料要根据具体情况进行账务处理。

1. 单货同到

单货同到即发票账单和材料同时到达的采购业务。企业在支付货款或开出、承兑商业汇票，材料验收入库后，应根据发票账单等结算凭证确定的材料成本，借记"原材料"科目；按照增值税专用发票上注明的可抵扣的进项税额，借记"应交税费——应交增值税（进项税额）"科目；按照实际支付的款项或应付票据面值，贷记"银行存款""其他货币资金""应付票据"等科目。

【例4-1】2×24年9月6日，顺达公司从湖北众力钢材有限公司购入A、B两种型号的材料（实际成本法核算），A材料5 000千克，单价16.00元，增值税专用发票上注明的不含税价为80 000元，增值税进项税额为10 400元；B材料2 000千克，单价10.00元，增值税专用发票上注明的不含税价为20 000元，增值税进项税额为2 600元，两种材料价税合计金额为113 000元。顺达公司用转账支票结清货款，材料已验收入库（见原始凭证4-1至原始凭证4-3）。

原始凭证4-1　湖北增值税专用发票

全国统一发票监制
发票联
国家税务总局监制

开票日期：2×24年9月6日

名　　　　　称：杭州顺达有限责任公司 纳税人识别号：330100691709771 地址、电话：杭州市西湖区丰潭路12号　0571-81677225 开户行及账号：工商银行杭州文苑支行　81120101302788358	密码区	5596*119/- > 59-<818<71 9>/0/433>2-3-0+672<9* 8+-<<51-41+>/58*8260 3658765<56+*31/58>02

商品或应税劳务名称	规格型号	单位	数量	单价	金额	税率	税额
A材料		千克	5 000	16.00	80 000.00	13%	10 400.00
B材料		千克	2 000	10.00	20 000.00		2 600.00
合计			10 000		100 000.00		13 000.00

价税合计（大写）	壹拾壹万叁仟元整　　　　　（小写）￥113 000.00

名　　　　　称：湖北众力钢材有限公司 纳税人识别号：320125787945821 地址、电话：湖北武汉江城路　027-61055054 开户行及账号：工行湖北武汉江城路支行　2203024782200068902	备注

纳税人：　　　　　复核人：　　　　　开票人：　　　　　销货单位：（章）

原始凭证4-2　转账支票存根

中国工商银行 **转账支票存根（鄂）**
IXII03662922
附加信息
出票日期：2×24年9月6日
收款人：湖北众力钢材有限公司
金额：￥113 000.00
用途：购A、B材料款
单位主管：　　　　　会计：

原始凭证 4-3　收　料　单

2×24 年 9 月 6 日　　　　　　　　　　　　　　　　　　　　　　　　　　　　　　编码：01

材料编号	名称及规格	计量单位	数量		单价	材料金额	运杂费	材料实际成本	
			应收	实收				单价	合计
01	A 材料	千克	5 000	5 000	16	80 000.00		16	80 000.00
02	B 材料	千克	2 000	2 000	10	20 000.00		10	20 000.00
供货单位	湖北众力钢材有限公司		结算方式		转账支票		合同号		
备注									

仓库主管：　　　　　　材料会计：　　　　　收料员：　　　　　经办人：　　　　　制单：

顺达公司的账务处理如下。

借：原材料——A 材料　　　　　　　　　　　　　80 000

　　　　　——B 材料　　　　　　　　　　　　　20 000

　　应交税费——应交增值税（进项税额）　　　　 1 300

　　贷：银行存款　　　　　　　　　　　　　　　　113 000

【例 4-2】顺达公司采用商业承兑汇票支付方式购入 A 材料一批，增值税专用发票上注明价款 200 000 元，增值税 26 000 元，对方代垫运杂费 2 000 元，材料已验收入库。

借：原材料——A 材料　　　　　　　　　　　　202 000

　　应交税费——应交增值税（进项税额）　　　　26 000

　　贷：应付票据　　　　　　　　　　　　　　　228 000

2. 单到货未到

单到货未到即发票账单已经到达，但材料尚未验收入库的采购业务。企业应根据发票账单等结算凭证，借记"在途物资""应交税费——应交增值税（进项税额）"科目，贷记"银行存款"或"应付票据"等科目；待材料到达入库后，再根据收料单，借记"原材料"科目，贷记"在途物资"科目。

【例 4-3】顺达公司采用汇兑结算方式购入 B 材料一批，发票及账单已收到，增值税专用发票上注明价款 30 000 元，增值税 3 900 元，对方代垫运杂费 1 000 元，材料尚未到达。

顺达公司的账务处理如下。

借：在途物资　　　　　　　　　　　　　　　　 31 000

　　应交税费——应交增值税（进项税额）　　　　 3 900

　　贷：银行存款　　　　　　　　　　　　　　　 34 900

【例 4-4】承【例 4-3】，上述购入的 B 材料已收到，并验收入库。

顺达公司的账务处理如下。

借：原材料 31 000

　　贷：在途物资 31 000

3. 货到单未到

货到单未到即材料已经验收入库，但发票账单等结算凭证未到，无法确定其实际成本的采购业务。为了简化核算手续，月份内发生的，可暂不进入账务处理程序，只将收到的材料登记明细分类账。到月末，如果结算凭证仍未到达，则应按合同价或计划价暂估入账，借记"原材料"科目，贷记"应付账款——暂估应付账款"科目。下月初用红字做同样的记录，予以冲回；等结算凭证到达时，按正常程序，借记"原材料""应交税费——应交增值税（进项税额）"科目，贷记"银行存款"或"应付票据"等科目。

【例4-5】顺达公司采用委托收款结算方式购入 C 材料一批，材料已验收入库，月末发票账单尚未收到，也无法确定其实际成本，暂估价值为 15 000 元。

顺达公司月末按暂估价入账。

借：原材料 15 000

　　贷：应付账款 15 000

下月初，用红字冲销原估价入账的记录：

借：原材料 15 000

　　贷：应付账款 15 000

收到结算凭证单据后，实际货款为 15 000 元，增值税为 1 950 元，用银行存款支付货款及增值税。顺达公司的账务处理如下。

借：原材料 15 000

　　应交税费——应交增值税（进项税额） 1 950

　　贷：银行存款 16 950

4. 预付货款购料

预付货款购料即企业在采购材料时，可按合同规定预付一部分款项，待材料收到后进行结算，多退少补。预付采购材料款时，按照实际预付金额，借记"预付账款"科目，贷记"银行存款"科目；已经预付货款的材料验收入库时，根据发票账单等所列的价款、税额等，借记"原材料"科目和"应交税费——应交增值税（进项税额）"科目，贷记"预付账款"科目；预付款项不足，补付货款时，按补付金额，借记"预付账款"科目，贷记"银行存款"科目，退回多付的款项时，借记"银行存款"科目，贷记"预付账款"科目。

【例4-6】按照合同规定，顺达公司采用预付货款的方式从海胜公司购买 A 材料，预付货款 30 000 元。顺达公司的账务处理如下。

借：预付账款——海胜公司 30 000

　　贷：银行存款 30 000

【例 4-7】承【例 4-6】，收到海胜公司发来的 A 材料，增值税专用发票上注明价款 50 000 元，增值税 6 500 元，顺达公司还需要补付货款 26 500 元。

借：原材料——A 材料　　　　　　　　　　　　　50 000

　　应交税费——应交增值税（进项税额）　　　　　6 500

　　　贷：预付账款——海胜公司　　　　　　　　　　　30 000

　　　　　银行存款　　　　　　　　　　　　　　　　26 500

5. 原材料采购过程中的短缺和毁损的处理

采购材料在途中发生短缺和毁损，应根据造成短缺或毁损的原因分别处理，不能全部计入外购材料的采购成本。

（1）定额内合理的途中损耗，计入材料的采购成本。

（2）能确定由供应单位、运输单位、保险公司或其他过失人赔偿的，应向有关单位或责任人索赔，自"在途物资"科目转入"应付账款"或"其他应收款"科目。

【例 4-8】顺达公司于 2×24 年 8 月 10 日购入 B 材料 1 000 千克，不含税单价 20 元，增值税率 13%，8 月 12 日材料运到，实收 950 千克。顺达公司的账务处理如下。

如该短缺为运输部门的责任，在材料验收入库时：

借：原材料——B 材料　　　　　　　　　　　　　19 000

　　其他应收款——运输部门　　　　　　　　　　　1 130

　　　贷：在途物资　　　　　　　　　　　　　　　　20 000

　　　　　应交税费——应交增值税（进项税额转出）　　130

如查证为合理损耗：

借：原材料——B 材料　　　　　　　　　　　　　20 000

　　　贷：在途物资　　　　　　　　　　　　　　　　20 000

（3）凡尚待查明原因和需要报经批准才能转销处理的损失，应将其损失从"在途物资"科目转入"待处理财产损溢"科目，查明原因后再分别处理：①属于应由供货单位、运输单位、保险公司或其他过失人负责赔偿的，将其损失从"待处理财产损溢"科目转入"应付账款"或"其他应收款"科目；②属于自然灾害造成的损失，应按扣除残料价值和保险公司赔偿后的净损失，从"待处理财产损溢"科目转入"营业外支出——非常损失"科目；③属于无法收回的其他损失，报经批准后，将其从"待处理财产损溢"科目转入"管理费用"科目。

（4）在（2）和（3）两种情况下，短缺和毁损的材料所负担的增值税税额应自"应交税费——应交增值税（进项税额）"科目随同"在途物资"科目转入对应科目。

【例 4-9】顺达公司 2×24 年 9 月 14 日购入 C 材料，增值税发票注明数量 4 000 千克，单价 5 元，共计价款 20 000 元，增值税进项税额为 2 600 元。运输单位的增值税发票注明运费 400 元，增值税税额 36 元，所有款项均以银行存款支付。18 日，材料验收入库，实收 3 500 千克，短缺 500 千克，其中属于定额内的合理损耗 50 千克，其他 450

千克原因待查。30 日，经查明，短缺的 450 千克材料属于运输部门的责任，应由运输部门赔偿。

顺达公司的账务处理如下。

（1）9 月 14 日采购时：

借：在途物资——C 材料　　　　　　　　　　　20 400

应交税费——应交增值税（进项税额）　　　2 636

贷：银行存款　　　　　　　　　　　　　　　23 036

（2）9 月 18 日入库时：

借：原材料——C 材料　　　　　　　　　　　　18 105

待处理财产损溢——待处理流动资产损溢　2 591.55

贷：在途物资——C 材料　　　　　　　　　　20 400

应交税费——应交增值税（进行税额转出）　296.55

（3）9 月 30 日查明原因时：

借：其他应收款　　　　　　　　　　　　　　　2 591.55

贷：待处理财产损溢——待处理流动资产损溢　2 591.55

✏ **知识拓展**

（1）自制材料的核算。自制材料完工验收入库，应按照实际成本，借记"原材料"账户，贷记"生产成本"账户。

（2）投资者投入材料的核算。投资者投入材料的核算应按照投资合同或协议约定的价值确定投入材料的成本，按其成本，借记"原材料"账户；按增值税专用发票注明的增值税税额，借记"应交税费——应交增值税（进项税额）"账户；按投入材料在企业注册资本中所享有的份额，贷记"实收资本"或"股本"账户；按其差额，贷记"资本公积——资本溢价"或"资本公积——股本溢价"账户。

（四）发出原材料的核算

1. 发出原材料的计价方法

计价方法的选择是制定企业会计政策的一项重要内容。企业应当根据各类存货的实物流转方式、企业管理的要求、存货的性质等实际情况合理地确定发出存货的计价方法。

存货准则规定的计价方法有先进先出法、加权平均法（包括月末一次加权平均法和移动加权平均法）、个别计价法等。

发出存货计价

（1）先进先出法。先进先出法是假定"先入库的存货先发出"，并根据这种假定的成本流转次序确定发出存货成本的一种方法。

【例 4-10】假定顺达公司原材料（D 材料）的收、发、存数据资料如表 4-1 所示。

表 4-1 顺达公司原材料的收入、发出及结存情况

存货类别：主要材料

存货名称及规格：D 材料

日期	收入		发出		结存数量/千克
	数量/千克	单位成本/元	数量/千克	单位成本/元	
12 月 1 日结存	450	4.00			450
12 月 8 日购入	300	4.20			750
12 月 14 日发出			600		150
12 月 20 日购入	450	4.30			600
12 月 28 日发出			300		300
12 月 31 日购入	300	4.50			600

顺达公司按照先进先出法填列原材料明细账中的相关数据，如表 4-2 所示。

表 4-2 原材料明细账

编号：　　　　　名称：D 材料　　　　　规格：5×10

日期	收入			发出			结存		
	数量/千克	单位成本/元	总成本/元	数量/元	单位成本/元	总成本/元	数量/元	单位成本/元	总成本/元
12 月 1 日							450	4.00	1 800
12 月 8 日	300	4.20	1 260				450 300	4.00 4.20	1 800 1 260
12 月 14 日				450 150	4.00 4.20	1 800 630	150	4.20	630
12 月 20 日	450	4.30	1 935				150 450	4.20 4.30	630 1 935
12 月 28 日				150 150	4.20 4.30	630 645	300	4.30	1 290
12 月 31 日	300	4.50	1 350				300 300	4.30 4.50	1 290 1 350
本月合计	1 050		4 545	900		3 705	300 300	4.30 4.50	1 290 1 350

注：顺达公司本期发出存货成本 =（1 800+630）+（630+645）=3 705（元）

顺达公司期末结存存货成本 =1 290+1 350=2 640（元）

采用先进先出法，期末存货的实际成本都是按最近的购货成本确定的，比较接近现行的市价。其优点是便于日常计算发出存货及结存存货的实际成本，企业不能随意挑选

存货计价，以调整当期利润；缺点是工作量比较大，对于存货进出量频繁的企业更是如此。当物价上涨时，会高估企业当期利润和库存存货价值；反之，会低估企业存货价值和当期利润。

（2）加权平均法。加权平均法也称月末一次加权平均法，是指以月初结存存货数量加本月收入存货数量为权数，去除月初结存存货实际成本加本月收入存货实际成本，计算出存货的加权平均单位成本，从而确定本月发出存货实际成本和期末存货实际成本的一种方法。其计算公式为：

$$加权平均单位成本 = \frac{月初结存的实际成本 + \sum\left(本月各批进货的实际单位成本 \times 本月各批进货的数量\right)}{月初结存存货数量 + \sum 本月各批进货数量}$$

本月发出存货实际成本 = 本月发出存货数量 × 加权平均单位成本

期末结存存货实际成本 = 期末结存存货数量 × 加权平均单位成本

【例 4-11】以【例 4-10】为例，顺达公司按照月末一次加权平均法填列原材料明细账中的相关数据，如表 4-3 所示。

表 4-3 原材料明细账

编号：　　　　　名称：D 材料　　　　　规格：5×10

日期	收入			发出			结存		
	数量/千克	单位成本/元	总成本/元	数量/千克	单位成本/元	总成本/元	数量/千克	单位成本/元	总成本/元
12 月 1 日							450	4.00	1 800
12 月 8 日	300	4.20	1 260				750		
12 月 14 日				600			150		
12 月 20 日	450	4.30	1 935				600		
12 月 28 日				300			300		
12 月 31 日	300	4.50	1 350				600		
本月合计	1 050		4 545	900	4.23	3 807	600	4.23	2 538

注：月末一次加权平均单位成本 =（1 800+4 545）/（450+1 050）=4.23（元/千克）

本月发出存货的成本 =900 × 4.23=3 807（元）

月末结存存货的成本 =600 × 4.23=2 538（元）

这种方法操作简便，但是本月发生的成本只有到月末求出平均单价才能计算出来，由于平时无法从账上提供发出和结存存货的单价与金额，因此不利于存货成本的日常管理和控制。

（3）移动加权平均法。移动加权平均法是指每次收货以后，立即根据库存存货数量和总成本，计算出新的移动加权平均单位成本，并对发出存货和结存存货进行计价的一种方法。其计算公式为：

$$移动加权平均单位成本 = \frac{本次进货之前库存存货的实际成本 + 本次进货的实际成本}{本次进货之前库存存货数量 + 本次进货的数量}$$

本次发出存货实际成本 = 本次发出存货的数量 × 移动加权平均单位成本

本次发出存货后结存存货实际成本 = 结存存货数量 × 移动加权平均单位成本

【例4-12】以【例4-10】为例，顺达公司按照移动加权平均法填列原材料明细账中的相关数据，如表4-4所示。

表4-4　原材料明细账

编号：　　　　　名称：D材料　　　　　规格：5×10

日期	收入			发出			结存		
	数量/千克	单位成本/元	总成本/元	数量/千克	单位成本/元	总成本/元	数量/千克	单位成本/元	总成本/元
12月1日							450	4.00	1 800
12月8日	300	4.20	1 260				750	4.08	3 060
12月14日				600	4.08	2 448	150	4.08	612
12月20日	450	4.30	1 935				600	4.245	2 547
12月28日				300	4.245	1 273.5	300	4.245	1 273.5
12月31日	300	4.50	1 350				600	4.372 5	2 623.5
本月合计	1 050		4 545	900		3 721.5	600	4.372 5	2 623.5

注：12月8日购货后的平均单位成本 = （1 800+1 260）/（450+300）=4.08（元/千克）

12月20日购货后的平均单位成本 = （612+1 935）/（150+450）=4.245（元/千克）

12月31日购货后的平均单位成本 = （1 273.5+1 350）/（300+300）=4.372 5（元/千克）

移动加权平均法能够使企业管理层及时了解存货的结存情况，计算的平均单位成本以及发出和结存的成本比较客观。但由于每次进货都要计算一次移动加权平均单价，工作量较大，移动加权平均法对收发货较频繁的企业不适用。

（4）个别计价法。个别计价法又称"个别认定法""具体辨认法""分批实际法"。采用这一方法是假设存货的成本流转与实物流转相一致，按照各种存货，逐一辨认各批发出存货和期末存货所属的购进批别或生产批别，分别将其购入或生产时所确定的单位成本作为计算各批发出存货和期末存货成本的方法。其计算公式为：

发出存货的实际成本 = 各批（次）存货发出数量 × 该批次存货实际进货单价

【例4-13】顺达公司本月生产过程中领用A材料2 000千克，经确认，其中1 000千克属第一批入库，单位成本为25元；其中600千克属第二批入库，单位成本为26元；其中400千克属第三批入库，单位成本为28元。本月发出A材料的成本计算如下。

发出材料实际成本 =1 000×25+600×26+400×28=51 800（元）

个别计价法的优点是计算发出存货的成本和期末存货的成本比较合理、准确；缺点是实际操作中工作量繁重，困难较大。个别计价法适用于容易识别、存货品种数量不多、单位成本较高的存货计价。

2. 发出原材料的账务处理

由于企业材料日常领用业务频繁，为简化日常核算工作，平时一般只根据领料单按实际成本登记材料明细分类账，以反映各种材料的动态及结存情况；月末，根据领料单，按领用部门和用途归类汇总，编制"发料凭证汇总表"，据以一次登记总分类账，从而简化记账工作。

企业应根据材料的用途和领用部门，借记"生产成本""制造费用""销售费用""管理费用""委托加工物资""应付职工薪酬""在建工程"等账户，贷记"原材料"账户。

【例4-14】顺达公司2×24年8月31日根据发料凭证汇总编制"发料凭证汇总表"，如表4-5所示。

表4-5 发料凭证汇总表

单位：元

领料部门／用途	应借科目	金额
基本生产车间：		
生产甲产品耗用	生产成本	15 000
生产乙产品耗用	生产成本	5 000
车间消耗用料	制造费用	1 000
销售部门领用	销售费用	500
行政部门领用	管理费用	600
合计		22 100

根据表4-5，顺达公司的账务处理如下。

借：生产成本——甲产品　　　　15 000

　　　　　　——乙产品　　　　5 000

　　制造费用　　　　　　　　1 000

　　销售费用　　　　　　　　500

　　管理费用　　　　　　　　600

　　贷：原材料　　　　　　　22 100

二、按计划成本核算

在实务工作中，对于存货品种繁多、收发业务频繁、具备计划成本资料的大型企业，可以采用计划成本进行材料收发的核算。其要点是：平时

原材料按计划成本计价的核算

所有收发凭证均按存货的计划成本计价，总账及明细分类账也按计划成本登记，存货的实际成本与计划成本的差异通过"材料成本差异"账户进行核算。月份终了，通过分配材料成本差异将发出存货的计划成本调整为实际成本。

（一）账户设置

1．"原材料"账户

"原材料"账户属于资产类账户，用来核算企业各种原材料的计划成本。借方登记入库原材料的计划成本；贷方登记发出原材料的计划成本；期末余额在借方，反映结存材料的计划成本。该账户可按原材料的保管地点（仓库）、材料的类别、品种或规格等进行明细分类核算。

2．"材料采购"账户

"材料采购"账户属于资产类账户，核算企业采用计划成本进行材料日常核算而购入材料的采购成本。其 T 形账户结构如图 4-2 所示。

材料采购	
采购材料的实际成本	入库材料的计划成本
入库材料的节约差异	入库材料的超支差异
在途材料的实际成本	

图 4-2 "材料采购"账户结构

3．"材料成本差异"账户

"材料成本差异"账户属于资产类账户，核算企业采用计划成本进行日常核算的材料计划成本与实际成本的差额。其 T 形账户结构如图 4-3 所示。

材料成本差异	
入库材料超支差异	入库材料节约差异
	发出材料 ┌ 超支蓝字 负担的差异 └ 节约红字
结存材料的超支差异	结存材料的节约差异

图 4-3 "材料成本差异"账户结构

（二）外购原材料的核算

原材料按计划成本核算时，不论材料是否入库，取得的原材料都要通过"材料采购"账户进行核算。材料验收入库后，再转入"原材料"账户，同时结转材料成本差异。

1．单货同到

单货同到即发票账单和材料同时到达的采购业务。企业在支付货款或开出、承兑商业汇票，材料验收入库后，应根据发票账单等结算凭证确定的材料成本，借记"材料采购"科目；按照增值税专用发票上注明的可抵扣的进项税额，借记"应交税费——应交增值税（进项税额）"科目；按照实际支付的款项或应付票据面值，贷记"银行存款""其他货币资金""应付票据"等科目。同时，根据收料单按计划成本，借记"原材料"科目，贷记"材料采购"科目。若为超支差异，则借记"材料成本差异"科目，贷记"材料采购"科目；若为节约差异，则账务处理相反。

【例4-15】顺达公司购入 A 材料一批，专用发票上注明价款 2 000 000 元，增值税260 000 元，发票账单已收到，计划成本为 2 300 000 元，已验收入库，全部款项以银行存款支付。

顺达公司的账务处理如下。

付款时：

借：材料采购——A 材料 　　　　　　　　　　2 000 000
　　应交税费——应交增值税（进项税额）　　　 260 000
　　　贷：银行存款 　　　　　　　　　　　　　　　　　2 260 000

材料入库时：

方法一：借：原材料——A 材料 　　　　　　　2 300 000
　　　　　　贷：材料采购——A 材料 　　　　　　　　2 000 000
　　　　　　　　材料成本差异 　　　　　　　　　　　　 300 000

方法二：借：原材料——A 材料 　　　　　　　2 300 000
　　　　　　贷：材料采购——A 材料 　　　　　　　　2 300 000

同时结转入库材料的节约差异：

借：材料采购 　　　　　　　　　　　　　　　300 000
　　贷：材料成本差异 　　　　　　　　　　　　　　　 300 000

✎ **知识拓展**

对于材料收发业务较少的企业，材料收入的总分类核算可以根据收料凭证逐日编制记账凭证，并据以登记总分类账；材料收发业务较多的企业，为了简化日常核算工作，企业平时可不进行材料入库和结转材料成本差异的总分类核算，待到月终时，通过编制"收料凭证汇总表"，汇总进行总分类核算。也就是，入库材料成本差异的结转有两种方式：逐笔结转和月末一次结转。

2. 单到货未到

单到货未到即发票账单已经到达，但材料尚未验收入库的采购业务。企业应根据发票账单等结算凭证，借记"材料采购""应交税费——应交增值税（进项税额）"科目，贷记"银行存款"或"应付票据"等科目；待材料到达入库后，再根据收料单，借记"原材料"科目，贷记"材料采购"科目，同时结转入库材料的成本差异。

【例4-16】顺达公司采用汇兑结算方式购入乙材料一批，专用发票上注明价款 400 000元，增值税 52 000 元，发票账单已收到，计划成本 360 000 元，材料尚未入库。

顺达公司的账务处理如下。

借：材料采购 　　　　　　　　　　　　　　　400 000

应交税费——应交增值税（进项税额）　　　　　52 000

　　　贷：银行存款　　　　　　　　　　　　　　　　　　452 000

等到验收入库时再转入"原材料"账户。

3. 货到单未到

货到单未到即材料已经验收入库，但发票账单等结算凭证未到，无法确定其实际成本的采购业务。这种情况的处理与原材料按实际成本核算类似。月份内发生的，可暂不进行账务处理，月末按材料的计划成本暂估入账，下月初用红字冲回。

【例 4-17】顺达公司购入 B 材料一批，材料已验收入库，发票账单未到，月末按照计划成本 600 000 元估价入账。

顺达公司的账务处理如下。

借：原材料——B 材料　　　　　　　　　　　　600 000

　　　贷：应付账款——暂估应付账款　　　　　　　　　600 000

下月初作相反的会计分录予以冲回：

借：应付账款——暂估应付账款　　　　　　　　600 000

　　　贷：原材料——B 材料　　　　　　　　　　　　600 000

（三）发出原材料的核算

1. 结转发出材料的计划成本

月末，企业根据"发料凭证汇总表"结转发出材料的计划成本。按材料的用途，借记"生产成本""制造费用""管理费用""销售费用""委托加工物资""其他业务成本"等账户，贷记"原材料"账户。

2. 计算并结转发出材料应负担的成本差异

结转发出材料负担的超支差异，借记"生产成本""制造费用""管理费用""销售费用""委托加工物资""其他业务成本"等账户，贷记"材料成本差异"账户；结转发出材料负担的节约差异，则用红字冲减。

材料成本差异的计算公式如下。

$$材料成本差异率 = \frac{月初结存材料成本差异 + 本月收入材料成本差异}{月初结存材料计划成本 + 本月收入材料计划成本} \times 100\%$$

发出材料应负担的成本差异 = 发出材料的计划成本 × 材料成本差异率

发出材料的实际成本 = 发出材料的计划成本 + 发出材料应负担的成本差异

结存材料应负担的成本差异 = 结存材料的计划成本 × 材料成本差异率

结存材料的实际成本 = 结存材料的计划成本 + 结存材料应负担的成本差异

【例 4-18】顺达公司 2×24 年 7 月份根据"发料凭证汇总表"的记录，发出 A 材料共计 59 000 元，其中：生产甲产品耗用 36 000 元，生产乙产品耗用 16 000 元，车间一般耗用 5 000 元，行政管理部门耗用 2 000 元。"发出材料汇总表"如表 4-6 所示。

表4-6 发料凭证汇总表

单位：元

用途	A材料计划成本
生产甲产品	36 000
生产乙产品	16 000
车间一般耗用	5 000
行政管理部门	2 000
合计	59 000

顺达公司的账务处理如下。

借：生产成本——甲产品　　　　　　　　36 000
　　　　　　——乙产品　　　　　　　　16 000
　　制造费用　　　　　　　　　　　　　5 000
　　管理费用　　　　　　　　　　　　　2 000
　　贷：原材料——A材料　　　　　　　　　　59 000

【例4-19】承接【例4-18】，顺达公司7月初"原材料——A材料"的期初余额为11 000元，"材料成本差异——A材料"期初借方余额为400元，本月共收入A材料149 000元，产生的材料成本差异为节约差异2 400元。计算发出材料负担的成本差异并进行结转。材料成本差异率计算如表4-7所示，发出材料成本差异计算如表4-8所示。

表4-7 材料成本差异率计算

单位：元

材料类别	月初结存			本月收入			材料成本差异率
	计划成本	成本差异	实际成本	计划成本	成本差异	实际成本	
A材料	11 000	400	11 400	149 000	-2 400	146 600	-1.25%
备注	A材料的材料成本差异率=（400-2 400）/（11 000+149 000）×100%=-1.25%						

表4-8 发出材料成本差异计算表

单位：元

用途	A材料			
	计划成本	材料成本差异率	材料成本差异额	实际成本
生产甲产品	36 000	-1.25%	-450	35 550
生产乙产品	16 000	-1.25%	-200	15 800
车间一般耗用	5 000	-1.25%	-62.5	4 937.5
行政管理部门	2 000	-1.25%	-25	1 975
合计	59 000		-737.5	58 262.5

顺达公司结转发出材料负担的成本差异账务处理如下。

借：生产成本——甲产品 $\boxed{450}$

     ——乙产品 $\boxed{200}$

  制造费用 $\boxed{62.5}$

  管理费用 $\boxed{25}$

  贷：材料成本差异——A材料 $\boxed{737.5}$

【知识归纳】原材料按实际成本核算和按计划成本核算的账务处理比较如表4-9所示。

表4-9　原材料按实际成本核算和按计划成本核算的账务处理比较

业务内容		按实际成本核算	按计划成本核算
		账户设置：在途物资、原材料	账户设置：材料采购、原材料、材料成本差异
外购	单货同到	借：原材料 　　应交税费——应交增值税 　　（进项税额） 　　贷：银行存款、其他货币 　　　　资金、应付票据等	借：材料采购 　　应交税费——应交增值税（进项税额） 　　贷：银行存款、其他货币资金、应付票据等 借：原材料 　　贷：材料采购 　　　　材料成本差异（或借记）
	单到货未到	单到： 借：在途物资 　　应交税费——应交增值税 　　（进项税额） 　　贷：银行存款、其他货币 　　　　资金、应付票据等 料到： 借：原材料 　　贷：在途物资	单到： 借：材料采购 　　应交税费——应交增值税（进项税额） 　　贷：银行存款、其他货币资金、应付票据等 料到： 借：原材料 　　贷：材料采购 　　　　材料成本差异（或借记）
	货到单未到	平时不入账，待月末仍未收到结算凭证，按暂估价入账，下月初用红字冲回。 月末： 借：原材料 　　贷：应付账款——暂估应付款	同实际成本核算
发出	计价方法	个别计价法、先进先出法、加权平均法、移动加权平均法	材料成本差异率＝ $\dfrac{\text{月初结存材料成本差异}+\text{本月收入材料成本差异}}{\text{月初结存材料计划成本}+\text{本月收入材料计划成本}}\times100\%$

续表

业务内容		按实际成本核算	按计划成本核算
		账户设置：在途物资、原材料	账户设置：材料采购、原材料、材料成本差异
发出	账务处理	借：生产成本、制造费用、管理费用等 　　贷：原材料	借：生产成本、制造费用、管理费用等 　　贷：原材料 同时结转发出材料应负担的超支差异： 借：生产成本、制造费用、管理费用等 　　贷：材料成本差异 若为节约差异，则用红字表示

任务三　库存商品

库存商品是指企业已完成全部生产过程并已验收入库、合乎标准规格和技术条件，可以按照合同规定送交订货单位，或者作为商品对外销售的产品，以及外购或委托加工完成验收入库，用于销售的各种商品。库存商品包括企业库存的产成品、外购商品、存放在门市部准备出售的商品、发出展览的商品、寄存在外的商品等。

库存商品

一、工业企业库存商品的核算

工业企业的库存商品主要是产成品。接受外来原材料加工制造的代制品和为外单位加工修理的代修品，在制造和修理完成验收入库后应视同企业的产成品。

为了核算和监督库存商品的收发和结存情况，企业应设置"库存商品"账户。该账户属于资产类账户，借方登记验收入库的库存商品的成本，贷方登记发出库存商品的成本，期末借方余额反映企业结存库存商品的成本。本账户可按库存商品的种类、品种和规格等进行明细核算。

库存商品可以采用实际成本核算，也可以采用计划成本核算，其方法与原材料类似。按实际成本核算时，根据验收入库产成品的实际成本，借记"库存商品"账户，贷记"生产成本——基本生产成本"账户。销售等发出产成品时，可以采用先进先出法、加权平均法、移动加权平均法、个别计价法等计算确定发出产成品的实际成本，借记"主营业务成本"等账户，贷记"库存商品"账户。

产成品种类较多的企业，也可按计划成本进行日常核算，其实际成本与计划成本的差异，可以单独设置"产品成本差异"账户，比照"材料成本差异"账户核算。

【例4-20】2×24年9月，顺达公司产成品入库汇总表如表4-10所示。

表 4-10　顺达公司产成品入库汇总表

产品名称	计量单位	数量	单位成本／元	总成本／元
甲产品	台	100	20 000	2 000 000
乙产品	台	50	10 000	500 000
合计				2 500 000

顺达公司的账务处理如下。

借：库存商品——甲产品　　　　　　　　　　　　2 000 000

　　　　　　——乙产品　　　　　　　　　　　　　500 000

　　贷：生产成本——甲产品　　　　　　　　　　　　　2 000 000

　　　　　　　　——乙产品　　　　　　　　　　　　　　500 000

【例 4-21】顺达公司 9 月末汇总的"产成品发出汇总表"中，当月已实现销售的甲产品有 50 台，单位成本为 20 000 元，总计 1 000 000 元；乙产品 30 台，单位成本 10 000 元，总计 300 000 元。

顺达公司的账务处理如下。

借：主营业务成本——甲产品　　　　　　　　　　1 000 000

　　　　　　　　——乙产品　　　　　　　　　　　　300 000

　　贷：库存商品——甲产品　　　　　　　　　　　　　1 000 000

　　　　　　　　——乙产品　　　　　　　　　　　　　　300 000

二、商品流通企业库存商品的核算

商品流通企业库存商品的核算，可以采用数量进价金额核算法，也可以采用数量售价金额核算法，还可以采用毛利率法或售价金额核算法进行日常核算。

（一）毛利率法

毛利率法是指根据本期销售净额乘以前期实际（或本期计划）毛利率计算本期销售毛利，并计算发出存货成本的一种方法。由于商品批发企业的同类商品毛利率大致相同，因而毛利率法在商品批发企业较为常见。其计算公式如下。

本期销售毛利＝本期销售净额 × 前期实际毛利率

本期销售成本＝本期销售净额－本期销售毛利

期末存货成本＝期初存货成本＋本期购货成本－本期销售成本

【例 4-22】顺达公司下属子公司盛华公司为增值税一般纳税人，采用毛利率法计算销售商品成本，2×24 年 6 月 2 日，甲类商品结存 1 500 000 元，本月购进 500 000 元，增值税进项税额 65 000 元，款项以转账支票支付，本月销售收入 2 200 000 元，发生销售折让 20 000 元，上月该类商品的毛利率为 20%。

顺达公司进行账务处理的过程如下。

本月销售净额 =2 200 000−20 000=2 180 000（元）

本月销售毛利 =2 180 000×20%=436 000（元）

本月销售成本 =2 180 000−436 000=1 744 000（元）

期末结存商品成本 =1 500 000+500 000−1 744 000=256 000（元）

购进商品时：

借：库存商品——甲类商品　　　　　　　　　500 000

　　应交税费——应交增值税（进项税额）　　65 000

　　贷：银行存款　　　　　　　　　　　　　　　　565 000

结转销售商品成本时：

借：主营业务成本　　　　　　　　　　　　　1 744 000

　　贷：库存商品——甲类商品　　　　　　　　　　1 744 000

（二）售价金额核算法

售价金额核算法又称"售价记账、实物负责制"，是在建立实物负责制的基础上，平时商品的购入、加工收回、销售均按售价记账，售价与进价的差额通过"商品进销差价"账户核算，期末计算进销差价率和本期已销商品应分摊的进销差价，并据以调整本期销售成本的一种方法。零售企业由于经营的商品种类、品种、规格繁多，而且要求按商品零售价格标价，因此广泛采用这一方法。

为了核算和监督库存商品的收发与结存情况，企业应设置"库存商品""商品进销差价"等账户。购入商品验收入库时，按商品售价，借记"库存商品"账户，按商品进价，贷记"银行存款""在途物资"等账户；按商品进销差价，贷记或借记"商品进销差价"账户。月末，应分摊已销售品的进销差价，将已销售品的销售成本调整为进价成本，借记"商品进销差价"账户，贷记"主营业务成本"账户。

计算公式如下。

$$商品进销差价率 = \frac{期初库存商品进销差价 + 本月购入商品进销差价}{期初库存商品售价 + 本月购入商品售价} \times 100\%$$

本期销售商品应分摊的进销差价 = 本期商品销售收入 × 商品进销差价率

本期销售商品的成本 = 本期销售商品收入 − 本期销售商品应分摊的进销差价

期末结存商品的成本 = 期初库存商品的进价成本 + 本期购进商品的进价成本

− 本期销售商品的成本

✎ 知识拓展

企业的商品进销差价率各期之间比较均衡的，也可以采用上期商品进销差价率计算分摊本期的商品进销差价。年度终了，应对商品进销差价进行核实调整。

【例4-23】顺达公司下属子公司圣汇商场为增值税一般纳税人，2×24 年 12 月期初，甲商品成本 90 000 元，售价总额为 100 000 元；本月购进甲商品成本 600 000 元，增值税进项税额为 78 000 元，售价总额 700 000 元；本月销售甲商品收入 660 000 元。购销款已通过转账支票办理结算。

圣汇商场的账务处理如下。

（1）购进商品时：

借：库存商品   700 000

应交税费——应交增值税（进项税额）   78 000

    贷：银行存款   678 000

        商品进销差价   100 000

（2）销售商品时：

借：银行存款   745 800

    贷：主营业务收入   660 000

        应交税费——应交增值税（销项税额）   85 800

（3）结转商品销售成本时：

借：主营业务成本——甲商品   660 000

    贷：库存商品——甲商品   660 000

（4）计算当月已销商品应分摊的进销差价：

$$商品进销差价率 = \frac{10\,000+100\,000}{100\,000+700\,000} \times 100\% = 13.75\%$$

已销商品分摊的进销差价 =660 000 × 13.75%=90 750（元）

本期销售商品的实际成本（进价）=660 000−90 750=569 250（元）

期末结存商品的实际成本（进价）=90 000+600 000−569 250=120 750（元）

结转已销商品的进销差价时：

借：商品进销差价   90 750

    贷：主营业务成本——甲商品   90 750

任务四　委托加工物资

一、委托加工物资的含义

委托加工物资是指企业委托外单位加工的各种材料、商品等物资。委托加工物资的实际成本包括加工中实际耗用材料物资的实际成本、支付的加工费及应负担的运杂费、支付的税费等。

委托加工物资

二、委托加工物资的核算

为了核算和监督委托加工物资增减变动及其结存情况，企业应当设置"委托加工物资"账户。该账户属于资产类账户，借方登记委托加工物资的实际成本，贷方登记加工完成验收入库物资的实际成本，以及收回剩余物资的实际成本；期末借方余额反映企业委托外单位加工尚未完成物资的实际成本。该账户可按加工合同、受托加工单位以及加工物资的品种等进行明细核算。委托加工物资也可以采用计划成本或售价进行核算，其方法与库存商品类似。

（一）发出物资

企业应按发出材料的实际成本，借记"委托加工物资"科目，贷记"原材料"科目。采用计划成本计价的企业，应按计划成本借记"委托加工物资"科目，贷记"原材料"科目，同时结转材料成本差异，借记"委托加工物资"科目，贷记"材料成本差异"科目（若为节约差异，用红字登记）。

（二）支付加工费、增值税、运杂费等

企业支付的加工费和往返的运杂费，应借记"委托加工物资"科目，贷记"银行存款"科目。企业支付的增值税，按规定可以抵扣的，借记"应交税费——应交增值税（进项税额）"科目，贷记"银行存款"科目，按规定不可抵扣的，则应计入委托加工物资的成本。

（三）支付消费税

需要缴纳消费税的委托加工物资，消费税由受托方代收代缴。

不同情况下所发生的消费税，其账务处理也不同。

（1）凡属于加工物资收回后直接用于销售的，其所负担的消费税应计入加工物资成本。借记"委托加工物资"科目，贷记"应付账款""银行存款"等科目。

（2）凡属于加工物资收回后用于连续生产应税消费品的，按规定可以抵扣在委托加工环节缴纳的消费税。借记"应交税费——应交消费税"科目，贷记"应付账款""银行存款"等科目。

消费税按照受托方的同类消费品的销售价格计算，没有同类消费品销售价格的，按照组成计税价格计算，组成计税价格计算公式如下。

$$消费税组成计税价格 = \frac{材料成本 + 加工费}{1 - 消费税税率}$$

$$应交消费税 = 消费税组成计税价格 \times 消费税税率$$

（四）加工完成，收回委托加工物资

加工完成，收回委托加工物资，应借记"库存商品"或"原材料"科目，贷记"委托加工物资"。

【例4-24】杭州高丝化妆品有限公司于2×24年6月8日，将2×24年6月2日外购的B材料全部发往绍兴化妆品加工厂加工成美白亮肤霜。2×24年6月12日加工完毕的美白亮肤霜运回公司，拟直接对外出售。业务经办人李明通过转账支票向绍兴化妆品加工厂结清货款，收到了绍兴化妆品加工厂开具的金额为30 000元的增值税专用发票。绍兴化妆品加工厂按规定代收代缴了消费税（见原始凭证4-4至原始凭证4-8）。

原始凭证 4-4　委托加工发料单

材料科目：原材料　　　　　　　　　　　　　　　　　凭证编号：20071208
加工单位：绍兴化妆品加工厂　　　　　　　　　　　　发料仓库：第一仓库

2×24 年 6 月 8 日

材料编号	材料名称	材料规格	计量单位	数量		实际成本	
				申请	实发	单位成本 / 元	金额 / 元
	B 材料		千克	8 000	8 000	10.286	82 288
备注：						合计	82 288

记账：　　　　　　　　发料单位负责人：　　　　　　　　发料人：

原始凭证 4-5　浙江省增值税专用发票

发票联

开票日期：2×24 年 6 月 12 日

名　　　称：杭州高丝化妆品有限公司 纳税人识别号：330227756423967 地址、电话：杭州经济技术开发区　　0571-86928532 开户行及账号：工行杭州经济技术开发区支行 　　　　　　8112010130278435623	密码区	2787>119/- > 59-<818<90 9>/0/433>2-3-0+672<7* 8+-<<51-41+>/58*8460 4658765<56+*31/58>00

商品或应税劳务名称	规格型号	单位	数量	单价	金额	税率	税额
加工费					30 000	13%	3 900
合计							

价税合计	叁万叁仟玖佰元整￥33 900.00

名　　　称：绍兴化妆品加工厂 纳税人识别号：330227756423534 地址、电话：绍兴市高新技术开发区 　　　　　　0575-88858532 开户行及账号：工行奉化支行 　　　　　　8112010130278231674	备注

纳税人：　　　　　复核人：　　　　　开票人：　　　　　销货单位：（章）

原始凭证 4-6　代收代缴消费税计算表

2×24 年 6 月 12 日

计税项目	计税依据	税率	税额
消费税	132 103.53	15%	19 815.53
合计	132 103.53	15%	19 815.53

注：消费税组成计税价格 $= \dfrac{82\,288+30\,000}{1-15\%} = 132\,103.53$（元）。

原始凭证 4-7 转账支票存根

中国工商银行 转账支票存根
IXII03882931
附加信息
出票日期：2×24 年 6 月 12 日
收款人：绍兴化妆品加工厂
金额：¥53 715.53
用途：材料加工费及税金
单位主管： 会计：

原始凭证 4-8 委托加工材料收料单

供应单位：委托加工   编号：收字 1 号
订货合同编号：   材料类别：原材料
发票号码：   2×24 年 6 月 12 日   收料仓库：第一仓库

材料名称	计量单位	数量		材料费 /元	加工费 /元	消费税 /元	实际成本合计 /元	单位成本 /元
		应收	实收					
美白亮肤霜	瓶	3 200	3 200	82 288	30 000	19 815.53	132 103.53	41.28
合计								

记账：   仓库保管：   收料人：

高丝化妆品有限公司的账务处理如下。

（1）发出材料加工时：

借：委托加工物资   82 288

    贷：原材料——B 材料   82 288

（2）支付加工费、增值税、消费税：

借：委托加工物资   49 815.53

    应交税费——应交增值税（进项税额）   3 900

    贷：银行存款   53 715.53

（3）收回美白亮肤霜：

借：库存商品——美白亮肤霜   132 103.53

    贷：委托加工物资   132 103.53

【知识归纳】委托加工物资的账务处理如表4-11所示。

表4-11　委托加工物资的账务处理

业务内容	直接出售	连续生产
发出委托加工物资	借：委托加工物资 　　贷：原材料	借：委托加工物资 　　贷：原材料
结算加工费、运杂费、增值税、消费税等	借：委托加工物资（加工费＋运杂费＋消费税） 　　应交税费——应交增值税（进项税额） 　　贷：银行存款或应付账款	借：委托加工物资（加工费＋运杂费） 　　应交税费——应交增值税（进项税额） 　　应交税费——应交消费税 　　贷：银行存款或应付账款
收回委托加工物资	借：原材料、库存商品等 　　贷：委托加工物资	借：原材料、库存商品等 　　贷：委托加工物资

任务五　周转材料

一、周转材料概述

周转材料是指企业能够多次使用，逐渐转移其价值但仍保持原有形态，不确认为固定资产的材料，主要包括包装物和低值易耗品以及企业（建造承包商）的钢模板、木模板、脚手架和其他周转材料等。

包装物是指为了包装本企业商品而储备的各种包装容器，如桶、箱、瓶、坛、袋等。其核算内容包括：①生产过程中用于包装产品，作为产品组成部分的包装物；②随同商品出售，不单独计价的包装物；③随同商品出售，单独计价的包装物；④出租或出借给购买单位使用的包装物。但下列各项不属于包装物核算的范围：①各种包装材料，如纸、绳、铁丝、铁皮等，应作为原材料进行核算；②用于储存和保管产品、材料而不对外出售的包装物，分别作为固定资产或低值易耗品管理和核算；③单独列作企业商品的自制包装物，应作为库存商品进行管理和核算。

低值易耗品是指单位价值较低、使用期限较短、不能作为固定资产核算的各种用具物品，如工具、管理用具、玻璃器皿以及在经营过程中周转使用的包装容器等。低值易耗品划分为一般工具、专用工具、替换设备、管理用具、劳动保护用品、其他用具等。企业外购的周转材料（包装物或低值易耗品），其核算方法与原材料基本相同。借记"周转材料——包装物（或低值易耗品）"或"在途物资""应交税费——应交增值税（进项税额）"，贷记"银行存款"或"应付账款"等科目。本任务主要介绍低值易耗品和包装物的核算。

二、周转材料核算

（一）低值易耗品核算

为了反映和监督低值易耗品的增减变化及其结存情况，企业应当设置"周转材料——低值易耗品"科目进行核算。

低值易耗品在使用过程中会发生磨损，因磨损而减少的价值可根据价值数额大小，采用一次转销法或分次摊销法等，将其价值计入相关的成本费用。

1. 一次转销法

一次转销法是指在领用周转材料时，将其价值一次、全部计入有关成本费用的一种摊销方法，主要适用于价值较低或极易损坏的周转材料的摊销。

领用时，按其账面价值，借记"制造费用""管理费用""销售费用""其他业务成本"等账户，贷记"周转材料——低值易耗品"账户；报废时，按残料价值，借记"原材料"等账户，贷记"制造费用""管理费用""销售费用""其他业务成本"等账户。

【例 4-25】顺达公司生产车间 9 月份领用专用工具一批，计划成本 500 元；厂部管理部门领用办公家具一批，计划成本 800 元，成本差异率 1%。

顺达公司的账务处理如下。

（1）结转领用低值易耗品计划成本时：

借：制造费用　　　　　　　　　　　　　　　　　　500

　　管理费用　　　　　　　　　　　　　　　　　　800

　　　贷：周转材料——低值易耗品（专用工具）　　500

　　　　　　　　——低值易耗品（办公家具）　　　800

（2）结转领用低值易耗品差异时：

借：制造费用　　　　　　　　　　　　　　　　　　5

　　管理费用　　　　　　　　　　　　　　　　　　8

　　　贷：材料成本差异　　　　　　　　　　　　　13

2. 分次摊销法

分次摊销法是指按照领用的次数平均摊销周转材料账面价值的一种方法。周转材料应分别设置"在库""在用"和"摊销"等进行明细核算。其主要适用于可供多次反复使用的周转材料，较为常用的是五五摊销法。

【例 4-26】2×24 年 5 月，顺达公司基本生产车间领用工具一批，实际成本为100 000 元，采用分次摊销法进行摊销。该专用工具估计使用 4 次。

顺达公司的账务处理如下。

（1）领用专用工具时：

借：周转材料——低值易耗品（在用）　　　　100 000

　　　贷：周转材料——低值易耗品（在库）　　　　100 000

（2）第一次摊销其价值的 1/4：

借：制造费用   25 000

  贷：周转材料——低值易耗品（摊销）   25 000

（3）第二次、第三次摊销其价值的 1/4：

借：制造费用   25 000

  贷：周转材料——低值易耗品（摊销）   25 000

（4）最后一次摊销时：

借：制造费用   25 000

  贷：周转材料——低值易耗品（摊销）   25 000

同时，核销在用低值易耗品，注销使用部门的经管责任：

借：周转材料——低值易耗品（摊销）   100 000

  贷：周转材料——低值易耗品（在用）   100 000

（二）包装物核算

为了反映和监督包装物的增减变化及其价值损耗、结存等情况，企业应当设置"周转材料——包装物"科目进行核算。

（1）生产领用包装物，应根据领用包装物的实际成本或计划成本，借记"生产成本"科目，贷记"周转材料——包装物""材料成本差异"（采用计划成本核算时使用该科目）等科目。

【例 4-27】顺达公司对包装物采用计划成本核算，2×24 年 4 月生产产品领用包装物的计划成本为 500 000 元，材料成本差异率为 −3%。

顺达公司的账务处理如下。

借：生产成本   485 000

  贷：周转材料——包装物   500 000

    材料成本差异   15 000

（2）随同商品出售，不单独计价的包装物，应根据领用包装物的实际成本或计划成本，借记"销售费用"科目，贷记"周转材料——包装物""材料成本差异"（采用计划成本核算时使用该科目）等科目。

【例 4-28】顺达公司对包装物采用计划成本核算，2×24 年 6 月销售商品领用不单独计价包装物的计划成本为 100 000 元，材料成本差异率为 3%。

顺达公司的账务处理如下。

借：销售费用   103 000

  贷：周转材料——包装物   100 000

    材料成本差异   3 000

（3）随同商品出售，单独计价的包装物，应根据领用包装物的实际成本或计划成本，借记"其他业务成本"科目，贷记"周转材料——包装物""材料成本差异"（采用计划成本核算时使用该科目）等科目。

【例 4-29】顺达公司对包装物采用计划成本核算，2×24 年 7 月销售商品领用单独计价包装物的计划成本为 90 000 元，销售收入为 120 000 元，开具的增值税专用发票上注明的增值税税额为 15 600 元，款项已存入银行。该包装物的材料成本差异率为 –3%。

顺达公司的账务处理如下。

（1）出售单独计价包装物时：

借：银行存款　　　　　　　　　　　　　　　135 600

　　贷：其他业务收入　　　　　　　　　　　120 000

　　　　应交税费——应交增值税（销项税额）　 15 600

（2）结转所售单独计价包装物的成本时：

借：其他业务成本　　　　　　　　　　　　　 87 300

　　贷：周转材料——包装物　　　　　　　　 90 000

　　　　材料成本差异　　　　　　　　　　　　2 700

（4）出租出借包装物。有时企业因销售产品，将包装物以出租或出借的形式租给或借给客户暂时使用，并与客户约定一定时间内收回包装物。

①发出包装物，应根据包装物出库等凭证列明的金额，借记"周转材料——包装物（出租包装物或出借包装物）"账户，贷记"周转材料——包装物（库存包装物）"账户。包装物如按计划成本核算，还应同时结转材料成本差异。

②出租或出借包装物的押金和租金。收取包装物押金时，借记"库存现金""银行存款"等账户，贷记"其他应付款——存入保证金"账户；退还押金时，编制相反的会计分录。对于没收的逾期未退的包装物的押金，借记"其他应付款——存入保证金"账户，贷记"其他业务收入""应交税费——应交增值税（销项税额）"账户。

出租包装物收取的租金应计入其他业务收入，借记"库存现金""银行存款""其他应收款"等账户，贷记"其他业务收入""应交税费——应交增值税（销项税额）"账户。

③发生的其他相关费用：一是包装物的摊销费用，二是包装物的维修费用。企业按照规定的摊销方法对包装物进行摊销时，借记"其他业务成本"（出租包装物）、"销售费用"（出借包装物）账户，贷记"周转材料——包装物（包装物摊销）"账户。

企业确认应由其负担的包装物修理费用等支出时，借记"其他业务成本"（出租包装物）、"销售费用"（出借包装物）账户，贷记"库存现金""银行存款""原材料""应付职工薪酬"等账户。

【例 4-30】顺达公司将一批未用包装物出租给新诚公司，实际成本 20 000 元，包装物分 2 次进行摊销。收取押金 22 600 元，同时收取租金 3 390 元。到期时，新诚公司如数将包装物退回。

顺达公司的账务处理如下。

（1）出租包装物时：

借：周转材料——包装物（出租包装物）　　　　20 000

　　贷：周转材料——包装物（库存未用包装物）　　　　20 000

（2）摊销其价值的一半：

借：其他业务成本　　　　10 000

　　贷：周转材料——包装物（包装物摊销）　　　　10 000

（3）收到出租包装物的押金：

借：银行存款　　　　22 600

　　贷：其他应付款——存入保证金　　　　22 600

（4）收到出租包装物的租金：

借：银行存款　　　　3 390

　　贷：其他业务收入　　　　3 000

　　　　应交税费——应交增值税（销项税额）　　　　390

（5）收到退回的包装物并退回押金：

借：周转材料——包装物（库存已用包装物）　　　　20 000

　　贷：周转材料——包装物（出租包装物）　　　　20 000

同时退回押金：

借：其他应付款——存入保证金　　　　22 600

　　贷：银行存款　　　　22 600

如新诚公司到期未退回包装物，没收逾期未退的包装物押金，账务处理如下。

借：其他应付款——存入保证金　　　　22 600

　　贷：其他业务收入　　　　20 000

　　　　应交税费——应交增值税（销项税额）　　　　2 600

【知识归纳】包装物核算的账务处理如表 4-12 所示。

表 4-12　包装物核算的账务处理

业务内容		实际成本核算
生产领用		借：生产成本 　　贷：周转材料——包装物
随同商品出售	单独计价	借：银行存款 　　贷：其他业务收入 　　　　应交税费——应交增值税（销项税额） 借：其他业务成本 　　贷：周转材料——包装物
	不单独计价	借：销售费用 　　贷：周转材料——包装物

续表

业务内容		实际成本核算
出租	出租时	借：周转材料——包装物（出租包装物） 　　贷：周转材料——包装物（库存未用包装物）
	摊销成本	借：其他业务成本 　　贷：周转材料——包装物（包装物摊销）
	收到押金和租金	借：银行存款 　　贷：其他应付款——存入保证金 借：银行存款 　　贷：其他业务收入 　　　　应交税费——应交增值税（销项税额）
	收到退回的包装物并退回押金	借：周转材料——包装物（库存已用包装物） 　　贷：周转材料——包装物（出租包装物） 借：其他应付款——存入保证金 　　贷：银行存款 到期如未退回包装物，没收逾期未退的包装物押金： 借：其他应付款——存入保证金 　　贷：其他业务收入 　　　　应交税费——应交增值税（销项税额）
出借		借：销售费用 　　贷：周转材料——包装物（包装物摊销） 其他有关核算（无租金收入）比照出租包装物进行相应的账务处理

任务六　存货清查与期末计量

一、存货清查

存货清查是指通过对存货的实地盘点，确定存货的实有数量，并与账面结存数核对，从而确定存货实存数与账面结存数是否相符的一种专门方法。

由于存货种类繁多、收发频繁，在日常收发过程中可能发生计量错误、计算错误、自然损耗，还可能发生损坏变质以及贪污、盗窃等情况，造成账实不符，形成存货的盘盈盘亏。对于存货盘点结果，应如实填写存货盘点表，并由盘点人和实物保管人签字或盖章，以明确经济责任，并应及时查明原因，按照规定程序报批处理。

存货清查与期末计量

为了核算和监督企业在财产清查中查明的各种存货的盘盈、盘亏和毁损情况，企业应当设置"待处理财产损溢"科目，借方登记存货的盘亏、毁损金额及盘盈的转销金额，贷方登记存货的盘盈金额及盘亏的转销金额。企业清查的各种存货损溢，应在期末

结账前处理完毕。期末处理后，"待处理财产损溢"科目应无余额。

（一）存货盘盈的核算

企业发生存货盘盈时，借记"原材料""库存商品"等科目，贷记"待处理财产损溢"科目；按管理权限报经批准后，借记"待处理财产损溢"科目，贷记"管理费用"科目。

【例4-31】顺达公司在财产清查中盘盈甲材料1 000千克，实际单位成本20元，经查属于材料收发计量方面的错误。

顺达公司的账务处理如下。

批准处理前：

借：原材料——甲材料　　　　　　　　　　　　　20 000
　　贷：待处理财产损溢——待处理流动资产损溢　　　20 000

批准处理后：

借：待处理财产损溢——待处理流动资产损溢　　　20 000
　　贷：管理费用　　　　　　　　　　　　　　　　20 000

（二）存货盘亏及毁损的核算

企业发生存货盘亏及毁损时，借记"待处理财产损溢"科目，贷记"原材料""库存商品"等科目。在按管理权限报经批准后应作如下账务处理：对于入库的残料价值，记入"原材料"等科目；对于应由保险公司和过失人的赔款，记入"其他应收款"科目；扣除残料价值和应由保险公司、过失人赔款后的净损失，属于一般经营损失的部分，记入"管理费用"科目，属于非常损失的部分，记入"营业外支出"科目。

【例4-32】顺达公司在财产清查中发现毁损B材料100千克，实际成本1 000元，相关增值税专用发票注明的增值税税额为130元。经查属于材料保管员的过失造成的，按规定由其个人赔偿500元。

顺达公司的账务处理如下。

（1）批准处理前：

借：待处理财产损溢——待处理流动资产损溢　　　1 130
　　贷：原材料　　　　　　　　　　　　　　　　　1 000
　　　　应交税费——应交增值税（进项税额转出）　　130

（2）批准处理后：

借：其他应收款　　　　　　　　　　　　　　　　500
　　管理费用　　　　　　　　　　　　　　　　　630
　　贷：待处理财产损溢——待处理流动资产损溢　　1 130

【例4-33】顺达公司的一批库存材料因台风毁损，实际成本为70 000元，相关增值税专用发票注明的增值税税额为9 100元。根据保险合同约定，应由保险公司赔偿30 000元。

顺达公司的账务处理如下。

（1）批准处理前：

借：待处理财产损溢——待处理流动资产损溢　　70 000

　　贷：原材料　　　　　　　　　　　　　　　　　70 000

（2）批准处理后：

借：其他应收款　　　　　　　　　　　　　　　30 000

　　营业外支出　　　　　　　　　　　　　　　 40 000

　　贷：待处理财产损溢——待处理流动资产损溢　70 000

二、存货期末计量

（一）存货期末计量原则

资产负债表日，存货应当按照成本与可变现净值孰低计量，即资产负债表日，当存货成本低于其可变现净值时，存货按成本计量；当存货成本高于其可变现净值时，应当计提存货跌价准备，计入当期损益。可变现净值是指在日常活动中，存货的估计售价减去至完工时估计将要发生的成本、估计的销售费用以及相关税费后的金额。存货成本是指期末存货的实际成本。

存货的期末计量

📝 知识拓展

存货存在下列情形之一的，通常表明存货的可变现净值低于成本：

（1）该存货的市价持续下跌，并且在可预见的未来无回升的可能。

（2）企业使用该项原材料生产的产品成本大于产品的销售价格。

（3）企业因产品更新换代，原有库存原材料已不适应新产品的需要，而该原材料的市场价格又低于其账面成本。

（4）因企业所提供的产品或劳务过时或消费者偏好改变而使市场的需求发生变化，市场价格逐渐下跌。

（5）其他足以证明该项存货实质上已经发生减值的情形。

存货存在下列情形之一的，通常表明存货的可变现净值为零：

（1）已霉烂变质的存货。

（2）已过期且无转让价值的存货。

（3）生产中已不再需要，并且无使用价值和转让价值的存货。

（4）其他足以证明该项存货已无使用价值和转让价值的情形。

（二）不同情况下存货可变现净值的确定

企业确定存货的可变现净值，应当以取得的确凿证据为基础，并且考虑持有存货的目的、资产负债表日后事项的影响等因素。

1. 产成品、商品和用于出售的材料等直接用于出售的商品存货

没有销售合同约定的，其可变现净值为在正常生产经营过程中，该存货的一般销售价格减去估计的销售费用和相关税费等后的金额。

【例4-34】顺达公司2×24年12月31日，甲产品成本100万元，售价98万元，预计销售税费1万元。顺达公司没有签订有关甲产品的销售合同。

本例中，甲产品的可变现净值 =98－1=97（万元）。

2. 为执行销售合同或者劳务合同而持有的存货

其可变现净值应当由合同价格减去估计的销售费用和相关税费等后的金额确定。

【例4-35】顺达公司2×24年12月31日库存商品100件，每件商品的成本为10万元，其中已经签订合同的商品为60件，合同价为每件12万元，预计每件商品的销售税费为1.5万元；该商品的市场价格为每件10.5万元，预计每件商品的销售税费为1万元。

本例中，有合同存货可变现净值 =（12－1.5）×60=630（万元）

无合同存货可变现净值 =（10.5－1）×40=380（万元）

则该公司期末存货的可变现净值 =630+380=1 010（万元）

3. 需要经过加工的材料存货

由于持有该材料的目的是生产产成品，而不是出售，该材料存货的价值体现在用其生产的产成品上。因此，在确定需要经过加工的材料存货的可变现净值时，需要用其生产的产成品的可变现净值与该产品的成本进行比较，如果该产成品的可变现净值高于其成本，则该材料应当按照其成本计量。

反之，如果材料价格的下降表明其生产的产成品的可变现净值低于成本，则该材料应当按可变现净值计量，即以该材料所生产的产成品的估计售价减去至完工时估计将要发生的成本、估计的销售费用以及相关税费后的金额。

【例4-36】2×24年12月31日，顺达公司A原材料的账面成本为800 000元，A原材料的估计售价为850 000元；A原材料用于生产甲产品，假设用A原材料800 000元生产甲产品的成本为1 100 000元，甲产品的估计售价为1 400 000元，估计的销售费用及税金为50 000元。顺达公司采用成本与可变现净值孰低法对原材料进行期末计价。

根据以上资料，可按照以下步骤进行确定：

第一步，计算用该原材料所生产的产成品的可变现净值：

甲产品的可变现净值 =1 400 000－50 000=1 350 000（元）。

第二步，将用该原材料所生产的产成品的可变现净值与成本进行比较：

甲产品的可变现净值为1 350 000元，高于甲产品的成本1 100 000元，故A材料按其自身的成本计量，即A材料应按800 000元列示在2×24年12月31日资产负债表的存货项目中。

【例4-37】2×24年12月31日，顺达公司B原材料的账面成本为800 000元，B原材料的估计售价为700 000元；B原材料用于生产乙产品，假设用B原材料800 000元生产乙产品的成本为1 100 000元，乙产品的估计售价为1 000 000元，估计的销售费用及税金为50 000元，将B材料加工成乙产品尚需投入200 000元。顺达公司采用成本与可变现净值孰低法对原材料进行期末计价。

根据以上资料，可按照以下步骤进行确定：

第一步，计算用该原材料所生产的产成品的可变现净值：

乙产品的可变现净值 =1 000 000－50 000=950 000（元）。

第二步，将用该原材料所生产的产成品的可变现净值与成本进行比较：

乙产品的可变现净值为 950 000 元，低于乙产品的成本 1 100 000 元，即 B 材料价格的下降表明乙产品的可变现净值低于成本，因此 B 材料按其可变现净值计量。

第三步，计算 B 材料的可变现净值，并确定其期末价值。

B 材料的可变现净值＝乙产品的售价总额－将 B 材料加工成乙产品尚需投入的成本－估计的销售费用及税金 =1 000 000－200 000－50 000=750 000（元）。

B 材料应按 750 000 元列示在 2×24 年 12 月 31 日资产负债表的存货项目中。

【知识归纳】存货可变现净值的确定如表 4-13 所示。

表 4-13　存货可变现净值的确定

直接用于出售的存货	需要经过加工的材料存货
可变现净值＝估计售价－估计销售费用及相关税费	第一步，计算材料所生产的产成品的可变现净值： 产成品的可变现净值＝产成品的估计售价－估计销售费用及相关税费 第二步，比较材料所生产的产成品的可变现净值与产成品的成本： （1）如果产成品的可变现净值高于产成品的成本，则材料按其成本计量 （2）如果产成品的可变现净值低于产成品的成本，则材料按其可变现净值计量 材料的可变现净值＝产成品的估计售价－至完工估计将要发生的成本－估计销售费用及相关税费

注：如有合同，估计售价为合同价；如没有合同，估计售价为市场价。

（三）存货跌价准备的核算

为了核算和监督企业发生存货跌价准备的计提、转回等情况，企业应设置"存货跌价准备"账户。该账户属于资产类，是存货的备抵调整账户。借方登记存货跌价准备的转回和结转，贷方登记计提的存货跌价准备，期末贷方余额反映已计提尚未转销的存货跌价准备。本账户可按存货项目或类别进行明细核算。

1. 存货跌价准备的计提

企业通常应当按照单个项目计提存货跌价准备。但是，对于数量繁多、单价较低的存货，可以按照存货类别计提存货跌价准备。与在同一地区生产和销售的产品系列相关、具有相同或类似最终用途或目的，且难以与其他项目分开计量的存货，可以合并计提存货跌价准备。

资产负债表日，存货的成本高于其可变现净值的，企业应当计提存货跌价准备，计入当期损益。借记"资产减值损失"账户，贷记"存货跌价准备"账户。

【例 4-38】2×23 年 12 月 31 日，顺达公司生产的甲产品成本为 4 000 000 元，甲产品的可变现净值为 3 000 000 元，"存货跌价准备——甲产品"账户期初贷方余额为 600 000 元。

2×23 年 12 月 31 日，甲产品应计提的存货跌价准备 =4 000 000－3 000 000－600 000

$$=400 000（元）$$

借：资产减值损失——计提的存货跌价准备　　　400 000

　　贷：存货跌价准备——甲产品　　　　　　　　　　　400 000

2. 存货跌价准备的转回

当以前减记存货价值的影响因素已经消失，减记的金额应当予以恢复，并在原已计提的存货跌价准备金额内转回，转回的金额以将存货跌价准备的余额冲减至零为限。

【例 4-39】承接【例 4-38】，自 2×24 年以来，甲产品市场价格持续上升，市场前景明显好转，至 2024 年末，根据当时状态确定的甲产品可变现净值为 5 200 000 元。

本例中，由于甲产品市场价格上涨，2×24 年末甲产品的可变现净值 5 200 000 元高于其成本 4 000 000 元，可以判断以前造成减记存货价值的影响因素（价格下降）已经消失。甲产品减记的金额应当在原已计提的存货跌价准备金额 1 000 000 元内予以恢复。有关账务处理如下。

借：存货跌价准备——甲产品　　　　　　　　1 000 000

　　贷：资产减值损失——甲产品　　　　　　　　　　1 000 000

3. 存货跌价准备的结转

企业计提了存货跌价准备，如果其中有部分存货已经售出，则企业在结转销售成本时，应同时结转对其已计提的存货跌价准备。借记"存货跌价准备"账户，借记"主营业务成本""其他业务成本"等账户，贷记"库存商品"账户。

【例 4-40】顺达公司 2×24 年 6 月 21 日销售甲产品一批，账面成本为 400 000 元，已经计提的存货跌价准备为 30 000 元。

顺达公司的账务处理如下。

借：主营业务成本——甲产品　　　　　　　　370 000

　　存货跌价准备　　　　　　　　　　　　　30 000

　　贷：库存商品——甲产品　　　　　　　　　　　　400 000

【知识归纳】存货跌价准备的账务处理如表 4-14 所示。

表 4-14　存货跌价准备的账务处理

业务内容	账务处理
计提存货跌价准备	借：资产减值损失 　　贷：存货跌价准备
存货跌价准备的转回	借：存货跌价准备 　　贷：资产减值损失
存货跌价准备的结转	借：主营业务成本、其他业务成本等 　　存货跌价准备 　　贷：库存商品

项目五 金融资产

📖 学习目标

◆ 知识目标 ◆

1. 了解金融资产的概念和内容；
2. 理解企业管理金融资产的业务模式、合同现金流量特征；
3. 熟悉金融资产的具体分类；
4. 掌握各种金融资产的核算要点。

◆ 技能目标 ◆

1. 能进行以摊余成本计量的金融资产的账务处理；
2. 能进行以公允价值计量且其变动计入其他综合收益的债权性投资的账务处理；
3. 能进行以公允价值计量且其变动计入其他综合收益的权益性投资的账务处理；
4. 能进行以公允价值计量且其变动计入当期损益的金融资产的账务处理；

◆ 素养目标 ◆

1. 培养学生的劳模精神、工匠精神；
2. 培养学生具有相应的会计职业判断意识；
3. 培养学生爱岗敬业、诚信为本的专业素养。

项目五 课程思政
教学案例

📖 案例导入

2018 年 1 月 1 日至 1 月 22 日期间，雅戈尔出售浦发银行、宁波银行可转债等金融资产，交易金额合计 5.56 亿元；1 月 23 日至 4 月 12 日，其出售浦发银行、宁波银行可转债等金融资产，交易金额为 19.58 亿元；4 月 13 日至 9 月 6 日期间，雅戈尔出售了中信股份、宁波银行可转债等金融资产，交易金额约为 2.28 亿元。于 9 月 7 日至 11 月 15 日，出售创业软件股份交易金额为 5 287.24 万元；紧接着，11 月 16 日至 11 月 20 日继续抛售，继续出售创业软件股份交易金额为 4 439.68 万元。

资料来源：刘慎良.地产和投资营收及净利润同时下降：雅戈尔今年抛售 40 亿金融资产[N].北京青年报，2018-12-11（A10）.

思考：雅戈尔为什么出售金融资产？你从中得到怎样的启示？

📖 项目导图

本项目的内容结构如图 5-1 所示。

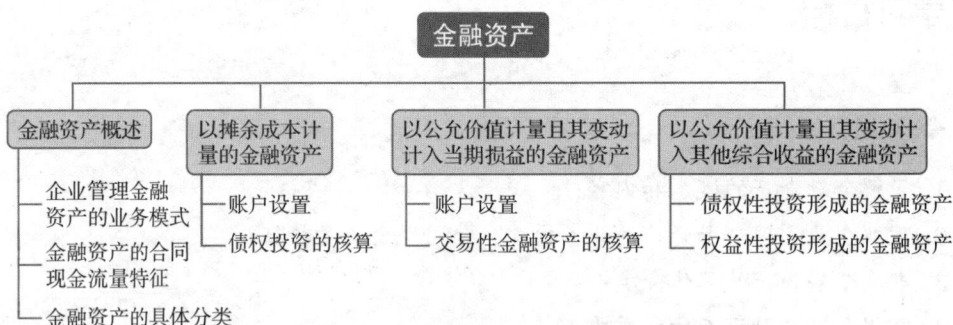

图 5-1　项目五的内容结构

📖 项目实施

任务一　金融资产概述

金融资产是指企业持有的现金、其他方的权益工具以及符合相关条件的资产，主要包括库存现金、银行存款、应收账款、应收票据、其他应收款、贷款、垫款、债权投资、股权投资、基金投资、衍生金融资产等。

企业应当根据其管理金融资产的业务模式和金融资产的合同现金流量特征，将金融资产划分为以下三类：

（1）以摊余成本计量的金融资产；

（2）以公允价值计量且其变动计入其他综合收益的金融资产；

（3）以公允价值计量且其变动计入当期损益的金融资产。

上述分类一经确定，不得随意变更。

一、企业管理金融资产的业务模式

企业管理金融资产的业务模式是指企业如何管理其金融资产，以产生现金流量。具体业务模式有以下三种。

（一）以收取合同现金流量为目标的业务模式

在以收取合同现金流量为目标的业务模式下，企业管理金融资产旨在通过在金融资产存续期内收取合同付款来实现现金流量，而不是通过持有并出售金融资产产生整体回报。

（二）以收取合同现金流量和出售金融资产为目标的业务模式

在以收取合同现金流量和出售金融资产为目标的业务模式下，企业的关键管理人员认为收取合同现金流量和出售金融资产对于实现其管理目标而言都是不可或缺的。

（三）其他业务模式

如果企业管理金融资产的业务模式不是以收取合同现金流量为目标，也不是以收取合同现金流量和出售金融资产为目标，则该企业管理金融资产的业务模式是其他业务模式。

二、金融资产的合同现金流量特征

金融资产的合同现金流量特征是指金融工具合同约定的、反映相关金融资产经济特征的现金流量属性。

某项金融资产的合同现金流量特征应当与其基本借贷安排相一致，即一项金融资产在特定日期产生的合同现金流量仅为对本金和以未偿付本金金额为基础的利息的支付（符合"本金加利息的合同现金流量特征"）。

三、金融资产的具体分类

（一）以摊余成本计量的金融资产

金融资产同时符合下列条件的，应当分类为以摊余成本计量的金融资产：

（1）企业管理该金融资产的业务模式是以收取合同现金流量为目标的。

（2）该金融资产的合同条款规定，在特定日期产生的现金流量，仅为支付的本金和以未偿付本金金额为基础的利息。

（二）以公允价值计量且其变动计入其他综合收益的金融资产

金融资产同时符合下列条件的，应当分类为公允价值计量且其变动计入其他综合收益的金融资产：

（1）企业管理该金融资产的业务模式既以收取合同现金流量为目标，又以出售该金融资产为目标。

（2）该金融资产的合同条款规定，在特定日期产生的现金流量，仅为支付的本金和以未偿付本金金额为基础的利息。

（三）以公允价值计量且其变动计入当期损益的金融资产

企业分类为以摊余成本计量的金融资产和以公允价值计量且其变动计入其他综合收益的金融资产之外的金融资产，应当分类为以公允价值计量且其变动计入当期损益的金融资产，如对股票、基金、可转换债券的投资。

任务二　以摊余成本计量的金融资产

以摊余成本计量的金融资产主要是债权投资。其管理的业务模式是以收取合同现金流量为目标。相关的合同条款规定，在特定日期产生的现金流量，仅为支付的本金和以未偿付本金金额为基础的利息。

以摊余成本计量
的金融资产

一、账户设置

为了加强对以摊余成本计量的金融资产的管理与核算，企业应设置"债权投资"总分类账户。该账户属于非流动资产类账户。其可区分类别和品种分别设置"成本""利息调整""应计利息"等明细账户进行核算。

"债权投资——成本"用于核算债权投资的面值。

"债权投资——利息调整"用于核算债权投资的溢价、折价、交易费用及其摊销。

"债权投资——应计利息"用于核算到期一次还本付息债权投资应计而未收取的利息，即资产负债表日按面值和票面利率计算确定的应计而未收取的利息。企业的债权投资为分期付息到期一次还本的，资产负债表日按面值和票面利率计算确定的应计而未收取的利息，记入"应收利息"账户，不在"债权投资——应计利息"账户核算。

二、债权投资的核算

债权投资的账务处理如表 5-1 所示。

表 5-1　债权投资的账务处理

科目	债权投资——成本 　　　　——应计利息　　　（到期一次还本付息的债券） 　　　　——利息调整
1. 初始计量	总原则： （1）将公允价值和交易费用之和作为初始入账金额； （2）已到付息期但尚未领取的利息单独确认为应收项目。 借：债权投资——成本　　　　　　　　（面值） 　　应收利息／债权投资——应计利息 　　贷：银行存款／其他货币资金——存出投资款 　　　　债权投资——利息调整　　　　（可借可贷）
2. 后续计量	总原则：采用实际利率法，按摊余成本（账面余额）进行后续计量。 （1）确认利息 借：应收利息／债权投资——应计利息　　（面值 × 票面利率） 　　债权投资——利息调整　　　　　　　（与购入时相反） 　　贷：投资收益　　　　　　　　　　　（期初摊余成本 × 实际利率） （2）收回本金、利息 ①分次付息，到期还本的债券。

续表

2. 后续计量	借：银行存款 　　贷：应收利息 借：银行存款 　　贷：债权投资——成本 ②到期一次还本付息的债券。 借：银行存款 　　贷：债权投资——成本 　　　　债权投资——应计利息　　　（每期利息 × 期数）
3. 中途处置	总原则：出售所得的价款与其账面价值的差额计入当期损益。 借：银行存款 　　债权投资减值准备 　　贷：债权投资——成本 　　　　　　——利息调整　　　（可借可贷） 　　　　　　——应计利息 　　　　投资收益　　　　　　　　（可借可贷）

【例5-1】2×23年1月1日，顺达公司支付价款1 000万元（含交易费用），从深交所购入甲公司同日发行的5年期公司债券12 500份，债券票面价值总额为1 250万元，票面年利率为4.72%，于年末支付本年度债券利息（每年利息为59万元），本金在债券到期时一次性偿还。合同约定，该债券的发行方在遇到特定情况时可以将债券赎回，且不需要为提前赎回支付额外款项。顺达公司在购买该债券时，预计发行方不会提前赎回。

顺达公司根据其管理该债券的业务模式和该债券的合同现金流量特征，将该债券分类为以摊余成本计量的金融资产。假定不考虑所得税、减值损失等因素。

（1）计算该债券的实际利率 r：

$$59 \times (1+r)^{-1} + 59 \times (1+r)^{-2} + 59 \times (1+r)^{-3} + 59 \times (1+r)^{-4} + (59+1\,250) \times (1+r)^{-5} = 1\,000（万元）$$

或者：

$$59 \times (P/A, r, 5) + 1\,250 \times (P/F, r, 5) = 1\,000（万元）$$

采用插值法，计算得出 $r=10\%$。

（2）采用实际利率法确定每年债权的投资收益，如表5-2所示。

表5-2　实际利率法计算表

单位：元

年份	期初摊余成本 ①	实际利息收入 （②=①×10%）	现金流入 ③	期末摊余成本 （④=①+②-③）
2×23	10 000 000	1 000 000	590 000	10 410 000

续表

年份	期初摊余成本 ①	实际利息收入 （② = ① × 10%）	现金流入 ③	期末摊余成本 （④ = ① + ② − ③）
2×24	10 410 000	1 041 000	590 000	10 861 000
2×25	10 861 000	1 086 100	590 000	11 357 100
2×26	11 357 100	1 135 710	590 000	11 902 810
2×27	11 902 810	1 187 190*	13 090 000	0

注：尾数调整为 12 500 000+590 000−11 902 810=1 187 190（元）

顺达公司的账务处理如下。

① 2×23 年 1 月 1 日，购入甲公司债券：

借：债权投资——成本   12 500 000

    贷：银行存款   10 000 000

        债权投资——利息调整   2 500 000

② 2×23 年 12 月 31 日，确认甲公司债券实际利息收入、收到债券利息：

借：应收利息   590 000

    债权投资——利息调整   410 000

    贷：投资收益   1 000 000

借：银行存款   590 000

    贷：应收利息   590 000

③ 2×24 年 12 月 31 日，确认甲公司债券实际利息收入、收到债券利息：

借：应收利息   590 000

    债权投资——利息调整   451 000

    贷：投资收益   1 041 000

借：银行存款   590 000

    贷：应收利息   590 000

④ 2×25 年 12 月 31 日，确认甲公司债券实际利息收入、收到债券利息：

借：应收利息   590 000

    债权投资——利息调整   496 100

    贷：投资收益   1 086 100

借：银行存款   590 000

    贷：应收利息   590 000

⑤ 2×26 年 12 月 31 日，确认甲公司债券实际利息收入、收到债券利息：

借：应收利息   590 000

    债权投资——利息调整   545 710

    贷：投资收益   1 135 710

借：银行存款　　　　　　　　　　　　　　　　590 000

　　贷：应收利息　　　　　　　　　　　　　　　　590 000

⑥2×27年12月31日，确认甲公司债券实际利息收入、收到债券利息和本金：

借：应收利息　　　　　　　　　　　　　　　　590 000

　　债权投资——利息调整　　　　　　　　　　　597 190

　　贷：投资收益　　　　　　　　　　　　　　　1 187 190

利息调整的余额=2 500 000−410 000−451 000−496 100−545 710=597 190（元）

借：银行存款　　　　　　　　　　　　　　　　590 000

　　贷：应收利息　　　　　　　　　　　　　　　　590 000

借：银行存款　　　　　　　　　　　　　　　12 500 000

　　贷：债权投资——成本　　　　　　　　　　　12 500 000

【例5-2】承接【例5-1】，假定顺达公司购买的甲公司债券不是分期付息，而是到期一次还本付息，且利息不以复利计算。

（1）计算该债券的实际利率r：

（59+59+59+59+59+1 250）×（1+r）$^{-5}$=1 000（万元）

由此计算得出$r \approx 9.05\%$。

（2）采用实际利率法确定每年债权的投资收益，如表5-3所示。

表5-3　实际利率法计算表

单位：元

年份	期初摊余成本 ①	实际利息收入 （②=①×9.05%）	现金流入 ③	期末摊余成本 （④=①+②−③）
2×23	10 000 000	905 000	0	10 905 000
2×24	10 905 000	986 902.5	0	11 891 902.5
2×25	11 891 902.5	1 076 217.18	0	12 968 119.68
2×26	12 968 119.68	1 173 614.83	0	14 141 734.51
2×27	14 141 734.51	1 308 265.49*	15 450 000	0

注：尾数调整为12 500 000+2 950 000−14 141 734.51=1 308 265.49。

①2×23年1月1日，购入甲公司债券：

借：债权投资——成本　　　　　　　　　　　12 500 000

　　贷：银行存款　　　　　　　　　　　　　　　10 000 000

　　　　债权投资——利息调整　　　　　　　　　2 500 000

②2×23年12月31日，确认甲公司债券实际利息收入：

借：债权投资——应计利息　　　　　　　　　　590 000

  ——利息调整   315 000

    贷：投资收益   905 000

  ③2×24年12月31日，确认甲公司债券实际利息收入：

  借：债权投资——应计利息   590 000

    ——利息调整   396 902.50

    贷：投资收益   986 902.50

  ④2×25年12月31日，确认甲公司债券实际利息收入：

  借：债权投资——应计利息   590 000

    ——利息调整   486 217.18

    贷：投资收益   1 076 217.18

  ⑤2×26年12月31日，确认甲公司债券实际利息收入：

  借：债权投资——应计利息   590 000

    ——利息调整   583 614.83

    贷：投资收益   1 173 614.83

  ⑥2×27年12月31日，确认甲公司债券实际利息收入、收回债券本金和票面利息：

  借：债权投资——应计利息   590 000

    ——利息调整   718 265.49

    贷：投资收益   1 308 265.49

  利息调整的余额=2 500 000−315 000−396 902.50−486 217.18−583 614.83

      =718 265.49（元）

  借：银行存款   15 450 000

    贷：债权投资——成本   12 500 000

    ——应计利息   2 950 000

任务三 以公允价值计量且其变动计入当期损益的金融资产

  以公允价值计量且其变动计入当期损益的金融资产主要包括债权投资、股权投资、基金投资等。企业持有该部分金融资产主要以交易为目的，通常称为交易性金融资产。

以公允价值计量且其变动计入当期损益的金融资产的会计处理

一、账户设置

  为了加强企业以交易为目的而持有的金融资产的管理与核算，企业应设置"交易性金融资产"账户。该账户属于资产类账户，可按交易性金融资产的类别和品种，分别按"成本""公允价值变动"等进行明细核算。

"交易性金融资产——成本"账户用于核算取得交易性金融资产时按公允价值确认的初始入账价值。

"交易性金融资产——公允价值变动"账户用于核算交易性金融资产公允价值的变动金额，其对应账户是"公允价值变动损益"账户。

二、交易性金融资产的核算

以公允价值计量且其变动计入当期损益的金融资产的账务处理如表5-4所示。

表5-4　交易性金融资产的账务处理

科目	交易性金融资产——成本 ——公允价值变动
1. 初始计量	总原则： （1）按公允价值计量，相关交易费用计入当期损益。 （2）已到付息期但尚未领取的利息或已宣告发放但尚未领取的现金股利单独确认为应收项目。 借：交易性金融资产——成本 　　应收股利/应收利息 　　投资收益　　　　　　　　　　　　　　　　（交易费用） 　　贷：银行存款
2. 后续计量	总原则： 资产负债表日按公允价值计量，公允价值的变动计入当期损益。 （1）反映公允价值的变动 升值： 借：交易性金融资产——公允价值变动 　　贷：公允价值变动损益 贬值： 借：公允价值变动损益 　　贷：交易性金融资产——公允价值变动 【特别提示】此类金融资产不计提减值 （2）持有期间 借：应收股利/应收利息　　　　　　　　　　（面值 × 票面利率） 　　贷：投资收益 借：银行存款 　　贷：应收股利/应收利息
3. 处置时	总原则： 出售所得的价款与其账面价值的差额计入当期损益。 借：银行存款　　　　　　　　　　　（价款扣除手续费） 　　贷：交易性金融资产——成本 　　　　　　　　——公允价值变动　　（可借可贷） 　　　　投资收益　　　　　　　　　（可借可贷）

【例 5-3】2×23 年 5 月 6 日，顺达公司支付价款 1 016 万元（含交易费用 1 万元和已宣告发放现金股利 15 万元），购入乙公司发行的股票 200 万股，占乙公司有表决权股份的 0.5%。

顺达公司根据其管理乙公司股票的业务模式和乙公司股票的合同现金流量特征，将乙公司股票分类为以公允价值计量且其变动计入当期损益的金融资产。

2×23 年 5 月 10 日，顺达公司收到乙公司发放的现金股利 15 万元。

2×23 年 6 月 30 日，该股票市价为每股 5.20 元。

2×23 年 12 月 31 日，顺达公司仍持有该股票，当日该股票市价为每股 4.80 元。

2×23 年 5 月 9 日，乙公司宣告发放股利 4 000 万元。

2×24 年 5 月 13 日，顺达公司收到乙公司发放的现金股利。

2×24 年 5 月 20 日，顺达公司由于某特殊原因，以每股 4.9 元的价格将股票全部转让。

假定不考虑其他因素。

顺达公司的账务处理如下。

（1）2×23 年 5 月 6 日，购入股票：

借：交易性金融资产——成本　　　　　　　　10 000 000

　　应收股利　　　　　　　　　　　　　　　　150 000

　　投资收益　　　　　　　　　　　　　　　　10 000

　　　贷：银行存款　　　　　　　　　　　　　　　　10 160 000

股票单位成本 =10 000 000÷2 000 000=5（元 / 股）

（2）2×23 年 5 月 10 日，收到现金股利：

借：银行存款　　　　　　　　　　　　　　　150 000

　　　贷：应收股利　　　　　　　　　　　　　　　　150 000

（3）2×23 年 6 月 30 日，确认股票价格变动：

借：交易性金融资产——公允价值变动　　　　400 000

　　　贷：公允价值变动损益　　　　　　　　　　　　400 000

（4）2×23 年 12 月 31 日，确认股票价格变动：

借：公允价值变动损益　　　　　　　　　　　800 000

　　　贷：交易性金融资产——公允价值变动　　　　　800 000

（5）2×24 年 5 月 9 日，确认应收现金股利：

借：应收股利　　　　　　　　　　　　　　　200 000

　　　贷：投资收益　　　　　　　　　　　　　　　　200 000

（6）2×24 年 5 月 13 日，收到现金股利：

借：银行存款　　　　　　　　　　　　　　　200 000

　　　贷：应收股利　　　　　　　　　　　　　　　　200 000

（7）2×24 年 5 月 20 日，出售股票：

借：银行存款 9 800 000

交易性金融资产——公允价值变动 400 000

贷：交易性金融资产——成本 10 000 000

投资收益 200 000

【例 5-4】2×23 年 1 月 1 日，顺达公司从二级市场购入丙公司债券，支付价款合计 1 020 000 元（含已到付息期但尚未领取的利息 20 000 元），另发生交易费用 20 000 元。

该债券面值 1 000 000 元，剩余期限为 2 年，票面年利率为 4%，每半年末付息一次。甲公司根据其管理该债券的业务模式和该债券的合同现金流量特征，将该债券分类为以公允价值计量且其变动计入当期损益的金融资产。其他资料如下。

2×23 年 1 月 5 日，收到丙公司债券 2×22 年下半年利息 20 000 元。

2×23 年 6 月 30 日，丙公司债券的公允价值为 1 150 000 元（不含利息）。

2×23 年 7 月 5 日，收到丙公司债券 2×23 年上半年利息。

2×23 年 12 月 31 日，丙公司债券的公允价值为 1 100 000 元（不含利息）。

2×24 年 1 月 5 日，收到丙公司债券 2×23 年下半年利息。

2×24 年 6 月 20 日，通过二级市场出售丙公司债券，取得价款 1 180 000 元（含 1 季度利息 10 000 元）。

假定不考虑其他因素，顺达公司的账务处理如下。

（1）2×23 年 1 月 1 日，从二级市场购入丙公司债券：

借：交易性金融资产——成本 1 000 000

应收利息 20 000

投资收益 20 000

贷：银行存款 1 040 000

（2）2×23 年 1 月 5 日，收到该债券 2×22 年下半年利息 20 000 元：

借：银行存款 20 000

贷：应收利息 20 000

（3）2×23 年 6 月 30 日，确认丙公司债券公允价值变动和投资收益：

借：交易性金融资产——公允价值变动 150 000

贷：公允价值变动损益 150 000

借：应收利息 20 000

贷：投资收益 20 000

（4）2×23 年 7 月 5 日，收到丙公司债券 2×23 年上半年利息：

借：银行存款 20 000

贷：应收利息 20 000

（5）2×23 年 12 月 31 日，确认丙公司债券公允价值变动和投资收益：

借：公允价值变动损益　　　　　　　　　　　50 000

　　贷：交易性金融资产——公允价值变动　　　　　　50 000

借：应收利息　　　　　　　　　　　　　　　20 000

　　贷：投资收益　　　　　　　　　　　　　　　　20 000

（6）2×24年1月5日，收到丙公司债券2×23年下半年利息：

借：银行存款　　　　　　　　　　　　　　　20 000

　　贷：应收利息　　　　　　　　　　　　　　　　20 000

（7）2×24年6月20日，通过二级市场出售丙公司债券：

借：银行存款　　　　　　　　　　　　　　1 180 000

　　贷：交易性金融资产——成本　　　　　　　　1 000 000

　　　　　　　　　　　　——公允价值变动　　　 100 000

　　　　投资收益　　　　　　　　　　　　　　　80 000

任务四　以公允价值计量且其变动计入其他综合收益的金融资产

以公允价值计量且其变动计入其他综合收益的金融资产分为两种情况：一是债权性投资（或称债务工具）形成的金融资产；二是权益性投资（或称权益工具）形成的金融资产。上述两种情况形成的金融资产在会计核算账户的设置和会计账务处理方法上均有区别。

一、债权性投资形成的金融资产

（一）账户设置

为了加强对以公允价值计量且其变动计入其他综合收益的金融资产（债权性投资）的管理与核算，企业应设置"其他债权投资"账户。该账户为非流动资产账户，用于核算其他债权投资的公允价值。该账户下应设置"成本""利息调整""公允价值变动""应计利息"等明细账户。

"其他债权投资——成本"账户用于核算其他债权投资面值的增减变动情况。

"其他债权投资——利息调整"账户用于核算其他债权投资初始确认金额与其面值的差额以及按照实际利率法分期摊销后该差额的摊余金额。

"其他债权投资——公允价值变动"账户用于核算其他债权投资公允价值的变动金额。

"其他债权投资——应计利息"账户用来核算到期一次还本付息债券应计而未收取的利息。

（二）其他债权投资的核算

其他债权投资的账务处理如表5-5所示。

表 5-5 其他债权投资的账务处理

科目	其他债权投资——成本 　　　　　　——利息调整 　　　　　　——应计利息　　　　　　　　（到期一次还本付息债券） 　　　　　　——公允价值变动
1. 初始计量	总原则： （1）将公允价值和交易费用之和作为初始入账金额。 （2）已到付息期但尚未领取的利息单独确认为应收项目。 借：其他债权投资——成本　　　　　　　　　（面值） 　　应收利息 / 其他债权投资——应计利息 　　贷：银行存款等 　　　　其他债权投资——利息调整　　　　　（可借可贷）
2. 后续计量	总原则：资产负债表日按公允价值计量，公允价值的变动计入其他综合收益。 （1）期末确认利息与"债权投资"核算原理相同 借：应收利息 / 债权投资——应计利息　　　　（面值 × 票面利率） 　　其他债权投资——利息调整　　　　　　　（与购入时相反） 　　贷：投资收益　　　　　　　　　　　　　（期初摊余成本 × 实际利率） （2）公允价值变动 ①升值。 借：其他债权投资——公允价值变动 　　贷：其他综合收益——其他债权投资公允价值变动 ②贬值。 a. 正常情况。 借：其他综合收益——其他债权投资公允价值变动 　　贷：其他债权投资——公允价值变动 b. 发生减值。 借：信用减值损失 　　贷：其他综合收益——信用减值准备
3. 处置	总原则： （1）出售所得的价款与其账面价值的差额计入当期损益。 （2）将原直接计入其他综合收益的公允价值变动的累计额转出，计入当期损益。 借：银行存款 　　贷：其他债权投资——成本 　　　　　　　　　　——利息调整　　　　　（可借可贷） 　　　　　　　　　　——应计利息 　　　　　　　　　　——公允价值变动　　　（可借可贷） 　　　　投资收益　　　　　　　　　　　　　（可借可贷） 同时， 借：其他综合收益——其他债权投资公允价值变动 　　　　　　　　　——信用减值准备 　　贷：投资收益 或反之

【例5-5】2×23年1月1日，顺达公司支付价款1 000万元（含交易费用），从公开市场购入乙公司同日发行的5年期公司债券12 500份，债券票面价值总额为1 250万元，票面年利率为4.72%，于年末支付本年度债券利息（每年利息为59万元），本金在债券到期时一次性偿还。

合同约定，该债券的发行方在遇到特定情况时可以将债券赎回，且不需要为提前赎回支付额外款项。

顺达公司在购买该债券时，预计发行方不会提前赎回。

顺达公司根据其管理该债券的业务模式和该债券的合同现金流量特征，将该债券分类为以公允价值计量且其变动计入其他综合收益的金融资产。其他资料如下。

（1）2×23年12月31日，乙公司债券的公允价值为1 200万元（不含利息）。

（2）2×24年12月31日，乙公司债券的公允价值为1 300万元（不含利息）。

（3）2×25年12月31日，乙公司债券的公允价值为1 250万元（不含利息）。

（4）2×26年12月31日，乙公司债券的公允价值为1 200万元（不含利息）。

（5）2×27年1月20日，顺达公司通过上海证券交易所出售了乙公司债券12 500份，取得价款1 260万元。

假定不考虑所得税、减值损失等因素：

（1）计算该债券的实际利率r：

$$59 \times (1+r)^{-1}+59 \times (1+r)^{-2}+59 \times (1+r)^{-3}+59 \times (1+r)^{-4}+(59+1\ 250) \times (1+r)^{-5}$$
$$=1\ 000（万元）$$

或者：

$$59 \times (P/A, r, 5)+1\ 250 \times (P/F, r, 5)=1\ 000（万元）$$

采用插值法，计算得出r=10%。

（2）采用实际利率法确定每年债权的投资收益，如表5-6所示。

表5-6　实际利率法计算表

单位：元

日期	现金流入（1）	实际利息收入（2=期初4×10%）	已收回的本金（3=1-2）	摊余成本余额（4=期初4-3）	公允价值（5）	公允价值变动额（6=5-4-期初7）	公允价值变动累计金额（7=期初7+6）
2×23年1月1日				10 000 000	10 000 000	0	0
2×23年12月31日	590 000	1 000 000	−410 000	10 410 000	12 000 000	1 590 000	1 590 000
2×24年12月31日	590 000	1 041 000	−451 000	10 861 000	13 000 000	549 000	2 139 000

续表

日期	现金流入（1）	实际利息收入（2=期初4×10%）	已收回的本金（3=1-2）	摊余成本余额（4=期初4-3）	公允价值（5）	公允价值变动额（6=5-4-期初7）	公允价值变动累计金额（7=期初7+6）
2×25年12月31日	590 000	1 086 100	−496 100	11 357 100	12 500 000	−996 100	1 142 900
2×26年12月31日	590 000	1 135 710	−545 710	11 902 810	12 000 000	−1 045 710	97 190

顺达公司的有关账务处理如下。

（1）2×23年1月1日，购入乙公司债券：

借：其他债权投资——成本　　　　　　　　　　　　　　12 500 000

　　贷：银行存款　　　　　　　　　　　　　　　　　　　　　10 000 000

　　　　其他债权投资——利息调整　　　　　　　　　　　　　　2 500 000

此时：摊余成本（账面余额）=12 500 000−2 500 000=10 000 000（元）

（2）2×23年12月31日，确认乙公司债券实际利息收入、收到债券利息：

借：应收利息　　　　　　　　　　　　　　　　　　　　590 000

　　其他债权投资——利息调整　　　　　　　　　　　　410 000

　　贷：投资收益　　　　　　　　　　　　　　　　　　　　1 000 000

借：银行存款　　　　　　　　　　　　　　　　　　　　590 000

　　贷：应收利息　　　　　　　　　　　　　　　　　　　　590 000

此时：摊余成本（账面余额）=10 000 000+410 000=10 410 000（元）。

借：其他债权投资——公允价值变动　　　　　　　　　　　　1 590 000

　　贷：其他综合收益——其他债权投资公允价值变动　　　　　　　1 590 000

注： 2×23年12月31日公允价值为12 000 000元，与账面价值10 410 000元相比，增加1 590 000元，所以需要确认增值1 590 000元。

此时，摊余成本（账面余额）=10 410 000（元），账面价值=10 410 000（元），公允价值=12 000 000（元）。

（3）2×24年12月31日，确认乙公司债券实际利息收入、收到债券利息（第2年末）：

借：应收利息　　　　　　　　　　　　　　　　　　　　590 000

　　其他债权投资——利息调整　　　　　　　　　　　　451 000

　　贷：投资收益　　　　　　　　　　　　　　　　　　　　1 041 000

借：银行存款　　　　　　　　　　　　　　　　　　　　590 000

　　贷：应收利息　　　　　　　　　　　　　　　　　　　　590 000

此时：摊余成本（账面余额）=10 410 000+451 000=10 861 000（元）。

借：其他债权投资——公允价值变动　　　　　　　　　　　　549 000

　　贷：其他综合收益——其他债权投资公允价值变动　　　　　　　　549 000

注：2×24 年 12 月 31 日公允价值为 13 000 000 元，与账面价值 12 451 000 元相比，确认增值 =13 000 000−12 451 000=549 000（元）。

　　此时：摊余成本（账面余额）=10 861 000（元），账面价值 =12 000 000+451 000= 12 451 000（元），公允价值 =13 000 000（元）。

（4）2×25 年 12 月 31 日，确认乙公司债券实际利息收入、收到债券利息（第 3 年末）：

借：应收利息　　　　　　　　　　　　　　　590 000

　　其他债权投资——利息调整　　　　　　　496 100

　　　贷：投资收益　　　　　　　　　　　　　　　　1 086 100

借：银行存款　　　　　　　　　　　　　　　590 000

　　贷：应收利息　　　　　　　　　　　　　　　　　590 000

此时：摊余成本（账面余额）=10 861 000+496 100=11 357 100（元）。

借：其他综合收益——其他债权投资公允价值变动　　　　　　996 100

　　贷：其他债权投资——公允价值变动　　　　　　　　　　　　996 100

注：2×25 年 12 月 31 日公允价值为 12 500 000 元，与账面价值 13 496 100 元相比，需要冲减 =13 496 100−12 500 000=996 100（元）。

　　此时：摊余成本（账面余额）=11 357 100（元），账面价值 =13 000 000+496 100= 13 496 100（元），公允价值 =12 500 000（元）。

（5）2×26 年 12 月 31 日，确认乙公司债券实际利息收入、收到债券利息：

借：应收利息　　　　　　　　　　　　　　　590 000

　　其他债权投资——利息调整　　　　　　　545 710

　　　贷：投资收益　　　　　　　　　　　　　　　　1 135 710

借：银行存款　　　　　　　　　　　　　　　590 000

　　贷：应收利息　　　　　　　　　　　　　　　　　590 000

此时：摊余成本（账面余额）=11 357 100+545 710=11 902 810（元）。

借：其他综合收益——其他债权投资公允价值变动　　　　　　1 045 710

　　贷：其他债权投资——公允价值变动　　　　　　　　　　　　1 045 710

注：2×26 年 12 月 31 日公允价值为 12 000 000 元，与账面价值 13 045 710 元相比，需要冲减 =13 045 710−12 000 000=1 045 710（元）。

　　此时：摊余成本（账面余额）=11 902 810（元），账面价值 =12 500 000+545 710= 13 045 710（元），公允价值 =12 000 000（元）。

（6）2×27 年 1 月 20 日，确认出售乙公司债券实现的损益：

借：银行存款　　　　　　　　　　　　　　　12 600 000

其他债权投资——利息调整   597 190

  贷：其他债权投资——成本   12 500 000

        ——公允价值变动   97 190

    投资收益   600 000

同时，

借：其他综合收益——其他债权投资公允价值变动   97 190

  贷：投资收益   97 190

二、权益性投资形成的金融资产

（一）账户设置

为了核算和监督以公允价值计量且其变动计入其他综合收益的非交易性权益工具投资，企业应当设置"其他权益工具投资"账户。

"其他权益工具投资"账户属于资产类账户，核算企业以公允价值计量且其变动计入其他综合收益的非交易性权益工具投资的公允价值。该账户应当按照其他权益工具投资的类别和品种，分别设置"成本""公允价值变动"等进行明细核算。

（二）其他权益工具投资的核算

其他权益工具投资的账务处理如表 5-7 所示。

表 5-7 其他权益工具投资的账务处理

科目	其他权益工具投资——成本 ——公允价值变动

1. 初始计量	总原则：
	（1）将公允价值和交易费用之和作为初始入账金额。
	（2）已宣告发放但尚未领取的现金股利单独确认为应收项目。
	借：其他权益工具投资——成本 （公允价值与交易费用之和）
	  应收股利
	  贷：银行存款等

2. 后续计量	与"交易性金融资产"核算原理相同。
	（1）升值。
	借：其他权益工具投资——公允价值变动
	  贷：其他综合收益——其他权益工具投资公允价值变动
	（2）贬值。
	借：其他综合收益——其他权益工具投资公允价值变动
	  贷：其他权益工具投资——公允价值变动
	注：不计提减值。
	（3）持有期间被投资单位宣告发放现金股利。
	借：应收股利
	  贷：投资收益

续表

3. 处置	总原则：
	（1）出售所得的价款与其账面价值的差额计入留存收益。
	（2）将原直接计入其他综合收益的公允价值变动的累计额转出，计入留存收益。
	借：银行存款
	  贷：其他权益工具投资——成本
	       ——公允价值变动（可借可贷）
	    盈余公积（可借可贷）
	    利润分配——未分配利润（可借可贷）
	同时，
	借：其他综合收益——其他权益工具投资公允价值变动
	  贷：盈余公积
	    利润分配——未分配利润
	或反之

【例 5-6】（1）2×26 年 5 月 6 日，顺达公司支付价款 1 016 万元（含交易费用 1 万元和已宣告发放现金股利 15 万元），购入乙公司发行的股票 200 万股，占乙公司有表决权股份的 0.5%。顺达公司将其指定为以公允价值计量且其变动计入其他综合收益的非交易性权益工具投资。

（2）2×26 年 5 月 10 日，顺达公司收到乙公司发放的现金股利 15 万元。

（3）2×26 年 6 月 30 日，该股票市价为每股 5.20 元。

（4）2×26 年 12 月 31 日，顺达公司仍持有该股票，当日该股票市价为每股 5.00 元。

（5）2×27 年 5 月 9 日，乙公司宣告发放股利 4 000 万元。

（6）2×27 年 5 月 13 日，顺达公司收到乙公司发放的现金股利。

（7）2×27 年 5 月 20 日，由于某特殊原因，顺达公司以每股 4.9 元的价格将股票全部转让。

顺达公司的账务处理如下。

（1）2×26 年 5 月 6 日，购入股票：

借：其他权益工具投资——成本　　　　　　　　　10 010 000
  应收股利　　　　　　　　　　　　　　　　　150 000
  贷：银行存款　　　　　　　　　　　　　　　　　　　10 160 000

股票单位成本 =10 010 000÷2 000 000=5.005（元 / 股）

（2）2×26 年 5 月 10 日，收到现金股利：

借：银行存款　　　　　　　　　　　　　　　　　150 000
  贷：应收股利　　　　　　　　　　　　　　　　　　　150 000

（3）2×26 年 6 月 30 日，确认股票价格变动：

其他权益工具投资——公允价值变动 =（5.20−5.005）×2 000 000=390 000（元）

借：其他权益工具投资——公允价值变动　　　　　　　　　　390 000

　　贷：其他综合收益——其他权益工具投资公允价值变动　　　　　390 000

（4）2×26年12月31日，确认股票价格变动：

其他综合收益——其他权益工具投资公允价值变动 =（5.00−5.20）×2 000 000

=−400 000（元）

借：其他综合收益　　其他权益工具投资公允价值变动　　　　400 000

　　贷：其他权益工具投资——公允价值变动　　　　　　　　　　400 000

（5）2×27年5月9日，确认应收现金股利：

借：应收股利　　　　　　　　　　　　　　　　　200 000

　　贷：投资收益　　　　　　　　　　　　　　　　　200 000

（6）2×27年5月13日，收到现金股利：

借：银行存款　　　　　　　　　　　　　　　　　200 000

　　贷：应收股利　　　　　　　　　　　　　　　　　200 000

（7）2×27年5月20日，出售股票：

借：银行存款　　　　　　　　　　　　　9 800 000

　　其他权益工具投资——公允价值变动　　　10 000

　　盈余公积　　　　　　　　　　　　　　　20 000

　　利润分配——未分配利润　　　　　　　　180 000

　　贷：其他权益工具投资——成本　　　　　　　　10 010 000

借：盈余公积　　　　　　　　　　　　　　　　　1 000

　　利润分配——未分配利润　　　　　　　　　　9 000

　　贷：其他综合收益——其他权益工具投资公允价值变动　　　　10 000

项目六　长期股权投资

📖 学习目标

◆ 知识目标 ◆

1. 熟悉长期股权投资的含义和内容；
2. 了解控制、共同控制和重大影响的具体内容；
3. 明确长期股权投资成本法和权益法的概念及适用范围；
4. 明确长期股权投资初始成本的确定；
5. 熟悉长期股权投资减值确认与判断。

◆ 技能目标 ◆

1. 能进行长期股权投资的成本法核算；
2. 能进行长期股权投资的权益法核算；
3. 能进行长期股权投资减值和处置的核算。

◆ 素养目标 ◆

1. 培养学生具有劳模精神和工匠精神；
2. 能严格按照《企业会计准则》等政策法规的要求规范操作；
3. 能熟悉投资会计核算岗位职责，具有相应的会计职业判断能力；
4. 具有一定的创新创业能力、分析解决实际问题的能力、信息技术应用能力。

📖 案例导入

随着我国资本市场的逐渐发展，长期股权投资在企业商业活动中扮演着越来越重要的角色，相关会计准则也经过多次修订完善。

远望谷是一家深耕于国内物联网产业的创新型科技公司，着力于发展 RFID（射频识别）科技。2011 年起，远望谷开始持有同领域公司——思维列控的股权。2019 年，远望谷在自身持续亏损、盈利能力弱的背景下，通过将所持有的思维列控的股权由长期股权投资权益法核算转为金融工具核算，一次性计提近 7 亿元的投资收益。

资料来源：远望谷拟再度减持思维列控 减少后者股价波动对业绩影响[EB/OL].（2021-04-

05）[2024-07-20]. https://new.qq.com/rain/a/20210405A07FUR00.

思考：远望谷是否存在盈余管理动机？其长期股权投资的核算变更对会计报表有无影响？

📖 项目导图

本项目的内容结构如图 6-1 所示。

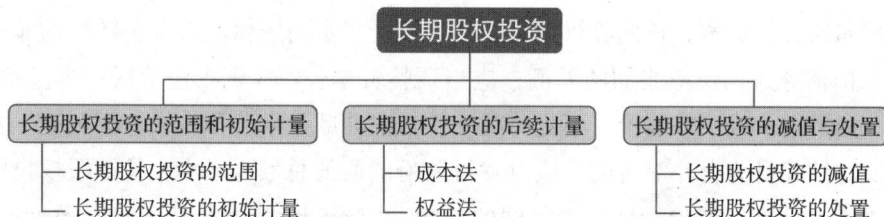

图 6-1　项目六的内容结构

📖 项目实施

任务一　长期股权投资的范围和初始计量

一、长期股权投资的范围

长期股权投资是指企业能够对被投资单位实施控制、共同控制或施加重大影响的权益性投资。

（1）投资企业能够对被投资单位实施控制的权益性投资，即对子公司投资。控制是指投资方拥有对被投资方的权力，通过参与被投资单位的相关活动而享有可变回报，并且有能力运用对被投资方的权力影响其回报金额。

（2）投资企业与其他合营方一同对被投资单位实施共同控制的权益性投资，即对合营企业投资。共同控制是指按照相关约定对某项安排所共有的控制，并且该安排的相关活动必须经过分享控制权的参与方一致同意后才能决策。

（3）投资企业对被投资单位具有重大影响的权益性投资，即对联营企业投资。重大影响是指对一个企业的财务和经营政策有参与决策的权力，但并不能控制或与其他方共同控制这些政策的制定。实务中，较为常见的重大影响体现为在被投资单位董事会或类似权力机构中派有代表，通过在被投资单位财务和经营决策制定过程中的发言权实施重大影响。投资方直接或通过子公司间接持有被投资单位 20% 以上但低于 50% 的表决权时，一般认为对被投资单位具有重大影响。

二、长期股权投资的初始计量

（一）企业合并形成的长期股权投资

企业合并形成的长期股权投资应分为同一控制下企业合并与非同一控制下企业合并，确定其初始投资成本。

1.同一控制下企业合并形成的长期股权投资

合并方以支付现金、转让非现金资产或承担债务方式为合并对价的，应当在合并日以取得的被合并方所有者权益在最终控制方合并财务报表中的账面价值的份额为长期股权投资的初始投资成本。长期股权投资的初始投资成本与支付的现金、转让的非现金资产及所承担债务账面价值之间的差额，应当调整资本公积（资本溢价或股本溢价）；资本公积（资本溢价或股本溢价）不足冲减的，依次冲减盈余公积和未分配利润。合并方以发行权益性工具为合并对价的，应以发行股份的面值总额为股本，长期股权投资的初始投资成本与所发行股份面值总额之间的差额，应当调整资本公积（股本溢价）；资本公积（股本溢价）不足冲减的，依次冲减盈余公积和未分配利润。

合并方发生的审计、法律服务、评估咨询等中介费用以及其他相关管理费用，于发生时计入当期损益。与以发行权益性工具为合并对价直接相关的交易费用，应当冲减资本公积（股本溢价）；资本公积（股本溢价）不足冲减的，依次冲减盈余公积和未分配利润。与以发行债务性工具作为合并对价直接相关的交易费用，应当计入债务性工具的初始确认金额。

【例6-1】2×24年12月31日，顺达公司向同一集团内M公司的原股东定向增发1 000万股普通股（每股面值为1元，市价为8.68元），取得M公司100%的股权，并于当日起能够对M公司实施控制，合并后M公司仍维持其独立法人资格继续经营。两公司在企业合并前采用的会计政策相同。合并日，M公司所有者权益的总额为4 404万元。

M公司在合并后维持其法人资格继续经营，合并日顺达公司应确认对M公司的长期股权投资，其成本为合并日享有M公司账面所有者权益的份额，账务处理如下。

借：长期股权投资——M公司　　　　　　　　44 040 000

　　贷：股本　　　　　　　　　　　　　　　　　10 000 000

　　　　资本公积——股本溢价　　　　　　　　34 040 000

【例6-2】2×24年6月30日，顺达公司向其母公司P发行1 000万股普通股（每股面值为1元，市价为4.34元），取得母公司P拥有的S公司的100%的股权，并于当日起能够对S公司实施控制。合并后，S公司仍维持其独立法人地位继续经营。2×24年6月30日，S公司净资产的账面价值为40 020 000元。假定顺达公司和S公司在企业合并前采用的会计政策相同。合并日，顺达公司与S公司所有者权益的构成如表6-1所示。

表6-1 顺达公司和 S 公司所有者权益的构成

2×24 年 6 月 30 日　　　　　　　　　　　　单位：元

所有者权益	顺达公司	S 公司
实收资本	30 000 000	10 000 000
资本公积	20 000 000	6 000 000
盈余公积	20 000 000	20 000 000
未分配利润	23 550 000	4 020 000
合计	93 550 000	40 020 000

S 公司在合并后维持其法人资格继续经营，合并日顺达公司在其账簿及个别财务报表中应确认对 S 公司的长期股权投资，其成本为合并日享有 S 公司账面所有者权益的份额，账务处理为：

借：长期股权投资——S 公司　　　　　　　　40 020 000

　　贷：股本　　　　　　　　　　　　　　　　　10 000 000

　　　　资本公积——股本溢价　　　　　　　　30 020 000

2.非同一控制下企业合并形成的长期股权投资

非同一控制下的控股合并中，购买方应当将确定的企业合并成本作为长期股权投资的初始投资成本。企业合并成本包括购买方付出的资产、发生或承担的负债、发行的权益性工具或债务性工具的公允价值之和。购买方为企业合并发生的审计、法律服务、评估咨询等中介费用以及其他相关管理费用，应于发生时计入当期损益；购买方作为合并对价发行的权益性工具或债务性工具的交易费用，应当计入权益性工具或债务性工具的初始确认金额。

【例6-3】顺达公司于 2×24 年 9 月 30 日取得 B 公司 70% 的股权，取得该部分股权后能够控制 B 公司的生产经营决策。为核实 B 公司的资产价值，顺达公司聘请资产评估机构对 B 公司的资产进行评估，支付评估费用 200 万元。合并中，顺达公司支付的有关资产在购买日的账面价值与公允价值如表6-2所示。本例中，假定合并前顺达公司与 B 公司不存在任何关联方关系。

表6-2 顺达公司支付的有关资产公司购买日的账面价值与公允价值

2×24 年 9 月 30 日　　　　　　　　　　　　单位：元

项目	账面价值	公允价值
土地使用权（自用）	40 000 000	64 000 000
专利技术	16 000 000	20 000 000
银行存款	16 000 000	16 000 000
合计	72 000 000	100 000 000

注：顺达公司用作合并对价的土地使用权和专利技术原价为 6 400 万元，至企业合并发生时已累计摊销 800 万元。

本例中，因顺达公司与 B 公司在合并前不存在任何关联方关系，应作为非同一控制下的企业合并处理。顺达公司对于合并形成的对 B 公司的长期股权投资，应进行的账务处理为：

借：长期股权投资——B 公司　　　　　　　　　　100 000 000
　　管理费用　　　　　　　　　　　　　　　　　　2 000 000
　　累计摊销　　　　　　　　　　　　　　　　　　8 000 000
　　贷：无形资产　　　　　　　　　　　　　　　　　　64 000 000
　　　　银行存款　　　　　　　　　　　　　　　　　　18 000 000
　　　　资产处置损益　　　　　　　　　　　　　　　　28 000 000

（二）企业合并以外的其他方式取得的长期股权投资

（1）以支付现金取得的长期股权投资，应当将实际支付的购买价款作为初始投资成本，包括与取得长期股权投资直接相关的费用、税金及其他必要支出，但所支付价款中包含的被投资单位已宣告但尚未发放的现金股利或利润应作为应收项目核算，不构成取得长期股权投资的成本。

【例 6-4】顺达公司于 2×24 年 2 月 10 日自公开市场中买入乙公司 2% 的股份，实际支付价款 1 600 万元。另外，在购买过程中支付手续费等相关费用 40 万元。顺达公司取得该部分股权后对乙公司的生产经营决策没有重大影响。

顺达公司应当将实际支付的购买价款作为取得长期股权投资的成本，其账务处理为：

借：长期股权投资　　　　　　　　　　　　　　16 400 000
　　贷：银行存款　　　　　　　　　　　　　　　　　16 400 000

（2）以发行权益性证券取得的长期股权投资，应当将发行权益性证券的公允价值作为初始投资成本，但不包括应自被投资单位收取的已宣告但尚未发放的现金股利或利润。为发行权益性证券支付给有关证券承销机构等的手续费、佣金等与权益性证券发行直接相关的费用，不构成长期股权投资的初始投资成本。这部分费用应自所发行证券的溢价发行收入中扣除，溢价收入不足冲减的，应依次冲减盈余公积和未分配利润。

【例 6-5】2×24 年 3 月，顺达公司通过增发 600 万股本公司普通股（每股面值 1 元）取得 B 公司 2% 的股权，按照增发前后的平均股价计算，该 600 万股股份的公允价值为 1 040 万元。为增发该部分股份，顺达公司向证券承销机构等支付了 40 万元的佣金和手续费。顺达公司取得该部分股权后对 B 公司的生产经营决策没有重大影响。

本例中，顺达公司应当将所发行股份的公允价值作为取得长期股权投资的成本，其账务处理为：

借：长期股权投资——B 公司　　　　　　　　10 400 000
　　贷：股本　　　　　　　　　　　　　　　　　　6 000 000
　　　　资本公积——股本溢价　　　　　　　　　　4 400 000

发行权益性证券过程中支付的佣金和手续费，应冲减权益性证券的溢价发行收入，其账务处理为：

借：资本公积——股本溢价 400 000
　　贷：银行存款 400 000

（3）投资者投入的长期股权投资，应当将按投资合同或协议约定的价值作为初始投资成本，但合同或协议约定的价值不公允的除外。

投资者投入的长期股权投资，是指投资者以其持有的对第三方的投资作为出资投入企业，接受投资的企业原则上应当将投资各方在投资合同或协议中约定的价值作为取得投资的初始投资成本，但有明确证据表明合同或协议中约定的价值不公允的除外。

在确定投资者投入的长期股权投资的公允价值时，有关权益性投资存在活跃市场的，应当参照活跃市场中的市价确定其公允价值；不存在活跃市场，无法按照市场信息确定其公允价值的，应当将按照一定的估值技术等合理的方法确定的价值作为其公允价值。

【例 6-6】顺达公司设立时，其主要出资方之一甲公司以其持有的对 B 公司的长期股权投资作为出资投入顺达公司。投资各方在投资合同中约定，作为出资的该项长期股权投资作价 400 万元。该作价是按照 B 公司股票的市价经考虑相关调整因素后确定的。顺达公司注册资本为 16 000 万元。甲公司出资占顺达公司注册资本的 2%。取得该项投资后，顺达公司对 B 公司的财务和生产经营决策没有重大影响。

本例中，顺达公司对于投资者投入的该项长期股权投资应进行的会计处理为：

借：长期股权投资 4 000 000
　　贷：实收资本 3 200 000
　　　　资本公积——资本溢价 800 000

（4）以债务重组、非货币性资产交换等方式取得的长期股权投资，其初始投资成本应按照《企业会计准则第 12 号——债务重组》和《企业会计准则第 7 号——非货币性资产交换》的原则确定。

【知识归纳】长期股权投资初始计量的账务处理如表 6-3 所示。

表 6-3　长期股权投资初始计量的账务处理

合并形成的长期股权投资		合并以外的其他方式取得的长期股权投资
同一控制下的企业合并	非同一控制下的企业合并	1. 支付现金 借：长期股权投资 　　贷：银行存款

合并形成的长期股权投资		合并以外的其他方式取得的长期股权投资
借：长期股权投资 　　贷：股本 　　　　资本公积——股本溢价	借：长期股权投资 　　管理费用 　　累计摊销 　　贷：无形资产 　　　　银行存款 　　　　资产处置损益	2. 发行权益性证券方式 借：长期股权投资 　　贷：股本 　　　　资本公积——股本溢价 发行权益性证券过程中支付的佣金和手续费 借：资本公积——股本溢价 　　贷：银行存款
		3. 投资者投入 借：长期股权投资 　　贷：实收资本 　　　　资本公积——资本溢价

任务二　长期股权投资的后续计量

企业取得的长期股权投资，在持续持有期间，视对被投资单位的影响程度等情况的不同，应分别采用成本法及权益法进行核算。对子公司的长期股权投资应当按成本法进行核算，对合营企业、联营企业的长期股权投资应当按权益法进行核算。

一、成本法

采用成本法核算的长期股权投资，应当按照初始投资成本计价。追加或收回投资应当调整长期股权投资的成本。在追加投资时，按照追加投资支付的成本的公允价值及发生的相关交易费用增加长期股权投资的账面价值。

被投资单位宣告分派现金股利或利润的，投资方根据应享有的部分确认当期投资收益。投资企业在确认被投资单位应分得的现金股利或利润后，应当考虑长期股权投资是否发生减值。

【例 6-7】顺达公司于 2×24 年 4 月 10 日取得乙公司 60% 的股权，成本为 12 000 000元。2×25 年 2 月 6 日，乙公司宣告分派利润，顺达公司按照持股比例可取得 100 000元。假定顺达公司在取得乙公司股权后，对乙公司的财务和经营决策具有控制权，且该投资不存在活跃的交易市场、公允价值无法可靠取得。乙公司于 2×25 年 2 月 12 日实际分派利润。

顺达公司应进行的账务处理为：

借：长期股权投资——乙公司　　　　　　　12 000 000

　　贷：银行存款　　　　　　　　　　　　　　　　12 000 000

确认应收股利业务：

借：应收股利　　　　　　　　　　　　100 000

　　贷：投资收益　　　　　　　　　　　　　100 000

收取股利款，依据有关收款通知单：

借：银行存款　　　　　　　　　　　　100 000

　　贷：应收股利　　　　　　　　　　　　　100 000

进行上述处理后，如相关长期股权投资存在减值迹象，应当进行减值测试。

二、权益法

（一）权益法概述

权益法，是指投资以初始投资成本计量后，在投资持有期间根据投资企业享有被投资单位所有者权益份额的变动对长期股权投资账面价值进行调整的方法。

投资企业对被投资单位具有共同控制或重大影响的长期股权投资，即对合营企业投资及对联营企业投资，一般情况下取得了被投资公司的股权比例为20%~50%，采用权益法核算。采用权益法核算的长期股权投资总账户下需要开设"投资成本""损益调整""其他权益变动""其他综合收益"等明细账。

权益法下长期股权投资的核算

（二）权益法核算要点

（1）初始投资或追加投资时，按照初始投资成本或追加投资的投资成本，增加长期股权投资的账面价值。

（2）比较初始投资成本与投资时应享有被投资单位可辨认净资产公允价值的份额，前者大于后者的，不调整长期股权投资账面价值；前者小于后者的，应当按照两者之间的差额调增长期股权投资的账面价值，同时计入投资当期损益（营业外收入）。

（3）持有投资期间，随着被投资单位所有者权益的变动相应增加或减少长期股权投资的账面价值，并分别按以下情况处理：对于被投资单位实现净损益和其他综合收益而产生的所有者权益的变动，投资方应当按照应享有的份额，增加或减少长期股权投资的账面价值，同时确认投资损益和其他综合收益；对于被投资单位宣告分派的利润或现金股利计算应分得的部分，相应减少长期股权投资的账面价值；对于被投资单位除净损益、其他综合收益以及利润分配以外的因素导致的其他所有者权益变动，相应调整长期股权投资的账面价值，同时确认资本公积（其他资本公积）。

（三）权益法的核算

1. 初始投资成本的调整

长期股权投资的初始投资成本大于投资时应享有被投资单位可辨认净资产公允价值份额的，不调整长期股权投资的初始投资成本；长期股权投资的初始投资成本小于投资时应享有被投资单位可辨认净资产公允价值份额的，应按其差额，借记"长期股权投资"科目，贷记"营业外收入"科目。

【例 6-8】顺达公司取得 B 公司 35% 的股份，实际支付款项 590 万元，能够对 B 公司实施控制，顺达公司和 B 公司不属于同一控制，投资时 B 公司可辨认净资产公允价值为 1 000 万元。

借：长期股权投资——成本　　　　　　　　　　5 900 000

　　贷：银行存款　　　　　　　　　　　　　　　　　5 900 000

【例 6-9】顺达公司以银行存款 1 000 万元取得 B 公司 30% 的股权。

（1）如取得投资时被投资单位可辨认净资产的公允价值为 3 000 万元，顺达公司的账务处理如下。

借：长期股权投资——成本　　　　　　　　　　10 000 000

　　贷：银行存款　　　　　　　　　　　　　　　　　10 000 000

注：商誉 100 万元（1 000−3 000×30%）体现在长期股权投资成本中。

（2）如投资时 B 公司可辨认净资产的公允价值为 3 500 万元，顺达公司的账务处理如下。

借：长期股权投资——成本　　　　　　　　　　10 500 000

　　贷：银行存款　　　　　　　　　　　　　　　　　10 000 000

　　　　营业外收入　　　　　　　　　　　　　　　　　500 000

2. 投资损益的确认

投资企业取得长期股权投资后，应当按照应享有或应分担的被投资单位实现净利润或发生净亏损的份额，调整长期股权投资的账面价值，并确认为当期投资收益。投资企业根据被投资单位实现的净利润计算应享有的份额，借记"长期股权投资——损益调整"账户，贷记"投资收益"账户。被投资单位发生净亏损的，做相反的账务处理，但以"长期股权投资"账户的账面价值减记至零为限。如果还存在未确认的亏损，则应在备查簿中登记。

被投资单位以后宣告发放现金股利或利润时，投资企业计算应得的部分，借记"应收股利"账户，贷记"长期股权投资——损益调整"账户。

3. 持有期间被投资单位除净损益以外的其他综合收益、其他权益变动

投资企业取得长期股权投资后，对被投资单位除净损益以外其他因素导致的所有者权益变动，在持股比例不变的情况下，按照持股比例计算应享有的份额或应分担的份额，增加或减少长期股权投资的账面价值，同时确认为其他综合收益或资本公积（其他资本公积），即借记或贷记"长期股权投资——其他综合收益（其他权益变动）"账户，贷记或借记"其他综合收益"或"资本公积——其他资本公积"账户。

【例 6-10】顺达公司 2×24 年 1 月 5 日向春江公司投资 6 800 000 元，获得春江公司 30% 的股份，具有重大影响。假定取得投资时点被投资单位各资产公允价值等于账面价值，双方采用的会计政策、会计期间相同。2×24 年春江公司全年净利润 4 000 000 元。

2×25年2月1日宣告分派现金股利3 000 000元。2×25年6月15日，顺达公司确认春江公司资本公积增加800 000元。2×25年8月18日春江公司其他债权投资的公允价值增加了500 000元。2×25年春江公司全年亏损5 000 000元。假定顺达公司没有实质上构成净投资的长期权益项目。投资协议规定，顺达公司按照所持股份分享收益、承担亏损。

顺达公司的账务处理如下。

（1）2×24年1月5日，投资时：

借：长期股权投资——春江公司——投资成本　　6 800 000

　　　贷：银行存款　　　　　　　　　　　　　　　6 800 000

（2）2×24年12月31日，确认投资收益时：

借：长期股权投资——春江公司——损益调整　　1 200 000

　　　贷：投资收益　　　　　　　　　　　　　　　1 200 000

（3）2×25年2月1日宣告分派现金股利时：

借：应收股利——春江公司　　　　　　　　　　900 000

　　　贷：长期股权投资——春江公司——损益调整　900 000

收到春江公司发放的现金股利时：

借：银行存款　　　　　　　　　　　　　　　　900 000

　　　贷：应收股利　　　　　　　　　　　　　　　900 000

（4）2×25年6月15日，确定其他权益变动时：

借：长期股权投资——春江公司——其他权益变动　240 000

　　　贷：资本公积——其他资本公积　　　　　　　240 000

（5）2×25年8月18日，确认其他综合收益时：

借：长期股权投资——春江公司——其他综合收益　150 000

　　　贷：其他综合收益　　　　　　　　　　　　　150 000

（6）2×25年12月31日，确认投资损失时：

借：投资收益　　　　　　　　　　　　　　　　1 500 000

　　　贷：长期股权投资——春江公司——损益调整　1 500 000

任务三　长期股权投资的减值与处置

一、长期股权投资的减值

企业应定期对长期股权投资的账面价值进行逐项检查，至少在每年末检查一次。如果其可收回金额低于投资的账面价值，应将可收回金额低于长期股权投资账面价值的差额计提减值准备，确认为当期损失。可收回金额按长期股权投资的公允价值减去处置费用后的净额与长期股权投资预计未来现金流量的现值两者之间的较高者确定。

长期股权投资发生减值的，按应减记的金额，借记"资产减值损失"账户，贷记"长期股权投资减值准备"账户。长期股权投资的减值一经计提，在以后会计期间不得转回。

【例 6-11】2×24 年 12 月 31 日，顺达公司占有 K 公司表决权股份的 60%，对 K 公司构成控制。至本期末为止，该长期股权投资的账面价值为 6 000 万元。由于没有公开市场价格且不能可靠计量其公允价值，按市场收益率计算，该项长期股权投资在 2×24 年 12 月 31 日预计未来现金流量的现值为 4 960 万元。

顺达公司减值了 6 000−4 960=1 040（万元），账务处理如下。

借：资产减值损失   10 400 000

  贷：长期股权投资减值准备   10 400 000

【例 6-12】顺达公司 2×23 年 12 月 31 日对 N 公司长期股权投资的账面价值为 6 000 万元，计 1 000 万股，按权益法核算。同年 8 月 5 日，由于 N 公司发生重大火灾，损失惨重，并难有恢复可能，其股票市价已下跌为每股 3 元。顺达公司对该项投资计提了减值准备，账务处理如下。

应计提的减值准备 =6 000−3 × 1 000=3 000（万元）

借：资产减值损失   30 000 000

  贷：长期股权投资减值准备   30 000 000

二、长期股权投资的处置

出售长期股权投资时，应按实际收到的金额，借记"银行存款"等科目，原已计提减值准备的，借记"长期股权投资减值准备"科目；按其账面余额，贷记"长期股权投资"科目；按尚未领取的现金股利或利润，贷记"应收股利"科目；按其差额，贷记或借记"投资收益"科目。

出售采用权益法核算的长期股权投资时，还应按处置长期股权投资的投资成本比例结转原记入"资本公积——其他资本公积"科目或"其他综合收益"科目的金额，借记或贷记"资本公积——其他资本公积"科目或"其他综合收益"，贷记或借记"投资收益"科目。

【例 6-13】顺达公司持有 C 公司 40% 的股权，2×24 年 11 月 30 日，顺达公司出售所持有 C 公司股权中的 25%，出售时顺达公司账面上对 C 公司长期股权投资的构成为：投资成本 36 000 000 元，损益调整为 9 600 000 元，其他权益变动 6 000 000 元，出售取得价款 14 100 000 元。

（1）顺达公司确认处置损益的账务处理为：

借：银行存款   14 100 000

  贷：长期股权投资——C 公司——投资成本   9 000 000

          ——损益调整   2 400 000

　　　　　　　　　　　　　　——其他权益变动　　　1 500 000

　　投资收益　　　　　　　　　　　　　　　　　　1 200 000

（2）除应将实际取得价款与出售长期股权投资的账面价值进行结转，确认为处置当期损益外，还应将原计入资本公积的部分按比例转入当期损益。

　　借：资本公积——其他资本公积——C 公司　　　1 500 000

　　　　贷：投资收益　　　　　　　　　　　　　　　　1 500 000

【知识归纳】长期股权投资成本法与权益法核算的比较如表 6-4 所示。

表 6-4　长期股权投资成本法与权益法核算的比较

<table>
<tr><td colspan="2"></td><td>成本法</td><td>权益法</td></tr>
<tr><td colspan="2">业务内容</td><td>适用范围：对子公司投资
账户设置：长期股权投资</td><td>适用范围：对合营企业及联营企业投资
账户设置：长期股权投资——投资成本、损益调整、其他综合收益、其他权益变动</td></tr>
<tr><td colspan="2">长期股权投资的取得</td><td>借：长期股权投资
　　应收股利
　　贷：银行存款等</td><td>借：长期股权投资——投资成本
　　应收股利
　　贷：银行存款等
初始投资成本小于取得投资时应享有被投资单位可辨认净资产公允价值份额，按差额：
借：长期股权投资——投资成本
　　贷：营业外收入</td></tr>
<tr><td rowspan="4">长期股权投资持有期间</td><td>被投资单位实现净损益</td><td>不作账务处理</td><td>被投资单位实现净利润，按应享有的份额：
借：长期股权投资——损益调整
　　贷：投资收益
净亏损作相反的会计分录，但以长期股权投资的账面价值减记至零为限</td></tr>
<tr><td>被投资单位宣告分派现金股利或利润</td><td>借：应收股利
　　贷：投资收益</td><td>借：应收股利
　　贷：长期股权投资——损益调整</td></tr>
<tr><td>被投资单位其他综合收益变动</td><td>不作账务处理</td><td>借：长期股权投资——其他综合收益
　　贷：其他综合收益
或作相反的会计分录</td></tr>
<tr><td>被投资单位所有者权益其他变动</td><td>不作账务处理</td><td>借：长期股权投资——其他权益变动
　　贷：资本公积——其他资本公积
或作相反的会计分录</td></tr>
<tr><td colspan="2">长期股权投资减值</td><td colspan="2">借：资产减值损失
　　贷：长期股权投资减值准备</td></tr>
</table>

长期股权投资处置	借：银行存款 　　长期股权投资减值 　　准备 　贷：长期股权投资 　　应收股利 　　投资收益（差 　　额，或借记）	借：银行存款 　　长期股权投资减值准备 　贷：长期股权投资——投资成本 　　　　　　　　——损益调整 　　　　　　　　——其他综合收益 　　　　　　　　——其他权益变动 　　　　应收股利 　　　　投资收益（差额，或借记） 借：其他综合收益 　　资本公积——其他资本公积 　贷：投资收益

项目七 固定资产

📖 学习目标

◆ 知识目标 ◆

1. 明确固定资产概念、分类、计价和核算账户；

2. 理解固定资产的确认条件；

3. 了解固定资产折旧的概念、影响因素和折旧范围；

4. 熟悉固定资产后续支出的内容；

5. 理解固定资产减值的迹象、计量和确认。

◆ 技能目标 ◆

1. 能进行外购、自行建造、接受投资和接受捐赠固定资产的核算；

2. 能进行固定资产折旧的计算与核算；

3. 能进行固定资产修理、改扩建或改良、装修等后续支出的核算；

4. 能进行固定资产减值的核算；

5. 能进行固定资产处置、报废、毁损的核算；

6. 能进行固定资产清理的核算。

◆ 素养目标 ◆

1. 培养学生具有劳模精神、工匠精神和诚实守信的职业素养；

2. 能严格按照《企业会计准则第4号——固定资产》《企业会计准则第8号——资产减值》等政策法规要求规范操作；

3. 保持对新知识、新技能的学习热情，不断提升自身的专业素养和综合能力；

项目七 课程思政
教学案例

4. 勇于创新，积极探索固定资产管理的新方法和新技术，提高管理效率和水平。

📖 案例导入

2019年4月23日，财政部、税务总局发布《关于扩大固定资产加速折旧优惠政策适用范围的公告》，将固定资产加速折旧优惠的行业范围扩大至全部制造业。制造业在国民经济体系中影响大，对产业结构升级、增加就业等带动作用明显。通过实施加速折旧政策，能够直接或间接带动固定资产投资的大幅增长，加速产业升级，增强经济发展的后劲和活力，实现提质增效升级和持续稳定增长。加速折旧法，是指按照税法规定准予采取缩短折旧年限、提高折旧率的办法，加快折旧速度，减少应纳税所得额的一种税收优惠措施。所以，这个政策的实施可以使制造业的折旧费提前收回，减少了所得税开支，可以增强公司未来竞争和融资能力，支持了制造业企业加快技术改造和设备更新，有利于从制造大国向制造强国转变，推动我国产业结构大调整。

思考：固定资产为什么要计提折旧？请比较固定资产折旧的平均年限法和加速折旧法。

📖 项目导图

本项目内容结构如图 7-1 所示。

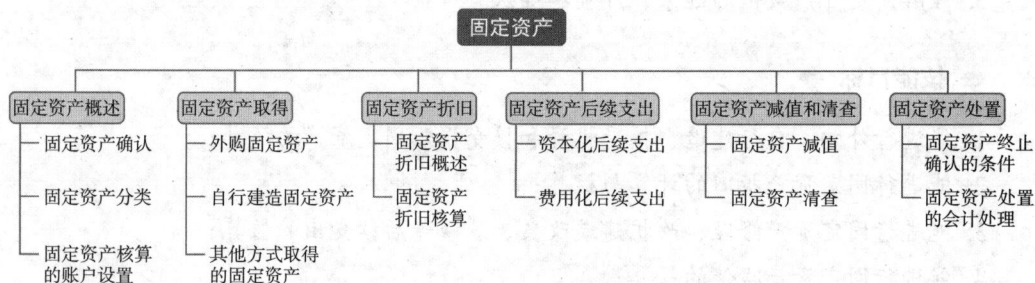

图 7-1　项目七的内容结构

📖 项目实施

任务一　固定资产概述

一、固定资产确认

（一）固定资产的定义

固定资产是指企业为生产商品、提供劳务、出租或经营管理而持有的，且使用寿命超过一个会计年度的有形资产。

固定资产具有以下三个特征。

（1）为生产商品、提供劳务、出租或经营管理而持有，即企业持有的固定资产是企业的劳动工具或手段，而不是用于出售的产品。其中，"出租"的固定资产是指以经营租赁方式出租的机器设备类固定资产，而不是以经营租赁方式出租的房屋建筑物，后者属于投资性房地产（参见项目九中的相关内容）。

（2）使用寿命超过一个会计年度。这一特征表明固定资产属于非流动资产，其给企业带来经济利益的期限超过一年。固定资产的使用寿命是指企业使用固定资产的预计期间，或者该固定资产所能生产产品或提供劳务的数量。通常情况下，固定资产的使用寿命是指固定资产的预计期间，如自用房屋建筑物的使用寿命表现为企业对该建筑物的预计使用年限。对于某些机器设备或运输设备等固定资产，其使用寿命表现为该固定资产所能生产产品或提供劳务的数量。例如，汽车或飞机等，按其预计行驶或飞行里程估计使用寿命。

（3）属于有形资产。这一特征将固定资产与无形资产区别开来。有些无形资产可能同时符合固定资产的其他特征，如无形资产为生产商品、提供劳务而持有，使用寿命超过一个会计年度，但是，由于其没有实物形态，所以不属于固定资产。

（二）固定资产的确认条件

固定资产在符合固定资产定义的前提下，还应当满足以下两个条件，才能加以确认：

（1）与该固定资产有关的经济利益很可能流入企业，因此企业在确认固定资产时，需要判断与该项固定资产有关的经济利益是否很可能流入企业。实务中，主要是通过判断与该固定资产所有权相关的风险和报酬是否转移到了企业来确定。

（2）该固定资产的成本能够可靠地计量。成本能够可靠地计量是资产确认的一项基本条件。要确认固定资产，企业取得该固定资产所发生的支出必须能够可靠地计量。企业在确认固定资产成本时，有时需要根据所获得的最新资料，对固定资产的成本进行合理的估计。如果企业能够合理地估计出固定资产的成本，则视同固定资产的成本能够可靠地计量。

（三）固定资产确认条件的具体应用

企业由于安全或环保的要求购入设备等，虽然不能直接给企业带来未来经济利益，但有助于企业从其他相关资产的使用中获得未来经济利益或者获得更多的未来经济利益，也应确认为固定资产。如为净化环境或者满足国家有关排污标准的需要购置的环保设备，这些设备的使用虽然不会为企业带来直接的经济利益，但有助于企业提高对废水、废气、废渣的处理能力，有利于净化环境，企业为此将减少未来由于污染环境而需支付的环境治理费或者罚款，因此应将这些设备确认为固定资产。

构成固定资产的各组成部分，如果各自具有不同的使用寿命或者以不同的方式为企业提供经济利益，表明这些组成部分实际上是以独立的方式为企业提供经济利益，企业应将其各组成部分确认为单项固定资产。例如，飞机的引擎，如果其与飞机机身具有不同的使用寿命，则企业应当将其单独确认为一项固定资产。

二、固定资产分类

企业的固定资产种类繁多、规格不一，为了加强管理，便于组织会计核算，有必要对其进行科学、合理的分类。企业对固定资产通常作以下几种分类，如表 7-1 所示。

表 7-1　固定资产的分类

分类标准	具体分类
经济用途	生产经营用固定资产
	非生产经营用固定资产
使用情况	使用中的固定资产
	未使用固定资产
	不需用固定资产
所有权	自有固定资产
	租入固定资产
综合分类	生产经营用固定资产
	非生产经营用固定资产
	租出固定资产（经营租赁）
	不需用固定资产
	未使用固定资产
	土地（过去已估价入账）

由于企业的经营性质不同，经营规模各异，对固定资产的分类不可能完全一致。但实际工作中，企业大多采用综合分类的方法作为编制固定资产目录、进行固定资产核算的依据。

三、固定资产核算的账户设置

为了核算和监督固定资产取得、计提折旧、处置等业务，企业一般需要设置"固定资产""累计折旧""工程物资""在建工程""固定资产清理"等账户。

（一）"固定资产"账户

"固定资产"账户属于资产类账户，核算企业持有的固定资产原价。建造承包商的临时设施，以及企业购置计算机硬件所附带的、未单独计价的软件，也通过该账户核算。借方登记企业增加的固定资产原价，贷方登记企业减少的固定资产原价，期末借方余额反映企业实有固定资产的原价。

企业应当设置"固定资产登记簿"和"固定资产卡片"，按固定资产类别、使用部门和每项固定资产进行明细核算。

（二）"累计折旧"账户

"累计折旧"账户属于资产类账户，是"固定资产"账户的备抵调整账户，核算企业固定资产的累计折旧。其贷方登记计提的折旧额，借方登记因固定资产减少而转出的折旧额，期末贷方余额反映企业实有固定资产的累计折旧额。该账户可按固定资产的类别或项目进行明细核算。

（三）"在建工程"账户

"在建工程"账户属于资产类账户，核算企业基建、更新改造等在建工程发生的支出。借方登记企业各项在建工程的实际支出，贷方登记工程完工交付使用而结转的实际工程成本，期末借方余额反映企业尚未达到预定可使用状态的在建工程的成本。该账户应按"建筑工程""安装工程""在安装设备""待摊支出"及单项工程等进行明细核算。

（四）"工程物资"账户

"工程物资"账户属于资产类账户，核算企业为在建工程准备的各种物资的实际成本。企业购入的不需要安装的设备，应当在"固定资产"账户核算，不在本账户核算。本账户借方登记购入工程物资的实际成本，贷方登记工程领用的工程物资等。期末借方余额反映企业为在建工程准备的各种物资的成本。该账户可按"专用材料""专用设备"等进行明细核算。

（五）"固定资产清理"账户

"固定资产清理"账户属于资产类账户，借方登记固定资产转入清理的账面价值、支付的清理费用及相关税费等，贷方登记固定资产清理取得的变价收入以及由保险公司或过失人承担的赔偿款项等，期末借方余额反映企业尚未清理完毕的固定资产清理净损失，期末贷方余额反映企业尚未清理完毕的固定资产清理净收益。

此外，企业固定资产、在建工程、工程物资发生减值的，还应当设置"固定资产减值准备""在建工程减值准备""工程物资减值准备"等账户进行核算。

任务二　固定资产取得

固定资产应当按照成本进行初始计量。固定资产的成本，是指企业购置某项固定资产达到预定可使用状态前所发生的一切合理、必要的支出。这些支出包括直接发生的价款、相关税费（不包括允许抵扣的增值税进项税额）、运杂费、包装费和安装成本等，也包括间接发生的支出，如应承担的借款利息、外币借款折算差额以及应分摊的其他间接费用。

企业取得固定资产的方式一般包括购买、自行建造等。固定资产的取得方式不同，初始计量的方法也各不相同。

一、外购固定资产

企业外购固定资产的成本，包括购买价款、相关税费、使固定资产达到预定可使用状态前所发生的可归属于该项资产的运输费、装卸费、安装费和专业人员服务费等。其中，相关税费包括企业为取得固定资产而缴纳的契税、耕地占用税、车辆购置税等相关税费，不包括可以抵扣的增值税。

（一）购入不需要安装的固定资产

企业购入不需要安装的固定资产，应按实际支付的归属该项固定资产的成本，借记"固定资产"账户，按可抵扣的增值税进项税额，借记"应交税费——应交增值税（进项税额）"账户，按应付或实际支付的金额，贷记"银行存款""应付账款""应付票据""长期应付款"等账户。

【例7-1】顺达公司于2×24年4月6日从上海机械厂购入不需要安装即可投入使用的设备一台。增值税专用发票注明的设备价款为50 000元，增值税税额为6 500元。价税款均以银行存款支付。

顺达公司的账务处理如下。

借：固定资产　　　　　　　　　　　　　　　　　　50 000
　　应交税费——应交增值税（进项税额）　　　　　6 500
　　贷：银行存款　　　　　　　　　　　　　　　　　　56 500

（二）购入需要安装的固定资产

购入需要安装的固定资产是指购入的固定资产需要经过安装以后才能交付使用。其成本应在取得成本的基础上加上安装调试成本等，作为固定资产的入账成本。先通过"在建工程"账户归集其成本，等达到预定可使用状态时，再由"在建工程"账户转入"固定资产"账户。

【例7-2】承接【例7-1】，若该机器设备需要安装，安装时领用工程物资3 000元，应付安装人员的工资5 000元，安装完毕，经验收合格交付使用。顺达公司的账务处理如下。

（1）购买时，支付设备价款、增值税、运输费。

借：在建工程　　　　　　　　　　　　　　　　　　50 000
　　应交税费——应交增值税（进项税额）　　　　　6 500
　　贷：银行存款　　　　　　　　　　　　　　　　　　56 500

（2）安装时，领用材料、支付工人工资。

借：在建工程　　　　　　　　　　　　　　　　　　8 000
　　贷：工程物资　　　　　　　　　　　　　　　　　　3 000
　　　　应付职工薪酬——职工工资　　　　　　　　　　5 000

（3）交付使用时。

借：固定资产　　　　　　　　　　　　　　　　　　58 000

　　　　贷：在建工程　　　　　　　　　　　　　　　　　　58 000

　　【例 7-3】2×24 年 5 月 10 日，顺达公司购入需要安装的生产设备一台，取得的增值税专用发票上注明的设备价款为 200 000 元，增值税税额为 26 000。当日，设备运抵并开始安装。为安装设备，领用本公司原材料一批，价值 30 000 元，该批材料购进时支付的增值税进项税额为 3 900 元；以银行存款支付安装费，取得的增值税专用发票上注明的安装费为 20 000 元，增值税税额为 2 600 元。2×24 年 5 月 15 日，该设备经调试达到预定可使用状态。顺达公司的账务处理如下。

　　（1）5 月 10 日购入设备时。

　　借：在建工程——××设备　　　　　　　　　　　200 000
　　　　应交税费——应交增值税（进项税额）　　　　　 26 000
　　　　贷：银行存款　　　　　　　　　　　　　　　　　　226 000

　　（2）领用本公司原材料、支付安装费时。

　　借：在建工程——××设备　　　　　　　　　　　 50 000
　　　　应交税费——应交增值税（进项税额）　　　　　　2 600
　　　　贷：银行存款　　　　　　　　　　　　　　　　　　 22 600
　　　　　　原材料　　　　　　　　　　　　　　　　　　　 30 000

　　（3）5 月 15 日，该设备经调试达到预定可使用状态时。

　　借：固定资产　　　　　　　　　　　　　　　　　 250 000
　　　　贷：在建工程——××设备　　　　　　　　　　　　250 000

（三）外购多项没有单独标价的固定资产

　　在实际工作中，企业可能以一笔款项购入多项没有单独标价的固定资产。此时，应当按照各项固定资产的公允价值比例对总成本进行分配，分别确定各项固定资产的成本。

　　【例 7-4】顺达公司于 2×24 年 4 月 10 日从甲公司购入了 A、B 两套设备，取得的增值税专用发票上注明的设备总价款为 420 000 元，增值税税额为 54 600 元，甲公司免费送达，设备不需要安装即可使用。经评估，设备 A 的公允价值为 280 000 元，设备 B 的公允价值为 140 000 元。假定不考虑其他相关税费。顺达公司的账务处理如下。

　　（1）确定计入固定资产成本的入账金额：420 000 元。

　　（2）确定设备 A、B 分配的固定资产比例。

　　280 000÷（280 000+140 000）=2/3

　　140 000÷（280 000+140 000）=1/3

　　（3）确定设备 A、B 的入账价值。

　　A 设备：420 000×2/3=280 000（元）

　　B 设备：420 000×1/3=140 000（元）

　　（4）会计分录。

　　借：固定资产——A 设备　　　　　　　　　　　　280 000

——B 设备	140 000
应交税费——应交增值税（进项税额）	54 600
贷：银行存款	474 600

二、自行建造固定资产

自行建造的固定资产，其成本由建造该项固定资产达到预定可使用状态前所发生的必要支出构成，包括工程用物资成本、人工成本、缴纳的相关税费，应予资本化的借款费用，以及应分摊的间接费用等。

企业自行建造固定资产包括自营建造和出包建造两种方式。

（一）自营方式建造固定资产

1. 采购工程所需物资

购入为工程准备的物资时，借记"工程物资""应交税费——应交增值税（进项税额）"账户，贷记"银行存款"等账户。

2. 工程发生的各项支出

领用工程物资时，借记"在建工程"账户，贷记"工程物资"账户。工程完工后，剩余的工程物资转为企业存货的，借记"原材料"等账户，贷记"工程物资"账户。领用本企业原材料或生产的商品时，借记"在建工程"账户，贷记"原材料""库存商品"等账户。在建工程发生的工程人员工资等费用，借记"在建工程"账户，贷记"应付职工薪酬"等账户。辅助生产部门为工程提供的水、电、设备安装、修理、运输等劳务，借记"在建工程"账户，贷记"生产成本——辅助生产成本"等账户。

在建工程发生的借款费用满足借款费用资本化条件的，借记"在建工程"账户，贷记"长期借款""应付利息"等账户。

3. 工程完工，达到预定可使用状态

在建工程完工，达到预定可使用状态时，按其成本借记"固定资产"账户，贷记"在建工程"账户。

📝 知识拓展

建造的固定资产已达到预定可使用状态，但尚未办理竣工结算的，应当自达到预定可使用状态之日起，根据工程预算、造价或者工程实际成本等，按暂估价转入固定资产，并按有关计提固定资产折旧的规定，计提固定资产折旧。待办理竣工决算手续后再调整原来的暂估价，但不需要调整原已计提的折旧额。

【例 7-5】2×24 年 4 月 18 日，顺达公司自行建造仓库一座，购入为工程准备的各种物资，取得的增值税专用发票上注明的物资价款为 200 000 元，增值税税额 26 000 元，款项已经通过银行支付；公司实际领用物资 90%，剩余物资转作企业的存货；另外还领用企业生产用的原材料一批，实际成本为 30 000 元，该批材料购进时支付的增值税进项税额为 3 900 元；分配工程人员的工资 50 000 元，企业辅助生产车间为工程提供有关劳务支出 10 000 元，工程完工交付使用。顺达公司的账务处理如下。

（1）购入为工程准备的物资。

借：工程物资　　　　　　　　　　　　　　200 000

　　应交税费——应交增值税（进项税额）　26 000

　　　贷：银行存款　　　　　　　　　　　　　　　226 000

（2）工程领用物资。

借：在建工程——仓库　　　　　　　　　　180 000

　　　贷：工程物资　　　　　　　　　　　　　　　180 000

（3）工程领用原材料。

借：在建工程——仓库　　　　　　　　　　30 000

　　　贷：原材料　　　　　　　　　　　　　　　　30 000

（4）分配工程人员工资。

借：在建工程——仓库　　　　　　　　　　50 000

　　　贷：应付职工薪酬——职工工资　　　　　　　50 000

（5）辅助生产车间为工程提供的劳务支出。

借：在建工程——仓库　　　　　　　　　　10 000

　　　贷：生产成本——辅助生产成本　　　　　　　10 000

（6）工程完工交付使用。

借：固定资产　　　　　　　　　　　　　　270 000

　　　贷：在建工程——仓库　　　　　　　　　　　270 000

（7）剩余工程物资转作存货。

借：原材料　　　　　　　　　　　　　　　20 000

　　　贷：工程物资　　　　　　　　　　　　　　　20 000

（二）出包方式建造固定资产

采用出包方式建造固定资产，企业要与建造承包商签订建造合同。企业的新建、改建、扩建等建设项目，通常均采用出包方式。

企业以出包方式建造固定资产，其成本由建造该项固定资产达到预定可使用状态前所发生的必要支出构成。

以出包方式建造固定资产的具体支出，由建造承包商核算，"在建工程"账户实际成为企业与建造承包商的结算账户，企业将与建造承包商结算的工程价款作为工程成本，统一通过"在建工程"账户进行核算。

【例 7-6】顺达公司将一幢厂房的建造工程出包给宏泰公司承建，按合理估计的发包工程进度和合同规定向宏泰公司结算进度款并取得宏泰公司开具的增值税专用发票，注明工程款 720 000 元，增值税税额 64 800 元，工程完工后，收到宏泰公司有关工程结算单据，补付工程款并取得增值税专用发票，注明工程款 480 000 元，增值税税额 43 200

元，工程完工并达到预定可使用状态。顺达公司的账务处理如下。

（1）按合理估计的发包工程进度和合同规定结算进度款。

借：在建工程　　　　　　　　　　　　　　720 000

　　应交税费——应交增值税（进项税额）　　64 800

　　　贷：银行存款　　　　　　　　　　　　　　784 800

（2）补付工程款。

借：在建工程　　　　　　　　　　　　　　480 000

　　应交税费——应交增值税（进项税额）　　43 200

　　　贷：银行存款　　　　　　　　　　　　　　523 200

（3）工程完工并达到预定可使用状态。

借：固定资产　　　　　　　　　　　　　1 200 000

　　　贷：在建工程　　　　　　　　　　　　　1 200 000

三、其他方式取得的固定资产

（一）投资者投入固定资产

接受固定资产投资的企业，在办理了固定资产移交手续之后，应将投资合同或协议约定的价值加上应支付的相关税费作为固定资产的入账价值，但合同或协议约定价值不公允的除外。

（二）非货币性资产交换、债务重组等方式取得的固定资产

非货币性资产交换、债务重组等方式取得的固定资产的成本，应当按照《企业会计准则第 7 号——非货币性资产交换》《企业会计准则第 12 号——债务重组》的有关规定进行会计处理。

【知识归纳】固定资产取得业务的账务处理如表 7-2 所示。

表 7-2　固定资产取得业务的账务处理

业务内容		账务处理
取得	不需安装	借：固定资产 　　应交税费——应交增值税（进项税额） 　　　贷：银行存款 / 应付账款 / 应付票据 / 长期应付款
	需要安装	借：在建工程 　　应交税费——应交增值税（进项税额） 　　　贷：银行存款 / 应付账款 / 应付票据 / 长期应付款 借：在建工程 　　　贷：银行存款等（安装费） 借：固定资产 　　　贷：在建工程

续表

业务内容		账务处理
建造	自营	借：工程物资 　　应交税费——应交增值税（进项税额） 　　贷：银行存款／应付账款／应付票据／长期应付款 借：在建工程 　　贷：工程物资 借：在建工程 　　贷：原材料 借：在建工程 　　贷：应付职工薪酬（支付工程人员工资） 　　　　生产成本——辅助生产成本等（工程耗用辅助生产部门成本费用等） 　　　　长期借款（按资本化金额计提工程借款利息） 　　　　银行存款（发生的其他支出） 借：固定资产 　　贷：在建工程
	出包	借：在建工程 　　应交税费——应交增值税（进项税额） 　　贷：银行存款（预付工程款） 借：在建工程 　　应交税费——应交增值税（进项税额） 　　贷：银行存款（补付工程款） 借：固定资产 　　贷：在建工程

任务三　固定资产折旧

一、固定资产折旧概述

（一）固定资产折旧的概念

固定资产折旧是指在固定资产使用寿命内，按照确定的方法对应计折旧额进行系统分摊。其中，应计折旧额是指应当计提折旧的固定资产的原价扣除其预计净残值后的金额；已计提减值准备的固定资产，还应当扣除已计提的固定资产减值准备累计金额。

（二）影响固定资产折旧的因素

（1）固定资产原价。固定资产原价指固定资产的成本。

（2）预计净残值。预计净残值是指假定固定资产预计使用寿命已满并处于使用寿命终了时的预期状态，企业目前从该项资产处置中获得的扣除预计处置费用后的金额。预计净残值预期能够在固定资产使用寿命终了后收回，计算折旧时应将其扣除。

（3）固定资产减值准备。固定资产减值准备指固定资产已计提的固定资产减值准备累计金额。

（4）预计使用寿命。预计使用寿命是指企业使用固定资产的预计期间，或者该固定资产所能生产产品或提供劳务的数量。企业确定固定资产使用寿命时，应当考虑下列因素：

①该项资产的预计生产能力或实物产量。

②该项资产预计有形损耗，如设备使用中发生磨损、房屋等建筑物受到自然侵蚀等。

③该项资产预计无形损耗，如因新技术的出现而使现有的资产技术水平相对较低、市场需求变化使其所生产的产品过时等。

④法律或类似规定对该项资产使用的限制。

企业应当根据固定资产的性质和使用情况，合理确定固定资产的使用寿命和预计净残值。固定资产的使用寿命、预计净残值一经确定，不得随意变更。

（三）固定资产折旧的范围

企业应当对所有固定资产计提折旧，但是以下情况除外：

（1）已提足折旧仍继续使用的固定资产。

（2）单独计价入账的土地。

📎 知识拓展

已达到预定可使用状态，但尚未办理竣工决算的固定资产，应当按照估计价值确定其成本，并计提折旧；待办理竣工决算后再按实际成本调整原来的暂估价值，但不需要调整原已计提的折旧额。处于更新改造过程停止使用的固定资产，应将其账面价值转入在建工程，不再计提折旧。更新改造项目达到预定可使用状态转为固定资产后，再按照重新确定的使用寿命、预计净残值和折旧方法计提折旧。

二、固定资产折旧核算

（一）固定资产折旧的计算方法

企业应当根据与固定资产有关的经济利益的预期消耗方式，合理选择折旧方法。固定资产常用的折旧方法有年限平均法、工作量法、双倍余额递减法和年数总和法。企业选用的折旧方法，将影响固定资产使用寿命期间内不同时期的折旧费用，固定资产的折旧方法一经确定，不得随意变更。

1. 年限平均法

年限平均法又称直线法，是将固定资产的应计折旧额均衡地分摊到固定资产预计使用寿命内的一种方法。采用这种方法计算的每期折旧额是相等的。其计算公式如下：

固定资产年折旧额 =（原始价值－预计净残值）/ 预计使用年限

一定期间的固定资产应计折旧额与固定资产原值的比率称为固定资产折旧率。它反映一定期间固定资产价值的损耗程度，其计算公式为：

$$固定资产年折旧率 =（1-净残值率）/ 预定折旧年限 ×100\%$$

$$月折旧率 = 年折旧率 /12$$

$$预计净残值 = 净残值率 × 原值$$

$$月折旧额 = 固定资产原值 × 月折旧率$$

【例 7-7】顺达公司有厂房一幢，原值为 4 000 000 元，预计使用年限 15 年，预计净残值率 3%，假设该企业没有为该厂房计提减值准备，该厂房的折旧率和折旧额计算如下。

$$年折旧率 =（1-3\%）÷ 15 ×100\%=6.5\%$$

$$月折旧率 =6.5\% ÷ 12=0.5\%$$

$$月折旧额 =4 000 000 × 0.5\%=20 000（元）$$

2. 工作量法

工作量法是根据实际工作量计算每期应计提折旧额的一种方法。其计算公式如下。

$$单位工作量折旧额 = 固定资产原值 ×（1-预计净残值率）/ 预计工作总量$$

$$某项固定资产月折旧额 = 该项固定资产当月工作量 × 单位工作量折旧额$$

【例 7-8】顺达公司有货运卡车一辆，原值为 100 000 元，预计净残值率为 5%，预计总行驶里程为 500 000 千米，当月行驶里程为 5 000 千米，其折旧额计算如下。

$$单位里程折旧额 =100 000 ×（1-5\%）/500 000=0.19（元 / 千米）$$

$$本月折旧额 =5 000 × 0.19=950（元）$$

3. 双倍余额递减法

双倍余额递减法是指在不考虑固定资产预计净残值的情况下，按每期初固定资产账面净值和双倍直线折旧率计算固定资产折旧的一种方法。

应用这种方法计算折旧额时，由于每年初固定资产净值没有扣除预计净残值，所以在计算固定资产折旧额时，应在其折旧年限到期前两年内，将固定资产净值扣除预计净残值后的余额平均摊销。其计算公式为：

$$年折旧率 =2/ 折旧年限 ×100\%$$

$$月折旧率 = 年折旧率 ÷12$$

$$月折旧额 =（固定资产原价-累计折旧）× 月折旧率$$

【例 7-9】2×24 年 12 月，顺达公司购入设备一台，该设备原值为 36 000 元，规定的使用年限为 5 年，预计净残值为 800 元，假设该公司没有为这台设备计提减值准备，使用双倍余额递减法，其每年应计提折旧额计算如表 7-3 所示。

表 7-3　双倍余额递减法下固定资产折旧计算

年份	年初固定资产净值	折旧率	折旧额	年末固定资产净值
第一年	36 000 元	40%	36 000 × 40%=14 400（元）	36 000-14 400=21 600（元）

年份	年初固定资产净值	折旧率	折旧额	年末固定资产净值
第二年	21 600 元	40%	21 600×40%=8 640（元）	21 600−8 640=12 960（元）
第三年	12 960 元	40%	12 960×40%=5 184（元）	12 960−5 184=7 776（元）
第四年	7 776 元	—	（7 776−800）/2=3 488（元）	7 776−3 488=4 288（元）
第五年	4 288 元	—	（7 776−800）/2=3 488（元）	800 元

4. 年数总和法

年数总和法又称年限合计法，是指将固定资产的原价减去预计净残值后的余额乘以一个逐年递减的分数，是计算每年折旧额的方法。这个分数的分子代表固定资产尚可使用年数，分母代表预计使用寿命逐年数字之和。其计算公式如下。

$$年折旧率 = 尚可使用年限 / 预计使用年限的年数总和$$

$$月折旧率 = 年折旧率 /12$$

$$月折旧额 = 固定资产应计提折旧总额 × 月折旧率$$

$$= （固定资产原值 − 预计净残值）× 月折旧率$$

【例 7-10】顺达公司在 2×24 年 1 月购入一辆汽车，入账价值 320 000 元，预计使用年限 5 年，预计净残值 20 000 元，采用年数总和法计提折旧，其每年应计提折旧额计算如表 7-4 所示。

表 7-4　年数总和法下固定资产折旧计算

年份	折旧率	折旧额	账面净值
第一年	5/15	（320 000−20 000）×5/15=100 000（元）	320 000−100 000=220 000（元）
第二年	4/15	（320 000−20 000）×4/15=80 000（元）	220 000−80 000=140 000（元）
第三年	3/15	（320 000−20 000）×3/15=60 000（元）	140 000−60 000=80 000（元）
第四年	2/15	（320 000−20 000）×2/15=40 000（元）	80 000−40 000=40 000（元）
第五年	1/15	（320 000−20 000）×1/15=20 000（元）	40 000−20 000=20 000（元）

知识拓展

双倍余额递减法和年数总和法都属于加速折旧法，其特点是在固定资产使用的早期多提折旧，后期少提折旧，目的是使固定资产成本在估计使用寿命内加快得到补偿。

（二）固定资产折旧的账务处理

固定资产应当按月计提折旧，当月增加的固定资产，当月不再计提折旧，从下月起计提折旧；当月减少的固定资产，当月仍计提折旧，从下月起不计提折旧。

当月应计提折旧额 = 上月计提的折旧额 + 上月增加固定资产应计提的折旧额 − 上月减少固定资产应计提的折旧额

　　企业计提的固定资产折旧，应当根据用途计入相关资产的成本或者当期损益。基本生产车间使用的固定资产，其计提的折旧应计入制造费用；管理部门使用的固定资产，计提的折旧应计入管理费用；销售部门使用的固定资产，计提的折旧应计入销售费用；未使用固定资产，其计提的折旧应计入管理费用；经营租出的固定资产，其计提的折旧应计入其他业务成本等。

　　【例 7-11】顺达公司 2×24 年 6 月 30 日编制的"固定资产折旧计算表"如表 7-5 所示。

表 7-5　固定资产折旧计算表

单位：元

使用部门	上月折旧额	上月增加固定资产应计提折旧额	上月减少固定资产应计提折旧额	本月应计提折旧额
生产车间	60 000	3 000	1 000	62 000
管理部门	30 000	7 500		37 500
销售部门	20 000		3 000	17 000
经营租出	7 000			7 000
合计	117 000	10 500	4 000	123 500

　　顺达公司的账务处理如下。

　　借：制造费用　　　　　　　　　　62 000
　　　　管理费用　　　　　　　　　　37 500
　　　　销售费用　　　　　　　　　　17 000
　　　　其他业务成本　　　　　　　　 7 000
　　　　贷：累计折旧　　　　　　　　　　123 500

（三）固定资产使用寿命、预计净残值和折旧方法的复核

　　企业至少应当于每年年度终了，对固定资产的使用寿命、预计净残值和折旧方法进行复核。使用寿命预计数与原先估计数有差异的，应当调整固定资产使用寿命。预计净残值预计数与原先估计数有差异的，应当调整预计净残值。与固定资产有关的经济利益预期实现方式有重大改变的，应当改变固定资产折旧方法。固定资产使用寿命、预计净残值和折旧方法的改变应当作为会计估计变更。对固定资产使用寿命、预计净残值和折旧方法的恰当调整，可以使固定资产信息更加真实，也更有助于会计信息使用者作出正确的经济决策。

任务四　固定资产后续支出

固定资产后续支出是指固定资产使用过程中发生的更新改造支出、修理费用等。企业的固定资产在投入使用后，为了适应新技术发展的需要，或者为维护或提高固定资产的使用效能，往往需要对现有固定资产进行维护、改建、扩建或者改良。

固定资产后续支出

后续支出的处理原则：符合固定资产确认条件的，应当计入固定资产成本，同时将被替换部分的账面价值扣除；不符合固定资产确认条件的，应当计入当期损益。

一、资本化后续支出

固定资产发生的可资本化的后续支出，应当通过"在建工程"账户核算。固定资产发生可资本化的后续支出时，应停止对该固定资产计提折旧，将固定资产的账面价值（固定资产原价扣除累计折旧和固定资产减值准备后的金额）转入在建工程，借记"在建工程""累计折旧""固定资产减值准备"账户，贷记"固定资产"账户。发生的可资本化的后续支出，借记"在建工程"账户，贷记"银行存款"等账户。固定资产发生的后续支出完工并达到预定可使用状态时，再从"在建工程"账户转到"固定资产"账户，并按重新确定的固定资产原价、使用寿命、预计净残值和折旧方法计提折旧。

【例 7-12】2×24 年 9 月 30 日，甲公司一台挖掘机出现故障，经检修发现发动机磨损严重，决定更换。该挖掘机购买于 2×20 年 9 月 30 日，甲公司已将其整体作为一项固定资产进行了确认，原价 300 000 元（其中发动机在 2×20 年 9 月 30 日的市场价格为 80 000 元），预计净残值为 0，预计使用年限为 10 年，采用平均年限法计提折旧。为继续使用该挖掘机并提高工作效率，甲公司决定对其进行改造，为此于 2×24 年 10 月 2 日购买了一台新的发动机代替原发动机。新发动机的价款为 85 000 元，增值税税额为 11 050 元，款项已通过银行支付；改造过程中，辅助生产部门发生了劳务支出 13 000 元。假定原发动机磨损严重，回收价格为 500 元，以现金收回。不考虑其他相关税费，甲公司的账务处理如下。

（1）2×24 年 9 月 30 日，将挖掘机的账面价值转入在建工程。

挖掘机的累计折旧额 =300 000÷10×4=120 000（元）

借：在建工程——挖掘机　　　　　　　　　　180 000

　　累计折旧　　　　　　　　　　　　　　　120 000

　　　贷：固定资产——挖掘机　　　　　　　　　　300 000

（2）2×24 年 9 月 30 日，转销旧发动机的账面价值。

旧发动机的账面价值 =80 000－80 000÷10×4=48 000（元）

借：库存现金　　　　　　　　　　　　　　　　500

　　营业外支出　　　　　　　　　　　　　　47 500

贷：在建工程	48 000

（3）2×24年10月2日购买新的发动机。

借：工程物资	85 000
应交税费——应交增值税（进项税额）	11 050
贷：银行存款	96 050

（4）2×24年10月安装新的发动机。

借：在建工程——挖掘机	98 000
贷：工程物资	85 000
生产成本——辅助生产成本	13 000

（5）安装完毕，达到预定可使用状态投入使用。

借：固定资产——挖掘机	230 000
贷：在建工程——挖掘机	230 000

✎ 知识拓展

　　企业发生的某些固定资产后续支出可能涉及替换原固定资产的某组成部分，当发生的后续支出符合固定资产确认条件时，应将其计入固定资产成本，同时将被替换部分的账面价值扣除，以避免将替换部分的成本和被替换部分的成本同时计入固定资产成本，导致固定资产成本重复计算。

二、费用化后续支出

　　一般情况下，固定资产投入使用后，由于固定资产磨损、各组成部分耐用程度不同，可能导致固定资产的局部损坏，为了维护固定资产的正常运转和使用，充分发挥其使用效能，企业会对固定资产进行必要的维护。

　　固定资产日常维护支出通常不满足固定资产的确认条件，应在发生时直接计入当期损益。企业生产车间、行政管理部门等发生的固定资产修理费用等后续支出计入管理费用；企业专设销售机构的，其发生的与专设销售机构相关的固定资产修理费用等后续支出，计入销售费用。固定资产更新改造支出不满足固定资产确认条件的，也应在发生时直接计入当期损益。

　　【例7-13】2×23年7月8日，顺达公司对生产车间使用的设备进行日常修理，发生维修费并取得增值税专用发票，注明修理费30 000元，增值税税额3 900元，款项以银行存款支付。顺达公司的账务处理如下。

借：管理费用	30 000
应交税费——应交增值税（进项税额）	3 900
贷：银行存款	33 900

　　【知识归纳】固定资产后续支出的账务处理如表7-6所示。

表 7-6 固定资产后续支出的账务处理

业务内容	账务处理
资本化后续支出	借：在建工程 　　累计折旧 　　贷：固定资产 借：营业外支出（被替换部分账面价值扣除） 　　贷：在建工程 借：工程物资 　　应交税费——应交增值税（进项税额） 　　贷：银行存款
	借：在建工程 　　贷：工程物资 　　　　生产成本——辅助生产成本 借：固定资产 　　贷：在建工程
费用化后续支出	借：管理费用 　　销售费用 　　贷：银行存款 / 原材料 / 应付职工薪酬等

任务五　固定资产减值和清查

一、固定资产减值

　　企业应当根据《企业会计准则第 8 号——资产减值》的规定在资产负债表日判断资产是否存在可能发生减值的迹象，当企业固定资产的可收回金额低于其账面价值时，即表明固定资产发生了减值，企业应当将该固定资产的账面价值减记至可收回金额，减记的金额确认为资产减值损失，计入当期损益，同时计提相应的资产减值准备。其中，可收回金额是指公允价值减去处置费用后的净额与资产预计未来现金流量的现值两者中的较高者。

固定资产减值和清查

　　企业计提固定资产减值准备，应当通过"固定资产减值准备"账户核算。"固定资产减值准备"账户属于资产类账户，也是"固定资产"账户的备抵调整账户。贷方登记计提的固定资产减值准备，借方登记出售、报废、毁损等转销的固定资产减值准备，期末贷方余额反映企业已提取的固定资产减值准备。

　　当固定资产可收回金额低于其账面价值，发生减值时，借记"资产减值损失——计提的固定资产减值准备"账户，贷记"固定资产减值准备"账户。

　　固定资产减值损失一经确认，在以后会计期间不得转回，但出售、报废、对外投资、抵偿债务等处置时，可以转销。

固定资产减值损失确认后，应当在剩余使用寿命内按照调整后的固定资产账面价值和预计净残值重新计算折旧率和折旧额。

✎ **知识拓展**

在建工程、工程物资等发生减值的，可以单独设置"在建工程减值准备""工程物资减值准备"账户，比照"固定资产减值准备"账户进行处理。

【例7-14】2×20年12月31日，顺达公司购入的WYJ生产设备原价510 000元，预计使用年限10年，净残值为10 000元，采用平均年限法计提折旧，已计提折旧2年，累计折旧为100 000元。2×23年12月31日，公司组织有关人员对固定资产进行减值测试，WYJ设备由于生产的产品不符合市场需求，产品定价较低，经认定，该设备估计可收回金额为310 000元，预计尚可使用年限为5年。顺达公司的账务处理如下。

（1）2×23年12月31日计提折旧。

借：制造费用　　　　　　　　　　　　　　50 000

　　贷：累计折旧　　　　　　　　　　　　　　50 000

（2）2×23年12月31日计提固定资产减值准备。

固定资产减值准备＝固定资产账面价值－预计可收回金额＝（510 000－50 000

×3）－310 000＝50 000（元）

借：资产减值损失　　　　　　　　　　　　50 000

　　贷：固定资产减值准备　　　　　　　　　　50 000

（3）2×24年12月31日计提折旧。

应提折旧额＝［（510 000－50 000×3－50 000）－10 000］÷5＝60 000（元）

借：制造费用　　　　　　　　　　　　　　60 000

　　贷：累计折旧　　　　　　　　　　　　　　60 000

二、固定资产清查

企业定期或者至少于每年末对固定资产进行清查盘点，以保证固定资产核算的真实性，充分挖掘企业现有固定资产的潜力。在固定资产清查过程中，如果发现盘盈、盘亏的固定资产，应填制"固定资产盘盈盘亏报告表"，并及时查明原因，按照规定程序报批，在期末结账前处理完毕。

（一）固定资产的盘盈

企业在财产清查中盘盈的固定资产，根据《企业会计准则第28号——会计政策、会计估计变更和差错更正》的规定，应作为前期差错进行处理。盘盈的固定资产，在报经批准前应先通过"以前年度损益调整"账户核算。其入账价值为：如果同类或类似固定资产存在活跃市场，按同类或类似固定资产市场价值，减去按该项固定资产的新旧程度估计的价值损耗后的余额，作为入账价值；如果同类或类似固定资产不存在活跃市场，按该项固定资产的预计未来现金流量的现值，作为入账价值。企业应按上述规定确定的入账价值，借记"固定资产"账户，贷记"以前年度损益调整"账户。

【例 7-15】顺达公司于 2×24 年 6 月 8 日对企业全部的固定资产进行盘查，盘盈一台 7 成新的机器设备，该设备同类产品市场价格为 100 000 元。假定顺达公司的所得税税率为 25%。顺达公司的账务处理如下。

（1）盘盈固定资产。

借：固定资产　　　　　　　　　　　　　　　　70 000
　　　贷：以前年度损益调整　　　　　　　　　　　　　70 000

（2）确定应交所得税。

借：以前年度损益调整　　　　　　　　　　　　17 500
　　　贷：应交税费——应交所得税　　　　　　　　　　17 500

（3）结转以前年度损益调整。

借：以前年度损益调整　　　　　　　　　　　　52 500
　　　贷：盈余公积　　　　　　　　　　　　　　　　　5 250
　　　　　利润分配——未分配利润　　　　　　　　　　47 250

✏ **知识拓展**

以前年度损益调整结转后，不需要调整以前年度的会计报表，仅调整本年度会计报表相关项目的年初数。

（二）固定资产的盘亏

固定资产盘亏造成的损失应计入当期损益。

在财产清查中盘亏的固定资产，在报经批准处理前，可先将其净值转入"待处理财产损溢"账户，待批准后再转入营业外支出项目。

【例 7-16】顺达公司年末财产清查时，盘亏机器一台，经查账面原价 12 000 元，增值税税额为 1 560 元，已提折旧 5 600 元，已提减值准备 2 000 元。

（1）盘亏固定资产。

借：待处理财产损溢——待处理固定资产损溢　　5 960
　　累计折旧　　　　　　　　　　　　　　　　5 600
　　固定资产减值准备　　　　　　　　　　　　2 000
　　　贷：固定资产　　　　　　　　　　　　　　　　　12 000
　　　　　应交税费——应交增值税（进项税额转出）　　1 560

（2）报经批准转销盘亏损失。

借：营业外支出——盘亏损失　　　　　　　　　5 960
　　　贷：待处理财产损溢——待处理固定资产损溢　　　5 960

【知识归纳】固定资产减值和清查的账务处理如表 7-7 所示。

表 7-7 固定资产减值和清查的账务处理

业务内容		账务处理
固定资产减值		借：资产减值损失 　　贷：固定资产减值准备
固定资产清查	盘盈	借：固定资产 　　贷：以前年度损溢调整 借：以前年度损溢调整 　　贷：应交税费——应交所得税 借：以前年度损溢调整 　　贷：盈余公积 　　　　利润分配——未分配利润
固定资产清查	盘亏	借：待处理财产损溢——待处理固定资产损溢 　　固定资产减值准备 　　累计折旧 　　贷：固定资产 　　　　应交税费——应交增值税（进项税额转出） 借：营业外支出——盘亏损失 　　贷：待处理财产损溢——待处理固定资产损溢

任务六　固定资产处置

一、固定资产终止确认的条件

固定资产处置包括固定资产的出售、转让、报废或毁损、对外投资等。

固定资产满足下列条件之一的，应当予以终止确认。

（1）该固定资产处于处置状态。处于处置状态的固定资产不再用于生产商品、提供劳务、出租或经营管理，因此不再符合固定资产的定义，应予终止确认。

（2）该固定资产预期通过使用或处置不能产生经济利益。固定资产的确认条件之一是"与该固定资产有关的经济利益很可能流入企业"，如果一项固定资产预期通过使用或处置不能产生经济利益，就不再符合固定资产的定义和确认条件，应予终止确认。

二、固定资产处置的会计处理

企业出售、转让、报废固定资产或发生固定资产毁损，应当将处置收入扣除账面价值和相关税费后的金额计入当期损益。固定资产的账面价值是固定资产成本扣除累计折旧和累计减值准备后的金额。固定资产处置一般通过"固定资产清理"科目进行核算。

（一）固定资产出售、报废或毁损的账务处理

1. 固定资产转入清理

固定资产转入清理时，按固定资产账面价值，借记"固定资产清理"账户；按已计提的累计折旧，借记"累计折旧"账户；按已计提的减值准备，借记"固定资产减值准备"账户；按固定资产原价，贷记"固定资产"账户。

2. 发生的清理费用

企业在固定资产清理过程中发生的相关税费及其他费用，应借记"固定资产清理"账户，贷记"银行存款""应交税费"等账户。

3. 出售收入、残料等的处理

企业收回出售固定资产的价款、残料价值和变价收入等，应冲减清理支出，借记"银行存款""原材料"等账户，贷记"固定资产清理""应交税费——应交增值税"等账户。

4. 保险赔偿的处理

企业计算或收到的应由保险公司或过失人赔偿的损失，应借记"其他应收款""银行存款"等账户，贷记"固定资产清理"账户。

5. 清理净损益的处理

固定资产清理完成后的清理净损益，依据固定资产处置方式的不同，分别适用不同的处理方法：

（1）因已丧失使用功能或因自然灾害发生毁损等而报废清理产生的利得或损失，应计入营业外收支。属于生产经营期间正常报废清理产生的处理净损失，应借记"营业外支出——处置非流动资产损失"账户，贷记"固定资产清理"账户；属于生产经营期间，自然灾害等非正常原因造成的净损失，借记"营业外支出——非常损失"账户，贷记"固定资产清理"账户；如为净收益，借记"固定资产清理"账户，贷记"营业外收入"账户。

（2）因出售、转让等产生的固定资产处置利得或损失，应计入资产处置损益。产生处置净损失的，借记"资产处置损益"账户，贷记"固定资产清理"账户；如为净收益，借记"固定资产清理"账户，贷记"资产处置损益"账户。

【例7-17】顺达公司2×23年8月31日出售多余设备一台，售价78 000元，增值税税率9%，增值税税额为7 020元，款项已存入银行。该设备原账面成本150 000元，已提折旧70 000元，用现金支付清理费用300元。顺达公司的账务处理如下。

（1）转销固定资产账面价值。

借：固定资产清理　　　　　　　　　　　　　　80 000

　　累计折旧　　　　　　　　　　　　　　　　70 000

　　　贷：固定资产　　　　　　　　　　　　　　　　150 000

（2）发生清理费用。

借：固定资产清理　　　　　　　　　　　　　300

　　贷：库存现金　　　　　　　　　　　　　　　300

（3）收到销售款。

借：银行存款　　　　　　　　　　　　　　85 020

　　贷：固定资产清理　　　　　　　　　　　　78 000

　　　　应交税费——应交增值税（销项税额）　　7 020

（4）结转出售固定资产的损失。

借：资产处置损益　　　　　　　　　　　　2 300

　　贷：固定资产清理　　　　　　　　　　　　2 300

【例7-18】顺达公司于2×20年1月10日购入A、B两台机器，原值分别为100 000元和120 000元，估计残值为原价的1%，估计使用5年，2×23年7月，A机器因技术原因决定不再使用，提前报废，报废时已提折旧69 300元，发生清理费用1 000元，残料变价收入800元，增值税税额104元。同年10月初，B机器因遭洪灾毁损，公司曾向保险公司投保，经保险公司现场勘查，确定赔偿25 000元，报废时账面累计折旧89 100元。假定顺达公司固定资产按直线法计提折旧。

顺达公司关于A机器的账务处理如下。

（1）A机器转销报废固定资产的账面价值。

借：固定资产清理　　　　　　　　　　　　30 700

　　累计折旧　　　　　　　　　　　　　　69 300

　　贷：固定资产　　　　　　　　　　　　　100 000

（2）取得变价收入时。

借：银行存款　　　　　　　　　　　　　　904

　　贷：固定资产清理　　　　　　　　　　　　800

　　　　应交税费——应交增值税（销项税额）　　104

（3）发生清理费用。

借：固定资产清理　　　　　　　　　　　　1 000

　　贷：银行存款　　　　　　　　　　　　　　1 000

（4）结转清理净损失。

借：营业外支出　　　　　　　　　　　　　30 900

　　贷：固定资产清理　　　　　　　　　　　　30 900

顺达公司关于B机器的账务处理如下。

（1）B机器转销毁损固定资产的账面价值。

借：固定资产清理　　　　　　　　　　　　30 900

　　累计折旧　　　　　　　　　　　　　　89 100

  贷：固定资产   120 000

（2）收到保险公司赔偿款。

  借：其他应收款——保险公司赔偿   25 000

    贷：固定资产清理   25 000

  借：银行存款   25 000

    贷：其他应收款——保险公司赔偿   25 000

（3）结转固定资产清理损益。

  借：营业外支出   5 900

    贷：固定资产清理   5 900

（二）其他方式减少的固定资产

  其他方式减少的固定资产，如以固定资产清偿债务、投资转出固定资产、以非货币性资产交换固定资产等，分别按照债务重组、非货币性资产交换等的处理原则进行核算。

  【知识归纳】固定资产处置的账务处理如表7-8所示。

表7-8 固定资产处置的账务处理

业务内容	账务处理

转入清理	借：固定资产清理（账面价值）
	  累计折旧
	  固定资产减值准备
	  贷：固定资产

发生清理费用	借：固定资产清理 贷：银行存款

收到出售款	借：银行存款
	  贷：固定资产清理
	    应交税费——应交增值税（销项税额）

保险赔款等	借：其他应收款 贷：固定资产清理

清理净损益	报废毁损计入营业外支出：
	借：营业外支出
	  贷：固定资产清理
	出售净损益计入资产处置损益：
	借：资产处置损益
	  贷：固定资产清理
	如为净收益，则相反

📖 学习目标

◆ 知识目标 ◆

1. 了解无形资产的定义和特征；
2. 理解无形资产的确认条件；
3. 熟悉无形资产的内容；
4. 了解其他资产的内容；
5. 掌握无形资产的核算要点。

◆ 技能目标 ◆

1. 能进行无形资产取得、摊销、减值和出售的账务处理；
2. 能运用所学知识根据原始凭证分析经济业务，熟练编制记账凭证，登记有关账户；
3. 掌握无形资产在资产负债表中的填列方法，能根据相关资料填列资产负债表中无形资产相关项目，提供企业有关无形资产方面的会计信息；
4. 能进行长期待摊费用和其他长期资产的核算。

◆ 素养目标 ◆

1. 培养学生具有劳模精神、工匠精神和诚实守信的职业素养；
2. 能严格按照《企业会计准则第 6 号——无形资产》《企业会计准则第 8 号——资产减值》等政策法规的要求规范操作；

项目八 课程思政
教学案例

3. 通过对无形资产及长期待摊费用相关知识的学习，学生能够认识到自己在维护知识产权市场正常秩序中的责任，具备社会使命感。

📖 案例导入

近年来，国家多次提高研发费用加计扣除比例，优惠力度迭代升级，对支持企业加大研发投入发挥了很好的政策导向作用。2008 年，国家将研发费用加计扣除政策以法律形式予以确认。2015 年，国家大幅放宽享受优惠的研发活动及研发费用的范围，并首次明确负面清单制度。2017 年，国家将科技型中小企业的加计扣除比例由 50% 提高到 75%。2018 年，国家将所有符合条件的行业的企业加计扣除比例由 50% 提高到 75%，并允许企业委托境外研发费用按规定在税前加计扣除。2021 年，国家将制造业企业加计扣除比例从 75% 提高到 100%，优化简化辅助账样式，首次允许企业 10 月预缴时提前对前三季度研发费用进行加计扣除。2022 年，国家将科技型中小企业加计扣除比例从 75% 提高到 100%，将其他企业第四季度加计扣除比例从 75% 提高到 100%，并允许企业在每年 10 月的申报期，就可以提前申报享受前三季度研发费用加计扣除的优惠。在此基础上，《财政部 税务总局关于进一步完善研发费用税前加计扣除政策的公告》规定，企业开展研发活动中实际发生的研发费用，未形成无形资产计入当期损益的，在按规定据实扣除的基础上，从 2023 年 1 月 1 日起，再按照实际发生额的 100% 在税前加计扣除；形成无形资产的，从 2023 年 1 月 1 日起，按照无形资产成本的 200% 在税前摊销。

资料来源：国家税务总局所得税司，科技部政策法规与创新体系建设司.研发费用加计扣除政策执行指引（2.0 版）[EB/OL].（2023-07）[2024-07-20]. https://www.gov.cn/lianbo/bumen/202307/P020230713310076885421.pdf.

思考：研发费用的发生一定能形成无形资产吗？研发费用加计扣除的增长对企业意味着什么？国家为什么这样做？

📖 项目导图

本项目的内容结构如图 8-1 所示。

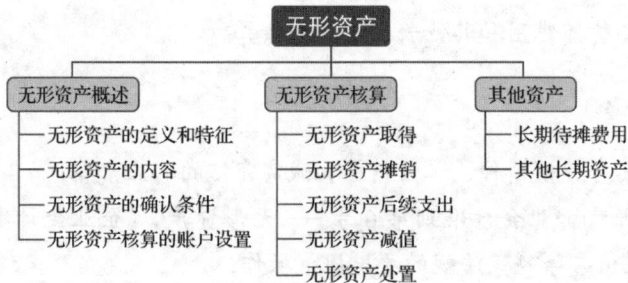

图 8-1　项目八的内容结构

📖 项目实施

任务一　无形资产概述

一、无形资产的定义和特征

无形资产是指企业拥有或者控制的没有实物形态的可辨认非货币性资产。无形资产具有以下特征：

（1）无形资产是企业拥有或控制的资产，能为企业带来未来经济利益。

（2）无形资产是不具有实物形态的非货币性资产，它不像固定资产、存货等资产，具有实物形态。

（3）无形资产具有可辨认性。资产满足下列条件之一的，符合无形资产定义中的可辨认性标准：

①能够从企业中分离或者划分出来，并能单独或者与相关合同、资产或负债一起，用于出售、转让、授予许可、租赁或者交换。

②源自合同性权利或其他法定权利，无论这些权利是否可以从企业或其他权利和义务中转移或者分离。

商誉由于无法与企业自身分离而存在，不具有可辨认性，不属于本项目所指的无形资产。

（4）无形资产属于非货币性资产，且能够在多个会计期间为企业带来经济利益。无形资产的使用年限在一年以上，其价值将在各个受益期间逐渐摊销。

二、无形资产的内容

无形资产通常包括专利权、非专利技术、商标权、著作权、特许权、土地使用权等。

（一）专利权

专利权，是指国家专利主管机关依法授予发明创造专利申请人，对其发明创造在法定期限内所享有的专有权利，包括发明专利权、实用新型专利权和外观设计专利权。发明专利权的期限为20年，实用新型专利权和外观设计专利权的期限为10年，均自申请日起计算。

（二）非专利技术

非专利技术，也称专有技术。它是指不为外界所知、在生产经营活动中已采用了的、不享有法律保护的、可以带来经济效益的各种技术和诀窍。非专利技术一般包括工业专有技术、商业贸易专有技术、管理专有技术等。

（三）商标权

商标是用来辨认特定的商品或劳务的标记。商标权指专门在某类指定的商品或产品上使用特定的名称或图案的权利。经商标局核准注册的商标为注册商标，注册商标的有效期为10年，自核准注册之日起计算。注册商标有效期满，需要继续使用的，应当在期满前6个月内申请续展注册；在此期间未能提出申请的，可以给予6个月的宽展期。宽展期满仍未提出申请的，注销其注册商标。每次续展注册的有效期为10年。

（四）著作权

著作权，又称版权，指作者对其创作的文学、科学和艺术作品依法享有的某些特殊权利。著作权包括作品署名权、发表权、修改权和保护作品完整权，还包括复制权、发行权、出租权、展览权、表演权、放映权、广播权、信息网络传播权、摄制权、改编权、翻译权、汇编权以及应当由著作权人享有的其他权利。

（五）特许权

特许权，又称经营特许权、专营权，指企业在某一地区经营或销售某种特定商品的权利或是一家企业接受另一家企业使用其商标、商号、技术秘密等的权利。特许权通常有两种形式：一种是由政府机构授权，准许企业使用或在一定地区享有经营某种业务的特权，如水、电、邮电通信等专营权、烟草专卖权等；另一种指企业间依照签订的合同，有限期或无限期使用另一家企业的某些权利，如连锁店分店使用总店的名称等。

（六）土地使用权

土地使用权，指国家准许某企业在一定期间内对国有土地享有开发、利用、经营的权利。根据我国土地管理法的规定，我国土地实行公有制，任何单位和个人不得侵占、买卖或者以其他形式非法转让。企业取得土地使用权的方式有行政划拨取得、外购取得（如以交纳土地出让金方式取得）及投资者投资取得。

📝 知识拓展

一是企业单独估计入账的土地应当作为固定资产核算。二是一般情况下，企业通过出让方式或购买方式取得土地使用权，作为无形资产核算；如果在该土地使用权上建造房屋，则该土地使用权应当单独作为无形资产核算。三是企业购入的土地使用权，改变用途，用于出租或资本增值，则应当作为投资性房地产核算。但是，房地产开发企业取得的土地使用权用于建造对外出售的房屋建筑物，相关的土地使用权应当计入所建造的房屋建筑物成本（开发成本）；如果是自用，并不是用于开发写字楼或商品房，则单独作为无形资产核算。

三、无形资产的确认条件

无形资产应当在符合定义的前提下，同时满足以下两个确认条件，才能予以确认。

（一）与该无形资产有关的经济利益很可能流入企业

作为无形资产确认的项目，必须满足其所产生的经济利益很可能流入企业这一条件。通常情况下，无形资产产生的未来经济利益可能包括在销售商品、提供劳务的收入当中，或者企业使用该项无形资产而减少或节约了成本，或者体现在获得的其他利益当中，如生产加工企业在生产工序中使用了某种知识产权，从而降低了未来生产成本。

会计实务中，要确定无形资产所创造的经济利益是否很可能流入企业，需要运用职业判断。在进行这种职业判断时，需要对无形资产在预计使用寿命内可能存在的各种经济因素作出合理估计，并且应当有确凿的证据支持，如企业是否有足够的人力资源、高素质的管理队伍、相关的硬件设备、相关的原材料等来配合无形资产为企业创造经济利益。同时，更为重要的是关注一些外界因素的影响，如是否存在与该无形资产相关的新技术、新产品冲击，或据其生产的产品是否存在市场等。在进行判断时，企业管理层应对在无形资产的预计使用寿命内存在的各种因素作出最稳健的估计。

（二）该无形资产的成本能够可靠地计量

成本能够可靠地计量是确认资产的一项基本条件，对于无形资产而言，这个条件显得更为重要。例如，企业内部产生的品牌、报刊名、刊头、客户名单和实质上类似项目的支出，由于不能与整个业务开发成本区分开来，成本无法可靠计量，不应确认为无形资产。

四、无形资产核算的账户设置

为了核算和监督无形资产的取得、摊销与处置等情况，企业应设置"无形资产""研发支出""累计摊销"等账户。

（一）"无形资产"账户

"无形资产"账户属于资产类账户，核算企业持有的无形资产成本。借方登记企业取得无形资产的成本，贷方登记企业出售、报废等转出无形资产的价值以及分期摊销的无形资产价值，期末借方余额反映企业已入账但尚未摊销的无形资产价值。该账户可按无形资产项目进行明细核算。

（二）"研发支出"账户

"研发支出"账户属于成本类账户，核算企业研究与开发无形资产的过程中发生的各项支出。借方登记企业自行开发无形资产发生的研发支出，贷方登记研究开发项目达到预定用途形成无形资产而转出的资本化研发支出或期末转入"管理费用"账户的费用化研发支出。期末借方余额反映企业正在进行的无形资产研究开发项目满足资本化条件的支出。本账户可按研究开发项目，设置"费用化支出""资本化支出"明细账户，分别进行核算。

（三）"累计摊销"账户

"累计摊销"账户属于资产类账户，是"无形资产"账户的备抵调整账户，核算企业对使用寿命有限的无形资产计提的累计摊销。贷方登记企业计提的无形资产摊销额，借方登记处置无形资产转出的累计摊销额，期末贷方余额反映企业结存的无形资产累计摊销额。该账户可按无形资产项目进行明细核算。

企业无形资产发生减值的，还应当设置"无形资产减值准备"账户进行核算。

任务二　无形资产核算

一、无形资产取得

无形资产通常是按实际成本计量，即以取得无形资产并使之达到预定用途而发生的全部支出，作为无形资产的成本。对于不同来源取得的无形

无形资产的核算

资产，其初始成本构成也不尽相同。

（一）外购无形资产

外购无形资产的成本包括购买价款、相关税费以及直接归属于使该项资产达到预定用途所发生的其他支出。

📝 知识拓展

直接归属于使该项资产达到预定用途所发生的其他支出包括使无形资产达到预定用途所发生的专业服务费用、测试无形资产是否能够正常发挥作用的费用等，但不包括为引入新产品进行宣传发生的广告费、管理费用及其他间接费用，也不包括在无形资产已经达到预定用途以后发生的费用。

企业购入无形资产属于增值税应税项目时，应根据购入过程中所发生的实际支出，借记"无形资产""应交税费——应交增值税（进项税额）"账户，贷记"银行存款"等账户。

【例 8-1】顺达公司外购一项专利权，增值税专用发票注明价款 80 000 元，增值税税款 4 800 元，以银行存款支付。顺达公司的账务处理如下。

```
借：无形资产——专利权                         80 000
    应交税费——应交增值税（进项税额）            4 800
  贷：银行存款                                         84 800
```

（二）自行研发无形资产

内部开发活动形成的无形资产的成本由可直接归属于该无形资产的创造、生产并使该无形资产能够以管理层预定的方式运作的所有必要支出组成。可直接归属成本包括：开发该无形资产时耗费的材料、劳务成本、注册费、在开发该无形资产的过程中使用的其他专利权和特许权的摊销、按照借款费用的处理原则可以资本化的利息支出等。在开发该无形资产的过程中发生的、除上述可直接归属于无形资产开发活动之外的其他销售费用、管理费用等间接费用，无形资产达到预定用途前发生的可辨认的无效和初始运作损失，为运行该无形资产发生的培训支出等，不构成无形资产的成本。

📝 知识拓展

内部开发无形资产的成本仅包括在满足资本化条件的时点至无形资产达到预定用途前发生的支出总和，对于同一项无形资产在开发过程中达到资本化条件之前已经费用化并计入当期损益的支出不再进行调整。

对于企业自行研究开发无形资产的支出，应当区分为研究阶段与开发阶段。企业应当根据研究与开发的实际情况加以判断。企业内部研究开发费用处理的基本原则是：企业研究阶段的支出全部费用化，计入当期损益；开发阶段的支出符合条件的才能资本化，不符合资本化条件的计入当期损益。其处理原则如图 8-2 所示。

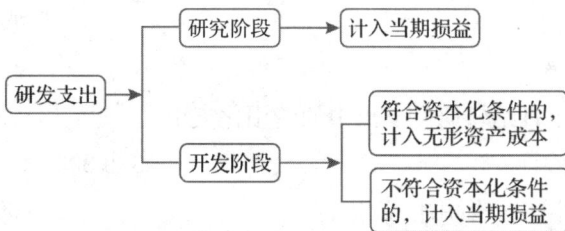

图 8-2 自行研发无形资产费用处理原则

企业自行开发无形资产发生的研发支出，不满足资本化条件的，借记"研发支出——费用化支出"账户，贷记"原材料""银行存款""应付职工薪酬"等账户。期末，应将"研发支出——费用化支出"账户归集的费用化支出金额转入"管理费用"账户，借记"管理费用"账户，贷记"研发支出——费用化支出"账户。

企业自行开发无形资产发生的研发支出，满足资本化条件的，借记"研发支出——资本化支出"账户，贷记"原材料""银行存款""应付职工薪酬"等账户。研究开发项目达到预定用途形成无形资产的，应按"研发支出——资本化支出"账户的余额，借记"无形资产"账户，贷记"研发支出——资本化支出"账户。

【例 8-2】2×22 年 6 月 1 日，顺达公司经批准自行研发一项新产品专利技术，研发该项目具有可靠的技术和财务等资源的支持，该产品一旦研发成功，将降低该公司生产产品的成本。研发过程中发生的支出如下。

（1）2×22 年发生已经支付的研发支出共计 1 100 000 元，属于研究阶段的支出。

（2）2×23 年，该公司在研究开发过程中发生材料费 3 100 000 元，人工工资 2 100 000元，设备折旧费 70 000 元，其他费用 60 000 元，总计 5 330 000 元，其中符合资本化条件的支出为 5 000 000 元。

（3）2×24 年 2 月 1 日，该专利技术已经达到预定用途。

顺达公司的账务处理如下。

（1）2×22 年发生研发支出。

借：研发支出——费用化支出   1 100 000

    贷：银行存款   1 100 000

2×22 年 12 月 31 日结转费用化支出。

借：管理费用   1 100 000

    贷：研发支出——费用化支出   1 100 000

（2）2×23 年发生研发支出。

借：研发支出——费用化支出   330 000

        ——资本化支出   5 000 000

    贷：原材料   3 100 000

        应付职工薪酬   2 100 000

	累计折旧	70 000
	银行存款	60 000

2×23 年 12 月 31 日结转研发支出中的费用化支出。

借：管理费用　　　　　　　　　　　　　　　330 000

　　贷：研发支出——费用化支出　　　　　　　　　　330 000

（3）2×24 年 2 月 1 日，该专利技术已经达到预定用途，形成无形资产。

借：无形资产　　　　　　　　　　　　　　　5 000 000

　　贷：研发支出——资本化支出　　　　　　　　　　5 000 000

二、无形资产摊销

（一）无形资产使用寿命的确定与复核

1. 无形资产使用寿命的确定

企业应当于取得无形资产时分析判断其使用寿命。企业取得的无形资产源自合同性权利或其他法定权利，其使用寿命不应超过合同性权利或其他法定权利的期限；没有明确的合同或法律规定无形资产的使用寿命的，企业应当综合考虑各方面因素判断，如通过与同行业的情况进行比较、参考历史经验、聘请相关专家进行论证等来确定无形资产能为企业带来经济利益的期限。经过上述努力仍无法合理确定无形资产为企业带来经济利益的期限的，才能将该无形资产作为使用寿命不确定的无形资产。

无形资产的使用寿命是有限的，应当估计该使用寿命的年限或者构成使用寿命的产量等类似计量单位数量。使用寿命有限的无形资产应进行摊销，使用寿命不确定的无形资产不应摊销。

2. 无形资产使用寿命的复核

企业至少应当于每年年度终了，对使用寿命有限的无形资产的使用寿命及摊销方法进行复核。如果有证明表明无形资产的使用寿命及摊销方法与以前的估计不同的，应当改变其摊销期限和摊销方法，并按照会计估计变更进行处理。

企业应当在每个会计期末对使用寿命不确定的无形资产的使用寿命进行复核。如果有确凿证据表明该无形资产的使用寿命是有限的，应当作为会计估计变更进行处理，并按照使用寿命有限的无形资产的处理原则进行会计处理。

（二）使用寿命有限的无形资产摊销

使用寿命有限的无形资产，应在其预计的使用寿命内采用系统合理的方法对应摊销金额进行摊销。

1. 影响无形资产摊销的因素

（1）应摊销金额。应摊销金额是指无形资产的成本扣除残值后的金额。已计提减值准备的无形资产，还应扣除已计提的无形资产减值准备累计金额。

（2）残值。无形资产的残值一般为零，但下列情况除外：一是有第三方承诺在无形资产使用寿命结束时购买该项无形资产；二是可以根据活跃市场得到无形资产预计残值信息，并且在该项无形资产使用寿命结束时很可能存在。

（3）摊销期。无形资产的摊销期自可供使用（达到预定用途）时起至终止确认时止，即当月增加的无形资产，当月开始摊销；当月减少的无形资产，当月不再摊销。

（4）摊销方法。无形资产的摊销方法包括直线法、产量法等。企业选择的无形资产摊销方法，应当能够反映与该项无形资产有关的经济利益的预期消耗方式，并一致地运用于不同会计期间。例如，受技术陈旧因素影响较大的专利权和专有技术等无形资产，可采用类似固定资产加速折旧的方法进行摊销；有特定产量限制的特许经营权或专利权，应采用产量法进行摊销；无法可靠确定其预期消耗方式的，应当采用直线法进行摊销。

2. 无形资产摊销的账务处理

企业应当按月对无形资产进行摊销。无形资产的摊销金额一般应当计入当期损益。企业自用的无形资产，其摊销金额应该借记"管理费用"账户，贷记"累计摊销"账户；出租的无形资产，其摊销金额应该借记"其他业务成本"账户，贷记"累计摊销"账户。如果某项无形资产是专门用于生产某种产品或其他资产的，该无形资产的摊销金额应当计入相关资产的成本，借记"制造费用"账户，贷记"累计摊销"账户。

【例8-3】2×24年1月1日，顺达公司购入一项新专利技术，用于产品生产，取得的增值税专用发票注明的价款为500 000元，增值税税额为45 000元，全部以银行存款转账支付。该项专利技术法律保护期间为15年，公司预计运用该专利生产的产品在未来10年内会为公司带来经济利益。假定此项无形资产的净残值为0，并按年采用直线法摊销。

本例中，顺达公司外购的专利技术的预计使用年限10年短于法律保护期间15年，则应当按照企业预计使用期限确定其使用寿命，同时表明该项专利技术是使用寿命有限的无形资产，且该项无形资产用于产品生产，因此应当将其摊销金额计入相关产品的成本。

顺达公司的账务处理如下。

（1）取得无形资产。

借：无形资产——专利权　　　　　　　　　　　500 000

　　应交税费——应交增值税（进项税额）　　　 45 000

　　贷：银行存款　　　　　　　　　　　　　　　　　 545 000

（2）按年摊销。

借：制造费用——专利权摊销　　　　　　　　　 50 000

　　贷：累计摊销　　　　　　　　　　　　　　　　　 50 000

2×26年1月1日，就上述专利技术，第三方向顺达公司承诺，在2年内以其最初取得时公允价值的70%购买该专利技术。从公司管理层目前的持有计划看，准备在2年内将其出售给第三方。为此，顺达公司应当在 2×26 年变更该项专利技术的估计使用寿命为 2 年，变更净残值为 350 000 元（500 000×70%），并按会计估计变更进行处理。

2×26 年该项无形资产的摊销金额为 25 000 元 [（500 000−50 000×2−350 000）÷2]。

顺达公司 2×26 年对该项专利技术按年摊销的账务处理如下。

借：制造费用——专利权摊销   25 000

  贷：累计摊销   25 000

三、无形资产后续支出

无形资产后续支出是指无形资产入账后，为确保无形资产能够给企业带来预定的经济利益而发生的支出，如企业相关的宣传活动支出；又如，企业取得专利权后，每年支付的年费和维护专利权发生的诉讼费等，这些应该直接计入当期管理费用。无形资产的后续支出仅是为了确保已确认的无形资产能够为企业带来预定的经济利益，所以不能资本化。

四、无形资产减值

企业应当根据《企业会计准则第 8 号——资产减值》的规定在资产负债表日判断使用寿命有限和使用寿命不确定的无形资产是否存在可能发生减值的迹象，当企业无形资产的可收回金额低于其账面价值时，即表明无形资产发生了减值，企业应当将该无形资产的账面价值减记至可收回金额，减记的金额确认为资产减值损失，计入当期损益，同时计提相应的资产减值准备。

📝 **知识拓展**

对于使用寿命不确定的无形资产，在持有期间内不需要摊销，但应当至少在每个会计期末进行减值测试。

为了核算和监督无形资产减值准备的计提和转销等业务，企业应设置"无形资产减值准备"账户，该账户属于资产类账户，也是"无形资产"账户的备抵调整账户。贷方登记计提的无形资产减值准备，借方登记出售、报废等转销的无形资产减值准备，期末贷方余额反映企业已计提但尚未转销的无形资产减值准备。本账户可按无形资产的项目进行明细核算。

当无形资产可收回金额低于账面价值，发生减值时，借记"资产减值损失——计提的无形资产减值准备"账户，贷记"无形资产减值准备"账户。

📝 **知识拓展**

无形资产减值损失一经确认，在以后的会计期间不得转回，但以出售、报废等方式处置无形资产时，"无形资产减值准备"可以转销。

【例 8-4】2×24 年 1 月 6 日，顺达公司自行研发的一项非专利技术已达到预定用途，符合资本化条件的累计研发支出为 800 000 元。有关调查表明，根据产品生命周期、市场竞争等方面情况综合判断，该非专利技术将在不确定的期间内为企业带来经济利益。2×24 年 12 月 31 日，该非专利技术的可收回金额为 750 000 元。

本例中，该非专利技术可视为使用寿命不确定的无形资产，在持有期间不需要进行摊销。顺达公司的账务处理如下。

（1）2×24 年 1 月 6 日，非专利技术达到预定用途。

借：无形资产——非专利技术　　　　　　　　800 000
　　贷：研发支出——资本化支出　　　　　　　　　800 000

（2）2×24 年 12 月 31 日发生减值。

借：资产减值损失——计提的无形资产减值准备　50 000
　　贷：无形资产减值准备——非专利技术　　　　　　50 000

五、无形资产处置

无形资产的处置主要是指无形资产出售、对外出租、对外捐赠，或者是无法为企业带来未来经济利益时，应予终止确认并转销。

（一）无形资产的出售

企业出售某项无形资产，表明企业放弃无形资产的所有权，应将所取得的价款与该无形资产账面价值的差额作为资产处置利得或损失，计入当期损益。

出售无形资产时，应按实际收到的金额，借记"银行存款"等账户；按已计提的累计摊销，借记"累计摊销"账户，原已计提减值准备的，借记"无形资产减值准备"账户；按应支付的相关税费，贷记"应交税费"等账户；按其账面余额，贷记"无形资产"账户；按其差额，贷记或借记"资产处置损益"账户。

【例 8-5】2×24 年 1 月 5 日，顺达公司将其拥有的某项商标权出售给宏发公司，开出的增值税专用发票注明价款 80 000 元，增值税税额 4 800 元，该商标权的成本为 200 000 元，已摊销 110 000 元，已计提的减值准备 15 000 元。顺达公司的账务处理如下。

借：银行存款　　　　　　　　　　　　　　　84 800
　　累计摊销　　　　　　　　　　　　　　　110 000
　　无形资产减值准备　　　　　　　　　　　 15 000
　　贷：无形资产　　　　　　　　　　　　　　　200 000
　　　　应交税费——应交增值税（销项税额）　　　4 800
　　　　资产处置损益　　　　　　　　　　　　　　5 000

（二）无形资产出租

无形资产出租是指企业将所拥有的无形资产的使用权让渡给他人，并收取租金。属于与企业日常活动相关的其他经营活动取得的收入，在满足收入确认条件的情况下，应确认相关的收入及成本。

让渡无形资产使用权而取得的租金收入，借记"银行存款"等账户，贷记"其他业务收入"等账户；摊销出租无形资产的成本并发生与出租有关的各种费用支出时，借记"其他业务成本"账户，贷记"累计摊销"账户。

【例8-6】2×24年3月5日，顺达公司将一项商标权出租给三泰公司使用，每年的含税租金为106 000元，顺达公司在出租期间不再使用该商标权。该商标权系顺达公司2×23年购入的，初始入账价值为1 650 000元，预计使用15年，采用直线法摊销。顺达公司的账务处理如下。

（1）每年取得租金。

借：银行存款　　　　　　　　　　　　　　　　106 000
　　贷：其他业务收入　　　　　　　　　　　　　　　　100 000
　　　　应交税费——应交增值税（销项税额）　　　　6 000

（2）对该商标权进行按年摊销。

借：其他业务成本　　　　　　　　　　　　　　110 000
　　贷：累计摊销　　　　　　　　　　　　　　　　　110 000

（三）无形资产报废

如果无形资产预期不能为企业带来未来经济利益，如该无形资产已被其他新技术所替代或超过法律保护期，不能再为企业带来经济利益，则不再符合无形资产的定义，应将其报废并予以转销，其账面价值转作当期损益（营业外支出）。

转销时，应按已计提的累计摊销，借记"累计摊销"账户；按其账面余额，贷记"无形资产"账户；按其差额，借记"营业外支出"账户。已计提减值准备的，还应同时结转减值准备。

【例8-7】顺达公司原拥有一项非专利技术，采用直线法进行摊销，预计使用10年。现该项非专利技术已被内部研发成功的新技术所替代，并且根据市场调查，用该非专利技术生产的产品已没有市场，预期不能再为企业带来任何经济利益，故应当予以转销。转销时，该项非专利技术的成本为120 000元，已摊销5年，累计计提减值准备40 000元，该项非专利技术的残值为0。假定不考虑其他相关因素。顺达公司的账务处理如下。

借：营业外支出——处置非流动资产损失　　　　20 000
　　累计摊销　　　　　　　　　　　　　　　　60 000
　　无形资产减值准备——非专利技术　　　　　40 000
　　贷：无形资产——非专利技术　　　　　　　　　　120 000

任务三　其他资产

其他资产是指不能包括在流动资产、长期投资、固定资产、无形资产等之内的资产，主要包括长期待摊费用和其他长期资产。

一、长期待摊费用

长期待摊费用是指企业已经发生但应由本期和以后各期负担的分摊期限在一年以上的各项费用，如以租赁方式租入的使用权资产发生的改良支出等。

为了反映长期待摊费用的发生、摊销情况，企业应设置"长期待摊费用"账户。该账户借方登记发生的长期待摊费用，贷方登记摊销的长期待摊费用，期末借方余额反映企业尚未摊销完毕的长期待摊费用。"长期待摊费用"可按待摊费用项目进行明细核算。

企业发生的长期待摊费用，借记"长期待摊费用"账户，确认当期可抵扣的增值税进项税额，借记"应交税费——应交增值税（进项税额）"账户，贷记"原材料""银行存款"等账户。摊销长期待摊费用，借记"管理费用""销售费用"等账户，贷记"长期待摊费用"账户。

【例 8-8】顺达公司 2×24 年 1 月 7 日，对以租赁方式取得的办公楼进行装修，发生有关支出：领用生产用材料 80 000 元，发生有关人员工资等职工薪酬 40 000 元。2×24 年 3 月 15 日，该办公楼装修完工，达到预定可使用状态并交付使用，按租赁期 10 年进行摊销。假定不考虑其他因素。顺达公司的账务处理如下。

（1）装修办公楼领用原材料。

借：长期待摊费用　　　　　　　　　　　　　　　　80 000
　　贷：原材料　　　　　　　　　　　　　　　　　　80 000

（2）确认有关人员薪酬。

借：长期待摊费用　　　　　　　　　　　　　　　　40 000
　　贷：应付职工薪酬　　　　　　　　　　　　　　　40 000

（3）2×24 年 4 月摊销装修支出。

本例中，顺达公司办公楼装修支出合计为 120 000 元，2×24 年 4 月应分摊的装修支出为 $120\ 000 \div 10 \div 12 = 1\ 000$（元）。

借：管理费用　　　　　　　　　　　　　　　　　1 000
　　贷：长期待摊费用　　　　　　　　　　　　　　1 000

二、其他长期资产

其他长期资产一般包括国家批准储备的特种储备物资、银行冻结存款以及诉讼中的财产等。

特种储备物资是指企业代国家储备的特种物资，实质上不属于企业的存货，按规定作为其他资产核算。

银行冻结存款是指企业由于某种原因被银行冻结不能支取的存款。被冻结存款不再具有货币资金的支付手段职能，应作为其他资产单独核算。

诉讼中的财产是指企业因发生纠纷，进入司法程序后被法院确定为涉及诉讼而尚未判定产权归属的财产。对诉讼中的财产，企业不能作为正常财产使用，应作为其他资产单独核算。

【知识归纳】无形资产的主要账务处理如表 8-1 所示。

表 8-1　无形资产的主要账务处理

业务内容		账务处理
无形资产取得	外购	借：无形资产 　　应交税费——应交增值税（进项税额） 　贷：银行存款等
无形资产取得	自行研发	借：研发支出——费用化支出 　　　　　　——资本化支出 　贷：银行存款等 借：管理费用 　贷：研发支出——费用化支出 借：无形资产 　贷：研发支出——资本化支出
使用寿命有限的无形资产摊销		借：管理费用 / 其他业务成本 / 制造费用 　贷：累计摊销
无形资产处置	出售	借：银行存款 　　累计摊销 　　无形资产减值准备 　贷：无形资产 　　　应交税费——应交增值税（销项税额） 　　　资产处置损益（差额，或借记）
无形资产处置	出租	借：银行存款等 　贷：其他业务收入 　　　应交税费——应交增值税（销项税额） 借：其他业务成本 　贷：累计摊销
无形资产处置	报废	借：累计摊销 　　无形资产减值准备 　　营业外支出——处置非流动资产损失 　贷：无形资产

项目九 投资性房地产

📖 学习目标

◆ 知识目标 ◆

1. 了解投资性房地产的定义和特征；
2. 理解投资性房地产的确认条件；
3. 熟悉投资性房地产的范围；
4. 明确投资性房地产的初始计量和后续计量；
5. 熟悉投资性房地产的转换和处置。

◆ 技能目标 ◆

1. 能进行成本模式计量下投资性房地产的取得、后续计量、后续支出、处置等账务处理；

2. 能进行公允价值模式计量下投资性房地产的取得、后续计量、后续支出、处置等账务处理；

3. 能运用所学知识，根据原始凭证分析经济业务，熟练编制记账凭证，登记有关账户；

4. 掌握投资性房地产在资产负债表中的填列方法，能根据相关资料填列资产负债表中投资性房地产的相关项目，提供企业有关投资性房地产方面的会计信息。

◆ 素养目标 ◆

1. 培养学生具有劳模精神、工匠精神和诚实守信的职业素养；

2. 能严格按照《企业会计准则第3号——投资性房地产》《企业会计准则第8号——资产减值》等政策法规的要求规范操作；

3. 培养学生的专业知识掌握能力、实践应用能力和问题解决能力，使其能够在实际工作中准确识别、分析和处理与投资性房地产相关的问题。

📖 案例导入

福建东百集团股份有限公司（以下简称"东百集团"），是上交所挂牌的上市公司。东百集团作为福建的龙头企业，拥有 60 多年的历史，已发展成为"商业零售 + 智慧物流"双轮驱动的大型商业集团，进入规模化发展阶段。

通过研究东百集团财务报表中投资性房地产与资产的占比情况可知，自 2017 年来，东百集团的投资性房地产有着飞跃式的上升，2017 年东百集团的投资性房地产金额是 4.26 亿元，但在 2021 年达到了 70 亿左右。其间，东百集团 2020 年底开始用公允价值模式替代成本模式进行投资性房地产计量。其投资性房地产的金额占总资产的比例从 2017 年的 6.26% 上涨到 2020 年的 50.44%。根据年度列报可知，东百集团自 2019 年因仓储物流项目战略的初步实施，在建项目建成，相关在建工程、无形资产因此转入投资性房地产，再加上新收购物流项目，推动投资性房地产数额大幅提升，2020 年福安东百广场出租部分开发项目。综上，投资性房地产对于东百集团越来越重要。

资料来源：杨明达.投资性房地产计量模式变更对企业财务的影响：以东百集团为例 [J].管理科学与研究，2022：225-230.

思考：投资性房地产从成本模式转换到公允价值计量模式，对企业有什么影响？投资性房地产占资产总额的比重增大，说明什么？

📖 项目导图

本项目的内容结构如图 9-1 所示。

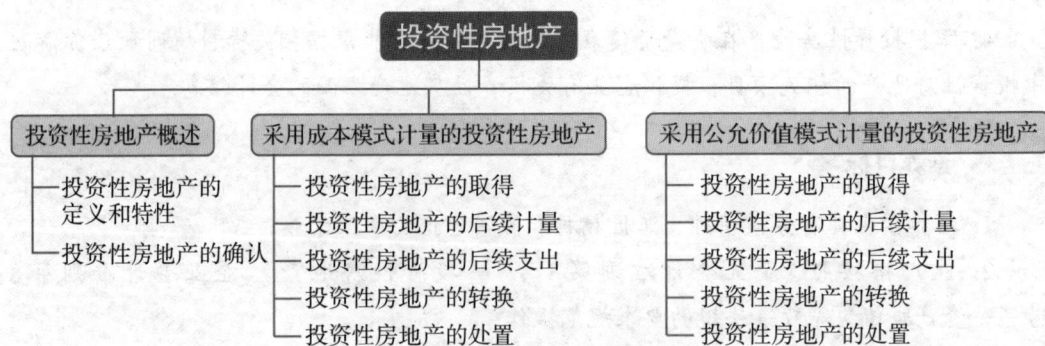

图 9-1 项目九的内容结构

📖 项目实施

任务一 投资性房地产概述

一、投资性房地产的定义和特征

投资性房地产是指为赚取租金或资本增值，或者两者兼有而持有的房地产。投资性房地产应当能够单独计量和出售。

投资性房地产具有以下特征。

（1）投资性房地产是一种经营性活动。投资性房地产的主要形式是出租建筑物、出租土地使用权，这实质上属于一种让渡资产使用权的行为，是企业为完成其经营目标所从事的经营性活动以及与之相关的其他活动形成的经济利益总流入。投资性房地产的另一种形式是持有并准备增值后转让的土地使用权，也是企业为完成其经营目标所从事的经营性活动以及与之相关的其他活动形成的经济利益总流入。

（2）投资性房地产在用途、状态、目的等方面区别于作为生产经营场所的房地产和用于销售的房地产。企业持有的房地产除了用作自身管理、生产经营活动场所和对外销售之外，出现了将房地产用于赚取租金或增值收益的活动，甚至成为个别企业的主营业务。这就需要将投资性房地产单独作为一项资产核算和反映，与自用的厂房、办公楼等房地产和作为存货的房地产加以区别，从而更清晰地反映企业所持有房地产的构成情况和盈利能力。

二、投资性房地产的确认

（一）投资性房地产的确认条件

投资性房地产只有在符合定义，并同时满足下列条件时，才能予以确认：

（1）与该投资性房地产有关的经济利益很可能流入企业。

（2）该投资性房地产的成本能够可靠地计量。

（二）投资性房地产的范围

投资性房地产主要包括已出租的土地使用权、持有并准备增值后转让的土地使用权和已出租的建筑物。

1. 已出租的土地使用权

已出租的土地使用权是指企业通过出让或转让方式取得并以经营租赁方式出租的土地使用权，企业计划用于出租但尚未出租的土地使用权不属于此类。对于租入土地使用权再转租给其他单位的，不能确认为投资性房地产。

【例9-1】顺达公司2×23年5月5日与隆赛公司签订了一项租赁合同，约定自2×23年6月1日起，顺达公司以年租金5 000 000元租赁使用隆赛公司拥有的一块

300 000 平方米的场地，租赁期为 7 年。2×23 年 7 月 1 日，顺达公司又将这块场地转租给宏盛公司，以赚取租金差价，租赁期 4 年。假设以上交易不违反国家有关规定。

本例中，对于顺达公司而言，这项土地使用权不能确认为投资性房地产。对于隆赛公司而言，自租赁期开始日（2×23 年 6 月 1 日）起，这项土地使用权属于投资性房地产。

2. 持有并准备增值后转让的土地使用权

持有并准备增值后转让的土地使用权是指企业通过出让或转让方式取得并准备增值后转让的土地使用权。但是，按照国家有关规定认定的闲置土地，不属于持有并准备增值的土地使用权。

3. 已出租的建筑物

已出租的建筑物是指企业拥有产权并出租的房屋等建筑物，包括自行建造或开发活动完成后用于出租的建筑物。

知识拓展

企业在判断和确认已出租的建筑物时，应当把握以下要点：第一，用于出租的建筑物是指企业拥有产权的建筑物，企业租入再转租的建筑物不属于投资性房地产；第二，已出租的建筑物是企业已经与其他方签订了租赁协议，约定以经营租赁方式出租的建筑物。一般应自租赁协议规定的租赁期开始日起，租出的建筑物才作为已出租的建筑物；第三，企业将建筑物出租，按租赁协议向承租人提供的相关辅助服务在整个协议中不重大的，应当将该建筑物确认为投资性房地产。

下列项目不属于投资性房地产：一是自用房地产，即为生产商品、提供劳务或者经营管理而持有的房地产，包括自用建筑物和自用土地使用权；二是作为存货的房地产，即房地产开发企业在正常生产经营过程中销售的或为销售而正在开发的商品房和土地。

任务二　采用成本模式计量的投资性房地产

为了核算和监督投资性房地产的取得、后续支出以及后续计量等业务，企业应设置"投资性房地产""投资性房地产累计折旧（摊销）""投资性房地产减值准备"等账户。"投资性房地产"账户借方登记投资性房地产的取得成本，贷方登记企业减少投资性房地产时结转的成本，期末借方余额反映投资性房地产的成本。该账户可按投资性房地产的类别和项目进行明细核算。"投资性房地产累计折旧（摊销）"账户，比照"累计折旧（摊销）"账户进行账务处理；"投资性房地产减值准备"账户，比照"固定资产减值准备""无形资产减值准备"账户进行账务处理。

以成本模式计量的投资性房地产

一、投资性房地产的取得

投资性房地产应当按照成本进行初始计量。投资性房地产可以通过多种方式取得，本项目主要对外购和自行建造取得的投资性房地产进行阐述。

（一）外购投资性房地产

企业外购的房地产，只有在购入的同时开始对外出租或用于资本增值，才能作为投资性房地产加以确认。

企业外购投资性房地产时，应当按照取得时的实际成本进行初始计量。取得时的实际成本包括购买价款、相关税费和可直接归属于该资产的其他支出。企业应当按照外购投资性房地产发生的实际成本，借记"投资性房地产"账户；按照可抵扣的增值税，借记"应交税费——应交增值税（进项税额）"账户；按照全部支付的款项，贷记"银行存款"等账户。

【例9-2】2×23年12月13日，顺达公司与康乐公司签订了经营租赁合同，约定自写字楼购买之日起将这栋写字楼出租给康乐公司，为期4年。12月20日，顺达公司实际购入写字楼，买入价15 000 000元，增值税税款1 350 000元。假设不考虑其他因素，顺达公司采用成本计量模式。顺达公司的账务处理如下。

借：投资性房地产——写字楼　　　　　　　　15 000 000

　　应交税费——应交增值税（进项税额）　　　1 350 000

　　　贷：银行存款　　　　　　　　　　　　　　　　　　16 350 000

（二）自行建造投资性房地产

企业自行建造的房地产，只有在自行建造活动完成（达到预定可使用状态）的同时开始对外出租或用于资本增值，才能将自行建造的房地产确认为投资性房地产。自行建造投资性房地产的成本由建造该项房地产达到预定可使用状态前发生的必要支出构成，包括土地开发费、建筑成本、安装成本、应予以资本化的借款费用、支付的其他费用和分摊的间接费用等。

企业按照确定的自行建造投资性房地产成本，借记"投资性房地产"账户，贷记"在建工程"或"开发产品"账户。

【例9-3】2×23年1月，顺达公司从其他单位购入一块使用权为50年的土地，并在这块土地上开始自行建造两栋厂房。2×23年10月，顺达公司预计厂房即将完工，与永泰公司签订了经营租赁合同，将其中的一栋厂房租赁给永泰公司使用。租赁合同约定，该厂房于完工时起租。2×23年12月10日，两栋厂房同时完工。该块土地使用权的成本为8 000 000元，至2×23年12月10日，土地使用权已摊销150 000元；两栋厂房的实际造价均为10 000 000元，能够单独出售。假设两栋厂房分别占用这块土地的一半面积，为简化处理，以占用土地面积作为土地使用权的划分依据。假设顺达公司采用成本模式进行后续计量。

顺达公司的账务处理如下。

借：固定资产——厂房　　　　　　　　　　　10 000 000

　　投资性房地产——厂房　　　　　　　　　10 000 000

贷：在建工程——厂房　　　　　　　　　　　　　　20 000 000

由于顺达公司将在购入的土地上建造的两栋厂房中的一栋厂房用于出租，因此应当将土地使用权中的对应部分同时转为投资性房地产。

无形资产——土地使用权 =8 000 000÷2=4 000 000（元）

投资性房地产累计摊销 =150 000÷2=75 000（元）

借：投资性房地产——土地使用权　　　　　　　　4 000 000

　　累计摊销　　　　　　　　　　　　　　　　　75 000

　　　贷：无形资产——土地使用权　　　　　　　　　　4 000 000

　　　　　投资性房地产累计摊销　　　　　　　　　　　75 000

二、投资性房地产的后续计量

采用成本模式进行后续计量的投资性房地产，应当按照《企业会计准则第 4 号——固定资产》或《企业会计准则第 6 号——无形资产》的有关规定，按期对投资性房地产计提折旧或摊销，借记"其他业务成本"等账户，贷记"投资性房地产累计折旧（摊销）"账户。取得的租金收入，借记"银行存款"等账户，贷记"其他业务收入"等账户。

投资性房地产存在减值迹象的，应当适用资产减值的有关规定。经减值测试后确定发生减值的，应当计提减值准备，借记"资产减值损失"账户，贷记"投资性房地产减值准备"账户。

✎ 知识拓展

采用成本模式计量进行后续计量的投资性房地产，可以比照固定资产、无形资产的处理来理解。投资性房地产减值损失一经确认，在以后会计期间不得转回。但遇到出售、对外投资、抵偿债务等处置时，"投资性房地产减值准备"可以转销。

【例 9-4】顺达公司的一栋办公楼出租给海达公司使用，已确认为投资性房地产，采用成本模式进行后续计量。假设这栋办公楼的成本为 25 000 000 元，按照直线法计提折旧，使用寿命为 25 年，预计净残值为零。按照经营租赁合同，海达公司每月支付顺达公司租金 60 000 元，租金收入的增值税税率为 9%。当年 12 月，这栋办公楼发生减值迹象，经减值测试，其可收回金额为 20 000 000 元，此时办公楼的账面价值为 24 000 000 元，以前未计提减值准备。顺达公司的账务处理如下。

（1）每月计提折旧。

借：其他业务成本　　　　　　　　　　　　　　　83 333.33

　　　贷：投资性房地产累计折旧　　　　　　　　　　　83 333.33

（2）每月确认租金。

借：银行存款（或其他应收款）　　　　　　　　　65 400

　　　贷：其他业务收入　　　　　　　　　　　　　　　60 000

　　　　　应交税费——应交增值税（销项税额）　　　　5 400

（3）年末计提减值准备。

借：资产减值损失 4 000 000

　　贷：投资性房地产减值准备 4 000 000

三、投资性房地产的后续支出

（一）资本化后续支出

与投资性房地产有关的后续支出，满足投资性房地产确认条件的，应当计入投资性房地产的成本。

企业的投资性房地产进入改扩建或装修阶段后，应当将其账面价值转让改扩建工程，借记"投资性房地产——在建""投资性房地产累计折旧"等账户，贷记"投资性房地产"账户。发生资本化的改良或装修支出，通过"投资性房地产——在建"账户归集，借记"投资性房地产——在建"账户，贷记"银行存款""应付账款"等账户。改扩建或装修完成后，借记"投资性房地产"账户，贷记"投资性房地产——在建"账户。

【例9-5】2×23年2月，顺达公司与兴隆公司的一项厂房经营租赁合同即将到期。该厂房原价5 000 000元，已计提折旧1 000 000元。为了提高厂房的租金收入，顺达公司决定在租赁期满后对该厂房进行改扩建，并与厦华公司签订了经营租赁合同，约定自改扩建完工时将该厂房租赁给厦华公司。2×23年2月28日，顺达公司与兴隆公司的租赁合同到期，该厂房随即进行改扩建工程。2×23年12月31日，该厂房改扩建工程完工，共发生支出2 000 000元，款项均已支付，即日按照租赁合同出租给厦华公司。假定顺达公司采用成本模式计量。顺达公司的账务处理如下。

（1）2×23年2月28日，投资性房地产转入改扩建工程。

借：投资性房地产——厂房（在建） 4 000 000

　　投资性房地产累计折旧 1 000 000

　　贷：投资性房地产 5 000 000

（2）2×23年2月28日至2×23年12月31日，发生改扩建支出。

借：投资性房地产——厂房（在建） 2 000 000

　　贷：银行存款 2 000 000

（3）2×23年12月31日，该厂房改扩建工程完工。

借：投资性房地产 6 000 000

　　贷：投资性房地产——厂房（在建） 6 000 000

（二）费用化后续支出

与投资性房地产有关的后续支出，不满足投资性房地产确认条件的，如企业对投资性房地产进行日常维护所发生的支出，应当在发生时计入当期损益，借记"其他业务成本"等账户，贷记"银行存款"等账户。

【例9-6】顺达公司对其某项投资性房地产进行日常维护，发生维修支出50 000元，领用材料 4 000 元。顺达公司的账务处理如下。

借：其他业务成本	54 000	
贷：银行存款		50 000
原材料		4 000

四、投资性房地产的转换

房地产的转换是指房地产用途的变更。企业不得随意对自用或作为存货的房地产进行重新分类。企业必须有确凿证据表明房地产用途发生改变，才能将投资性房地产转换为其他资产或其他资产转换为投资性房地产。

（一）投资性房地产转换为非投资性房地产

1. 投资性房地产转换为自用房地产

采用成本模式计量的投资性房地产转换为自用房地产时，应当按该项投资性房地产在转换日的账面余额、累计折旧或摊销、减值准备等，分别转入"固定资产""无形资产""累计折旧""累计摊销""固定资产减值准备""无形资产减值准备"等账户。按其账面余额，借记"固定资产""无形资产"账户，贷记"投资性房地产"账户，按已计提的折旧或摊销，借记"投资性房地产累计折旧"或"投资性房地产累计摊销"账户，贷记"累计折旧"或"累计摊销"账户，原已计提减值准备的，借记"投资性房地产减值准备"账户，贷记"固定资产减值准备"或"无形资产减值准备"账户。

【例 9-7】2×23 年 9 月 1 日，顺达公司将出租在外的厂房收回，开始作为本公司生产产品的厂房。该项房地产账面原价为 20 000 000 元，已计提折旧 5 000 000 元。假设顺达公司采用成本模式计量。顺达公司的账务处理如下。

借：固定资产——厂房	20 000 000	
投资性房地产累计折旧	5 000 000	
贷：累计折旧		5 000 000
投资性房地产——厂房		20 000 000

2. 投资性房地产转换为存货

企业将采用成本模式计量的投资性房地产转换为存货时，应当按照该项房地产在转换日的账面价值，借记"开发产品"账户；按照已计提的折旧或摊销，借记"投资性房地产累计折旧"或"投资性房地产累计摊销"账户，原已计提减值准备的，借记"投资性房地产减值准备"账户；按照其账面余额，贷记"投资性房地产"账户。

（二）非投资性房地产转换为投资性房地产

1. 自用房地产转换为投资性房地产

企业将自用土地使用权或建筑物转换为采用成本模式计量的投资性房地产时，应当按该项建筑物或土地使用权在转换日的原价、累计折旧或摊销、减值准备等，分别转入"投资性房地产""投资性房地产累计折旧"或"投资性房地产累计摊销""投资性房地产减值准备"账户。按其账面余额，借记"投资性房地产"账户，贷记"固定资产"或"无形资产"账户；按已计提的折旧或摊销，借记"累计折旧"或"累计摊销"账户，贷记"投资性房地产累计折旧"或"投资性房地产累计摊销"账户，原已计提减值准备的，借记"固定资产减值准备"或"无形资产减值准备"账户，贷记"投资性房地产减值准备"账户。

【例9-8】顺达公司将一栋办公楼对外出租。2×23年9月30日，顺达公司与甲公司签订了经营租赁协议，将这栋办公楼整体出租给甲公司使用，租赁期开始日为2×23年10月30日，租期5年。2×23年10月30日，这栋楼的账面余额为9 000 000元，已计提折旧5 000 000元。假设顺达公司采用成本模式计量，其账务处理如下。

借：投资性房地产——办公楼　　　　　　　　9 000 000

　　累计折旧　　　　　　　　　　　　　　　5 000 000

　　贷：固定资产——办公楼　　　　　　　　　　　　9 000 000

　　　　投资性房地产累计折旧　　　　　　　　　　　5 000 000

2. 作为存货的房地产转换为投资性房地产

企业将作为存货的房地产转换为采用成本模式计量的投资性房地产时，应当按该项存货在转换日的账面价值，借记"投资性房地产"账户；原已计提跌价准备的，借记"存货跌价准备"账户，按其账面余额，贷记"开发产品"等账户。

【例9-9】宏发房地产开发公司于2×23年5月15日与方锐公司签订了租赁协议，将其开发的一栋写字楼出租给方锐公司，租赁期开始日为2×23年5月30日，租赁期5年。2×23年5月30日，该写字楼的账面余额为100 000 000元，计提存货跌价准备8 000 000元，转换后采用成本模式进行后续计量。顺达公司的账务处理如下。

借：投资性房地产——写字楼　　　　　　　92 000 000

　　存货跌价准备　　　　　　　　　　　　　8 000 000

　　贷：开发产品　　　　　　　　　　　　　　　100 000 000

五、投资性房地产的处置

当投资性房地产被处置或者永久退出使用且预计不能从其处置中取得经济利益时，应当终止确认该项投资性房地产。企业出售、转让、报废投资性房地产或者发生投资性房地产毁损，应当将处置收入扣除其账面价值和相关税费后的金额计入当期损益。

处置采用成本模式计量的投资性房地产时，应当按实际收到的金额，借记"银行存款"等账户，贷记"其他业务收入""应交税费——应交增值税（销项税额）"等账户；按其账面余额，借记"其他业务成本"账户，贷记"投资性房地产"账户；按照已计提的折旧或摊销，借记"投资性房地产累计折旧"或"投资性房地产累计摊销"账户，原已计提减值准备的，借记"投资性房地产减值准备"账户。

【例9-10】顺达公司将其出租的一栋写字楼确认为投资性房地产。租赁期届满后，顺达公司将该栋写字楼出售给黄海公司，合同价款为 150 000 000 元，增值税税率 9%，黄海公司已用银行存款支付。出售时该栋写字楼的成本为 110 000 000 元，已计提折旧 15 000 000 元。顺达公司的账务处理如下。

借：银行存款　　　　　　　　　　　　　　163 500 000
　　贷：其他业务收入　　　　　　　　　　　　　　　150 000 000
　　　　应交税费——应交增值税（销项税额）　　　　13 500 000
借：其他业务成本　　　　　　　　　　　　　95 000 000
　　投资性房地产累计折旧　　　　　　　　　15 000 000
　　贷：投资性房地产　　　　　　　　　　　　　　　110 000 000

任务三　采用公允价值模式计量的投资性房地产

企业有确凿证据表明其投资性房地产的公允价值能够持续可靠取得的，可以对投资性房地产采用公允价值模式进行后续计量。采用公允价值模式计量的投资性房地产，应当同时满足下列条件：第一，投资性房地产所在地有活跃的房地产交易市场。所在地通常指投资性房地产所在的城市。对于大中型城市，应当为投资性房地产所在的城区。第二，企业能够从活跃的房地产交易市场取得同类或类似房地产的市场价格及其他相关信息，从而对投资性房地产的公允价值作出合理的估计。

采用公允价值模式
计量的投资性房
地产

📝 知识拓展

为保证会计信息的可比性，企业对投资性房地产的计量模式一经确定，不得随意变更。只有在有确凿证据表明投资性房地产的公允价值能够持续可靠取得，且能够满足采用公允价值模式的情况下，才允许企业对投资性房地产从成本模式计量变更为公允价值模式计量，作为会计政策变更处理；变更计量模式时公允价值与账面价值的差额，调整期初留存收益。已采用公允价值模式计量的投资性房地产，不得从公允价值模式转为成本模式。

一、投资性房地产的取得

企业外购或自行建造的投资性房地产，应当按照取得时的成本进行初始计量。其实际成本的确定与采用成本模式计量的投资性房地产一致。

采用公允价值计量模式，企业按外购或自行建造时发生的实际成本，借记"投资性房地产——成本"账户；按可抵扣的增值税，借记"应交税费——应交增值税（进项税额）"账户，贷记"银行存款""在建工程"等账户。

【例 9-11】承接【例 9-2】，假设顺达公司拥有的投资性房地产采用公允价值模式计量。顺达公司的账务处理如下。

借：投资性房地产——写字楼（成本）　　　　　　　15 000 000

应交税费——应交增值税（进项税额）	1 350 000
贷：银行存款	16 350 000

【例9-12】承接【例9-3】，假设顺达公司拥有的投资性房地产采用公允价值模式计量。顺达公司的账务处理如下。

借：固定资产——厂房	10 000 000	
投资性房地产——厂房（成本）	10 000 000	
贷：在建工程——厂房		20 000 000

无形资产——土地使用权 =8 000 000÷2=4000 000（元）

借：投资性房地产——土地使用权（成本）	4 000 000	
贷：无形资产——土地使用权		4 000 000

二、投资性房地产的后续计量

采用公允价值模式进行后续计量的投资性房地产，不计提折旧或摊销。企业应当以资产负债表日投资性房地产的公允价值为基础调整其账面价值。公允价值与账面价值的差额计入当期损益。

资产负债表日，投资性房地产的公允价值高于原账面价值的差额，借记"投资性房地产——公允价值变动"账户，贷记"公允价值变动损益"账户；公允价值低于原账面价值的差额，作相反的账务处理。

【例9-13】2×23年10月，顺达公司与威龙公司签订租赁协议，约定将顺达公司新建造的一栋写字楼租赁给威龙公司使用，租赁期为10年。2×23年12月1日，该写字楼起租，写字楼的工程造价为50 000 000元，公允价值也为相同金额。2×23年12月31日，该写字楼的公允价值为60 000 000元。顺达公司的账务处理如下。

（1）2×23年12月1日，顺达公司出租写字楼。

借：投资性房地产——写字楼（成本）	50 000 000	
贷：固定资产——写字楼		50 000 000

（2）2×23年12月31日，按照公允价值调整其账面价值，公允价值与账面价值的差额计入当期损益。

借：投资性房地产——写字楼（公允价值变动）	10 000 000	
贷：公允价值变动损益——投资性房地产		10 000 000

三、投资性房地产的后续支出

（一）资本化后续支出

与投资性房地产有关的后续支出，满足投资性房地产确认条件的，应当计入投资性房地产的成本。

【例9-14】2×23年3月，顺达公司与昌平公司的一项厂房经营租赁合同即将到期，为了提高厂房的租金收入，顺达公司决定在租赁期满后对该厂房进行改扩建，并与贝瑞公司签订了经营租赁合同，约定自改扩建完工时将该厂房出租给贝瑞公司。2×23年3月31日，与昌平公司的租赁合同到期，该厂房随即进行改扩建工程，此时该厂房账面余额15 000 000元，其中成本12 000 000元，累计公允价值变动3 000 000元。2×23年6月30日，该厂房改扩建工程完工，共发生支出1 000 000元，款项均已支付，即日按照租赁合同出租给贝瑞公司。假定顺达公司采用公允价值模式计量。顺达公司的账务处理如下。

（1）2×23年3月31日，投资性房地产转入改扩建工程。

借：投资性房地产——厂房（在建） 15 000 000
　　贷：投资性房地产——厂房（成本） 12 000 000
　　　　　　　　　　　　——厂房（公允价值变动） 3 000 000

（2）2×23年3月31日至2×23年6月30日，发生改扩建支出。

借：投资性房地产——厂房（在建） 1 000 000
　　贷：银行存款 1 000 000

（3）2×23年6月30日，该厂房改扩建工程完工。

借：投资性房地产——厂房（成本） 16 000 000
　　贷：投资性房地产——厂房（在建） 16 000 000

（二）费用化后续支出

与投资性房地产有关的后续支出，不满足投资性房地产确认条件的，如企业对投资性房地产进行日常维护所发生的支出，应当在发生时计入当期损益，借记"其他业务成本"等账户，贷记"银行存款"等账户。

【例9-15】顺达公司对其某项投资性房地产进行日常维护，发生维修支出40 000元，领用材料5 000元。顺达公司的账务处理如下。

借：其他业务成本 45 000
　　贷：银行存款 40 000
　　　　原材料 5 000

四、投资性房地产的转换

（一）投资性房地产转换为非投资性房地产

1. 投资性房地产转换为自用房地产

将采用公允价值模式计量的投资性房地产转换为自用房地产时，应当以其转换当日的公允价值为自用房地产的账面价值，公允价值与原账面价值的差额计入当期损益。

转换日，按该项投资性房地产的公允价值，借记"固定资产"或"无形资产"账户，按该项投资性房地产的成本，贷记"投资性房地产——成本"账户，按该项投资性房地产的累计公允价值变动，贷记或借记"投资性房地产——公允价值变动"账户，按其差额，贷记或借记"公允价值变动损益"账户。

【例9-16】2×23年9月1日，顺达公司将出租在外的厂房收回，开始用于本公司生产产品，当日的公允价值为18 000 000元。该项房地产在转换前采用公允价值模式计量，原账面价值为17 000 000元，其中，成本为15 000 000元，公允价值变动增值2 000 000元。顺达公司的账务处理如下。

借：固定资产——厂房　　　　　　　　　　　　　18 000 000
　　贷：投资性房地产——厂房（成本）　　　　　　　　15 000 000
　　　　　　　　——厂房（公允价值变动）　　　　　　2 000 000
　　　　公允价值变动损益——投资性房地产　　　　　　1 000 000

2. 投资性房地产转换为存货

企业将采用公允价值模式计量的投资性房地产转换为存货时，应当以其转换当日的公允价值，借记"开发产品"等账户，按该项投资性房地产的成本，贷记"投资性房地产——成本"账户；按该项投资性房地产的累计公允价值变动，贷记或借记"投资性房地产——公允价值变动"账户；按其差额，贷记或借记"公允价值变动损益"账户。

（二）非投资性房地产转换为投资性房地产

1. 自用房地产转换为投资性房地产

企业将自用土地使用权或建筑物转换为采用公允价值模式计量的投资性房地产时，应当按该项建筑物或土地使用权在转换日的公允价值，借记"投资性房地产——成本"账户；按已计提的折旧或摊销，借记"累计折旧"或"累计摊销"账户，原已计提减值准备的，借记"固定资产减值准备"或"无形资产减值准备"账户；按其账面余额，贷记"固定资产"或"无形资产"账户；同时，转换日的公允价值小于账面价值的，按其差额，借记"公允价值变动损益"账户，转换日的公允价值大于账面价值的，按其差额，贷记"其他综合收益"账户。待该项投资性房地产处置时，因转换计入其他综合收益的部分应转入当期损益。

【例9-17】2×23年8月，顺达公司打算搬迁至新建办公楼，由于原办公楼处于商业繁华地段，顺达公司准备将其出租，以赚取租金收入，已经公司董事会批准形成书面决议。2×23年12月底，顺达公司完成了搬迁工作，原办公楼停止使用。2×24年1月1日，顺达公司与甲公司签订了租赁协议，将其原办公楼租赁给甲公司使用，约定租赁期开始日为2×24年1月1日，租赁期为3年。

本例中，顺达公司应当于租赁期开始日，将自用房地产转换为投资性房地产。顺达公司对该办公楼采用公允价值模式计量，2×24年1月1日，该办公楼的公允价值为380 000 000元，其原价为550 000 000元，已计提折旧150 000 000元。顺达公司的账务处理如下。

借：投资性房地产——办公楼（成本）　　　　　380 000 000
　　公允价值变动损益　　　　　　　　　　　　　20 000 000

累计折旧	150 000 000
贷：固定资产	550 000 000

2. 作为存货的房地产转换为采用公允价值模式计量的投资性房地产

企业将作为存货的房地产转换为采用公允价值模式计量的投资性房地产时，应当按该房地产在转换日的公允价值，借记"投资性房地产——成本"账户，原已计提跌价准备的，借记"存货跌价准备"账户；按其账面余额，贷记"开发产品"账户。同时，转换日的公允价值小于账面价值的，按其差额，借记"公允价值变动损益"账户；转换日的公允价值大于账面价值的，按其差额，贷记"其他综合收益"账户。待该项投资性房地产处置时，因转换计入其他综合收益的部分，应转入当期损益。

【例 9-18】2×24 年 4 月 15 日，甲房地产开发公司（甲公司）董事会形成书面决议，将其开发的一栋写字楼出租。甲公司与乙公司签订了租赁协议，租赁期开始日为 2×24 年 5 月 1 日，租赁期为 5 年。2×24 年 5 月 1 日，该写字楼的账面余额为 400 000 000 元，公允价值为 430 000 000 元。

借：投资性房地产——写字楼（成本）	430 000 000
贷：开发产品	400 000 000
其他综合收益	30 000 000

五、投资性房地产的处置

处置采用公允价值模式计量的投资性房地产时，应当按实际收到的金额，借记"银行存款"等账户，贷记"其他业务收入""应交税费——应交增值税（销项税额）"账户；按该项投资性房地产的账面余额，借记"其他业务成本"账户；按其成本，贷记"投资性房地产——成本"账户；按其累计公允价值变动，贷记或借记"投资性房地产——公允价值变动"账户。同时，结转投资性房地产累计公允价值变动。若存在原转换日计入其他综合收益的金额，也一并结转。

【例 9-19】2×21 年 2 月 20 日，甲房地产开发公司与乙公司签订了租赁协议，将其开发的一栋写字楼出租给乙公司使用，租赁期开始日为 2×21 年 3 月 20 日。2×21 年 3 月 20 日，该写字楼的账面余额 130 000 000 元，公允价值为 140 000 000 元。2×21 年 12 月 31 日，该项投资性房地产的公允价值为 145 000 000 元。2×22 年 5 月 20 日，租赁期届满，甲公司收回该项投资性房地产，并以 200 000 000 元出售，增值税税率 9%，出售款项已收讫。甲公司的账务处理如下。

（1）2×21 年 3 月 20 日，存货转为投资性房地产。

借：投资性房地产——成本	140 000 000
贷：开发产品	130 000 000
其他综合收益	10 000 000

（2）2×21 年 12 月 31 日，公允价值变动。

借：投资性房地产——公允价值变动　　　　　5 000 000

　　贷：公允价值变动损益　　　　　　　　　　　　　5 000 000

（3）2×22 年 5 月 20 日，出售投资性房地产。

借：银行存款　　　　　　　　　　　　　218 000 000

　　贷：其他业务收入　　　　　　　　　　　　　200 000 000

　　　　应交税费——应交增值税（销项税额）　　18 000 000

借：其他业务成本　　　　　　　　　　　145 000 000

　　贷：投资性房地产——成本　　　　　　　　　140 000 000

　　　　　　　　　——公允价值变动　　　　　　　5 000 000

同时，

借：公允价值变动损益　　　　　　　　　　5 000 000

　　其他综合收益　　　　　　　　　　　　10 000 000

　　贷：其他业务成本　　　　　　　　　　　　　15 000 000

【知识归纳】投资性房地产成本模式计量与公允价值模式计量账务处理的比较如表
9-1 所示。

表 9-1　投资性房地产成本模式计量与公允价值模式计量账务处理的比较

项目		成本模式	公允价值模式
账户设置		投资性房地产 投资性房地产累计折旧（摊销） 投资性房地产减值准备	投资性房地产——成本 投资性房地产——公允价值变动 公允价值变动损益
取得（外购、自行建造）		借：投资性房地产 　　贷：银行存款、在建工程等	借：投资性房地产——成本 　　贷：银行存款、在建工程等
后续计量	折旧摊销	借：其他业务成本 　　贷：投资性房地产累计折旧 　　　　（摊销）	不提折旧或摊销
	减值	借：资产减值损失 　　贷：投资性房地产减值准备 减值损失一经确认，在以后会计期间不得转回	不提减值准备 资产负债表日，公允价值高于原账面价值的差额： 借：投资性房地产——公允价值变动 　　贷：公允价值变动损益 反之，作相反的会计分录
后续支出	资本化	投资性房地产转入改扩建工程： 借：投资性房地产——在建 　　投资性房地产累计折旧（摊销） 　　贷：投资性房地产	投资性房地产转入改扩建工程： 借：投资性房地产——在建 　　贷：投资性房地产——成本 　　　　　　　——公允价值变动 　　　　（或借记）

续表

	项目	成本模式	公允价值模式
后续支出	费用化	借：其他业务成本 　　贷：银行存款等	同成本模式计量
转换	投资性房地产转换为自用房地产	借：固定资产、无形资产 　　贷：投资性房地产 借：投资性房地产累计折旧（摊销） 　　贷：累计折旧（摊销） 借：投资性房地产减值准备 　　贷：固定资产减值准备、无形资产减值准备	借：固定资产或无形资产 　　贷：投资性房地产——成本 　　　　　　　　　　——公允价值变动 　　　　　　　　　　（或借记） 　　　　公允价值变动损益（或借记）
	投资性房地产转换为存货	借：开发产品 　　投资性房地产累计折旧（摊销） 　　投资性房地产减值准备 　　贷：投资性房地产	借：开发产品 　　贷：投资性房地产——成本 　　　　　　　　　　——公允价值变动 　　　　　　　　　　（或借记） 　　　　公允价值变动损益（或借记）
	自用房地产转换为投资性房地产	借：投资性房地产 　　贷：固定资产或无形资产 借：累计折旧或累计摊销 　　贷：投资性房地产累计折旧（摊销） 借：固定资产减值准备或无形资产减值准备 　　贷：投资性房地产减值准备	借：投资性房地产——成本 　　累计折旧或累计摊销 　　固定资产减值准备或无形资产减值准备 　　公允价值变动损益（借差） 　　贷：固定资产或无形资产 　　　　其他综合收益（贷差）
	存货转换为投资性房地产	借：投资性房地产 　　存货跌价准备 　　贷：开发产品	借：投资性房地产——成本 　　存货跌价准备 　　公允价值变动损益（借差） 　　贷：开发产品 　　　　其他综合收益（贷差）
处置		借：银行存款 　　贷：其他业务收入 借：其他业务成本 　　投资性房地产累计折旧（摊销） 　　贷：投资性房地产	借：银行存款 　　贷：其他业务收入 借：其他业务成本 　　贷：投资性房地产——成本 　　　　　　　　　　——公允价值变动 　　　　　　　　　　（或借记） 同时， 借：公允价值变动损益（或贷记） 　　其他综合收益（或贷记） 　　贷：其他业务成本（或借记）
计量模式变更		成本模式转为公允价值计量模式的，应当作为会计政策变更处理；已采用公允价值模式计量的投资性房地产，不得从公允价值模式转换为成本模式	

项目十　流动负债

📖 学习目标

◆ 知识目标 ◆

1. 了解流动负债的概念和分类；

2. 熟悉应付账款的入账时间和入账金额；

3. 熟悉职工薪酬的构成内容和各项构成内容的具体项目；

4. 明确应交增值税的课税对象、纳税人、税率和计税方法；

5. 熟悉应交消费税、应交城市维护建设税和应交个人所得税的征税对象、税率和计征方法；

6. 了解其他应付款项的构成内容。

◆ 技能目标 ◆

1. 能进行短期借款、应付票据和应付账款的账务处理；

2. 能进行应付职工薪酬各构成项目的账务处理；

3. 能进行应交增值税进项税额和销项税额的账务处理；

4. 能进行应交消费税、应交城市维护建设税和应交个人所得税的账务处理；

5. 能进行预收账款和其他应付款的账务处理；

6. 能运用所学知识根据原始凭证分析经济业务，熟练编制记账凭证，登记有关账户；

7. 掌握各项流动负债在资产负债表中的填列方法，能根据相关资料填列资产负债表中流动负债相关项目，提供企业有关流动负债方面的会计信息。

◆ 素养目标 ◆

1. 培养学生具有劳模精神、工匠精神和诚实守信的职业素养；

2. 能严格按照《企业会计准则第 9 号——职工薪酬》《企业会计准则第 17 号——借款费用》等政策法规的要求规范操作；

3. 初步具有相应的会计职业判断能力；

4. 具备严谨细致的会计工作态度和团队协作与沟通能力。

📖案例导入

2020 年以来，国家税务总局为了配合国家开展新冠疫情防控工作，助力全社会复工复产，出台了一系列相应的税收优惠政策。其中，与中小企业相关的主要内容为：

（1）对通过提供生活服务或者提供快递收派服务获得的收入免征增值税。

（2）对湖北省的小规模纳税人，之前适用 3% 征收率的，免征增值税。对湖北省外的小规模纳税人，适用 3% 征收率的减按 1% 征收增值税。

（3）困难行业、企业在 2020 年度发生的亏损，其在计算企业所得税时允许的结转年限由 5 年延长为 8 年。

（4）在 2020 年 2 月到 2020 年 5 月之间，免除中小企业的单位缴交部分的养老、失业、工伤保险费。

（5）推动对承租国有房屋用于经营、出现困难的服务业小微企业和个体工商户，免除上半年三个月房屋租金。转租、分租国有房屋的，要确保免租惠及最终承租人。对承租非国有房屋用于经营、出现困难的服务业小微企业和个体工商户，鼓励出租人考虑承租人实际困难，在双方平等协商的基础上，减免或延期收取房屋租金。

思考：对于 2020 年以来受到新冠疫情冲击的行业和企业来说，国家出台的一系列税收优惠政策所起的减税降费的作用是巨大的。回顾历史，你是否能认识到用好税收大数据、提升税收治理能力的重要性？

📖项目导图

本项目的内容结构如图 10-1 所示。

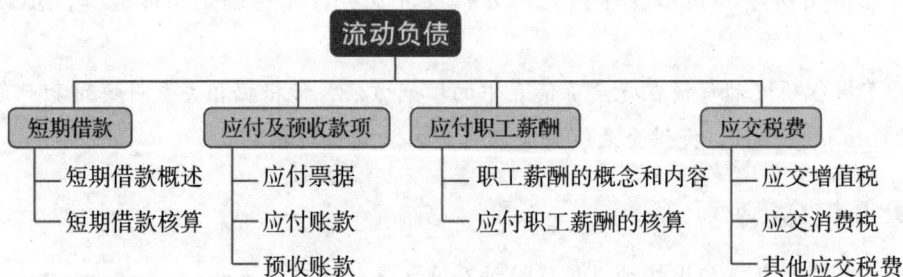

图 10-1　项目十的内容结构

📖 项目实施

任务一　短期借款

一、短期借款概述

短期借款是指企业向银行或其他金融机构等借入的期限在 1 年以下（含 1 年）的各种借款，通常是为了满足止常生产经营的需要或者为了抵偿某项债务而借入的。短期借款主要有经营周转借款、临时借款、结算借款、票据贴现借款等。

二、短期借款核算

企业应通过"短期借款"科目核算短期借款的发生、偿还等情况。企业从银行或其他金融机构取得短期借款时，借记"银行存款"科目，贷记"短期借款"科目。

在实际工作中，银行一般于每季度末收取短期借款利息，为此，企业的短期借款利息一般采用月末预提的方式进行核算。短期借款利息属于筹资费用，应记入"财务费用"科目。企业应当在资产负债表日按照计算确定的短期借款利息费用，借记"财务费用"科目，贷记"应付利息"科目；实际支付利息时，借记"应付利息"科目，贷记"银行存款"科目。

企业短期借款到期偿还本金时，借记"短期借款"科目，贷记"银行存款"科目。

【例 10-1】顺达公司于 2×23 年 1 月 1 日向银行借入一笔生产经营用短期借款，共计 120 000 元，期限为 9 个月，年利率为 4%。根据与银行签署的借款协议，该项借款的本金到期后一次归还；利息分月预提，按季支付。顺达公司的账务处理如下。

（1）1 月 1 日借入短期借款。

借：银行存款　　　　　　　120 000
　　贷：短期借款　　　　　　　120 000

（2）1 月末，计提 1 月份应计利息。

借：财务费用　　　　　　　400
　　贷：应付利息　　　　　　　400

本月应计提的利息金额 =120 000 × 4% ÷ 12=400（元）

2 月末计提 2 月份利息费用的处理与 1 月份相同。

（3）3 月末支付第一季度银行借款利息。

借：财务费用　　　　　　　400
　　应付利息　　　　　　　800
　　贷：银行存款　　　　　　　1 200

第二、三季度的会计处理同上。

（4）10 月 1 日偿还银行借款本金。

借：短期借款　　　　　　　　120 000

　　贷：银行存款　　　　　　　　　　120 000

任务二　应付及预收款项

一、应付票据

（一）应付票据概述

应付票据是由出票人出票，委托付款人在指定日期无条件支付确定的金额给收款人或持票人的票据。通常是企业因购买材料、商品或接受劳务供应等而开出、承兑的商业汇票，包括商业承兑汇票和银行承兑汇票两种。应付票据按是否带息分为带息应付票据和不带息应付票据两种。

应付票据和应付账款

我国商业汇票的付款期限不超过 6 个月，因此，在会计实务中，企业一般均按照开出、承兑的应付票据的面值入账。

（二）应付票据核算

为了核算和监督应付票据的发生、偿付等业务，企业应当设置"应付票据"账户。该账户属于负债类账户，贷方登记开出、承兑的商业汇票，借方登记到期支付的票款或转出金额，期末贷方余额反映企业尚未到期的商业汇票的票面金额。

企业还应设置"应付票据备查簿"，详细登记商业汇票的种类、号数和出票日期、到期日、票面余额、交易合同号和收款人姓名或者单位名称以及付款日期和金额等资料。应付票据到期结清时，在备查簿中应予注销。

1. 发生应付票据

企业因购买材料、商品和接受劳务供应等而开出、承兑的商业汇票，应当将其票面金额作为应付票据的入账金额，借记"材料采购""原材料""库存商品""应交税费——应交增值税（进项税额）"等账户，贷记"应付票据"账户。企业因开出银行承兑汇票而支付的手续费，应当计入当期财务费用，借记"财务费用"账户，贷记"银行存款"账户。

无论应付票据是否带息，在我国会计实务中都按票据的面值入账。带息的商业汇票，企业在提供中报或年报时，应将已经发生的利息费用预提入账，实际支付或预提的利息费用均记入当期的"财务费用"。如到期不能支付，应在票据到期时，将"应付票据"账面价值转入"应付账款"科目。

【例 10-2】2×23 年 1 月 3 日，顺达公司开出一张面值为 61 020 元、期限为 6 个月的不带息银行承兑汇票用于采购一批材料。增值税专用发票注明的材料价款为 54 000元，增值税税额为 7 020 元，材料已验收入库。向银行支付承兑手续费 30.51 元。顺达公司的账务处理如下。

借：原材料　　　　　　　　　　　　　　　54 000
　　应交税费——应交增值税（进项税额）　　7 020
　　　贷：应付票据　　　　　　　　　　　　　　　61 020
借：财务费用　　　　　　　　　　　　　　30.51
　　　贷：银行存款　　　　　　　　　　　　　　　30.51

2. 到期应付票据

企业在商业汇票到期时，借记"应付票据"账户，贷记"银行存款"账户。当企业无力支付票款时，如采用商业承兑汇票结算，应将应付票据的账面余额转作应付账款，借记"应付票据"账户，贷记"应付账款"账户；如采用银行承兑汇票结算，承兑银行将代为支付票据款，并将其转为对付款人的逾期贷款，应将应付票据的账面余额转作短期借款，借记"应付票据"账户，贷记"短期借款"账户。

【例 10-3】承接【例 10-2】，2×23 年 7 月 3 日，顺达公司开出的银行承兑汇票到期，收到开户银行的付款通知，顺达公司支付款项。顺达公司的账务处理如下。

借：应付票据　　　　　　　　　　　　　　61 020
　　　贷：银行存款　　　　　　　　　　　　　　　61 020

若票据到期，顺达公司无力支付票款，账务处理如下。

借：应付票据　　　　　　　　　　　　　　61 020
　　　贷：短期借款　　　　　　　　　　　　　　　61 020

✎ 知识拓展

应付票据如为带息票据，一般在中期末和年度终了资产负债表日，企业应按票据的存续时间和票面利率计算应付利息，增加应付票据账面价值，借记"财务费用"账户，贷记"应付票据"账户。如果带息商业承兑汇票到期，而企业无力支付票款，按应付票据的账面价值和尚未计入应付票据的利息，借记"应付票据""财务费用"账户，贷记"应付账款"账户。如果带息银行承兑汇票到期，而企业无力支付票款，应转入"短期借款"账户。

二、应付账款

（一）应付账款概述

应付账款是指企业因购买材料、商品或接受劳务等而应付给供货单位的款项。实务中，在货物和发票账单同时到达的情况下，一般在所购货物验收入库后，根据发票账单登记入账，确认应付账款。在所购货物已经验收入库，但是发票账单未能同时到达的情况下，期末应按暂估价入账，下月初用红字冲回。（详见项目四任务二的相关内容）

应付账款的入账金额应为发票记载的金额。如发生商业折扣时，按扣除商业折扣后的金额入账；发生现金折扣时，按总价法以总额入账，实际支付时发生的现金折扣作为一项理财收益，直接冲减财务费用。

（二）应付账款核算

为了核算和监督应付账款的发生、偿还等情况，企业应设置"应付账款"账户。该账户属于负债类账户，贷方登记企业购买材料、商品或接受劳务供应等发生的应付未付的款项，借方登记偿还的应付账款、开出商业汇票抵付应付账款或冲销无法支付的应付账款，期末余额一般在贷方，反映企业尚未支付的款项。本账户按债权人进行明细核算。

预付账款情况不多的企业，可以不设置"预付账款"账户，而将预付的款项直接记入"应付账款"账户核算。

1. 发生应付账款

企业购入材料、商品等验收入库，但货款尚未支付，根据发票账单等有关凭证，借记"材料采购""原材料""应交税费——应交增值税（进项税额）"等账户，贷记"应付账款"账户。企业接受供应单位提供劳务而发生的应付未付款项，根据供应单位的发票账单，借记"生产成本""管理费用"等账户，贷记"应付账款"账户。

【例10-4】月末顺达公司计算本月应付电费18 000元，其中生产车间电费14 000元，行政管理部门电费4 000元，款项尚未支付。顺达公司的账务处理如下。

借：生产成本 14 000

管理费用 4 000

贷：应付账款 18 000

【例10-5】顺达公司于2×23年4月13日从华融公司购入一批材料，价款为85 000元，增值税税额为11 050元，材料已验收入库。合同中约定现金折扣条件为2/10，1/20，n/30。假设计算现金折扣时不考虑增值税。顺达公司的账务处理如下。

借：原材料 85 000

应交税费——应交增值税（进项税额） 11 050

贷：应付账款——华融公司 96 050

2. 偿还应付账款

企业偿还应付账款或开出商业汇票抵付应付账款时，借记"应付账款"账户，贷记"银行存款""应付票据"等账户。

【例10-6】承接【例10-5】，顺达公司于2×23年4月25日以银行存款支付华融公司购料款。顺达公司的账务处理如下。

借：应付账款——华融公司 96 050

贷：银行存款 95 200

财务费用 850

3. 转销应付账款

企业转销因债权单位撤销或者其他原因而产生无法支付的应付账款时，应将其账面余额计入营业外收入，借记"应付账款"账户，贷记"营业外收入"账户。

三、预收账款

（一）预收账款概述

预收账款是指企业按照合同规定预收的款项，适用于《企业会计准则第 14 号——收入》以外的预收款项，如《企业会计准则第 21 号——租赁》下的预收租金通过"预收账款"账户核算。预收账款情况不多的企业也可以不设置"预收账款"账户，将预收款项直接记入"应收账款"账户。

（二）预收账款核算

为了核算和监督预收款项、补收或退回多余款项等业务，企业应设置"预收账款"账户。该账户属于负债类，贷方登记发生的预收账款金额和购货单位补付账款的金额，借方登记向购货方发货后冲销的预收账款金额和退回购货方多付账款的金额；期末贷方余额反映企业预收的款项，如为借方余额，反映企业尚未转销的款项。该账户可按购货单位进行明细核算。

企业预收款项时，按实际收到的全部预收款，借记"银行存款"等账户；涉及增值税的，按照预收款计算的应交增值税，贷记"应交税费——应交增值税（销项税额）"账户。全部预收款扣除应交增值税的差额，贷记"预收账款"账户。

企业分期确认有关收入时，按照实现的收入，借记"预收账款"账户，贷记"主营业务收入""其他业务收入"账户。

企业收到客户补付款项时，借记"银行存款"等账户，贷记"预收账款"账户；退回客户多预付的款项，借记"预收账款"账户，贷记"银行存款"账户。涉及增值税的，还应进行相应的账务处理。

【例 10-7】顺达公司为增值税一般纳税人，适用的增值税税率为 13%。2×23 年 5 月 3 日，顺达公司与飞龙公司签订短期租赁吊车合同，向飞龙公司出租吊车三台，期限 5 个月，三台吊车租金含税价为 28 250 元，合同约定，合同签订日预付租金（含税）11 300 元。合同到期结清全部租金。合同签订日，顺达公司收到租金并存入银行。开具的增值税专用发票注明租金 10 000 元，增值税 1 300 元。租赁期满日，顺达公司收到租金余款及相关的增值税。

顺达公司的账务处理如下。

（1）收到飞龙公司预付款。

借：银行存款　　　　　　　　　　　　　　　　11 300
　　贷：预收账款——飞龙公司　　　　　　　　10 000
　　　　应交税费——应交增值税（销项税额）　　1 300

（2）每月末确认租金收入。

借：预收账款　　　　　　　　　　　　　　　　5 000

　　贷：其他业务收入　　　　　　　　　　　　　　　　5 000

（3）租赁期满收到租金余款及增值税。

借：银行存款　　　　　　　　　　　　　　　　16 950

　　贷：预收账款——飞龙公司　　　　　　　　　15 000

　　　　应交税费——应交增值税（销项税额）　　 1 950

任务三　应付职工薪酬

一、职工薪酬的概念和内容

　　职工薪酬是指企业为获得职工提供的服务或解除劳动关系而给予的各种形式的报酬或补偿。企业提供给职工配偶、子女、受赡养人、已故员工遗属及其他受益人等的福利，也属于职工薪酬。

📝 知识拓展

　　职工主要包括三类人员：一是与企业订立劳动合同的所有人员，含全职、兼职和临时职工；二是未与企业订立劳动合同，但由企业正式任命的企业治理层和管理层人员，如董事会成员、监事会成员等；三是在企业的计划和控制下，虽未与企业订立劳动合同或未由其正式任命，但向企业所提供服务与职工所提供服务类似的人员，也属于职工的范畴，包括通过企业与劳务中介公司签订用工合同而向企业提供服务的人员。

　　职工薪酬主要包括以下内容。

（一）短期薪酬

　　短期薪酬是指企业在职工提供相关服务的年度报告期间结束后 12 个月内需要全部予以支付的职工薪酬，因解除与职工的劳动关系给予的补偿除外。短期薪酬具体包括以下内容。

　　1. 职工工资、奖金、津贴和补贴

　　职工工资、奖金、津贴和补贴是指按照构成工资总额的计时工资、计件工资、支付给职工的超额劳动报酬和增收节支的劳动报酬、为补偿职工特殊或额外的劳动消耗和因其他特殊原因支付给职工的津贴以及为保证职工工资水平不受物价影响支付给职工的物价补贴等。其中，企业按照短期奖金计划向职工发放的奖金属于短期薪酬，按照长期奖金计划向职工发放的奖金属于其他长期职工福利。

　　2. 职工福利费

　　职工福利费是指企业向职工提供的生活困难补助费、丧葬补助费、抚恤费、职工异地安家费、防暑降温费等职工福利支出。

　　3. 医疗保险费、工伤保险费和生育保险费等社会保险费

　　医疗保险费、工伤保险费和生育保险费等社会保险费是指企业按照国家规定的基准

和比例计算，向社会保险经办机构缴纳的医疗保险费、工伤保险费和生育保险费。

4. 住房公积金

住房公积金是指企业按照国家规定的基准和比例计算，向住房公积金管理机构缴存的住房公积金。

5. 工会经费和职工教育经费

工会经费和职工教育经费是指企业为了改善职工文化生活、为职工学习先进技术及提高文化水平和业务素质，用于开展工会活动和职工教育及职业技能培训等的相关支出。

6. 短期带薪缺勤

短期带薪缺勤是指职工虽然缺勤但企业仍向其支付报酬的安排，包括年休假、病假、婚假、产假、丧假、探亲假等。长期带薪缺勤属于其他长期职工福利。

7. 短期利润分享计划

短期利润分享计划是指因职工提供服务而与职工达成的基于利润或其他经营成果提供薪酬的协议。长期利润分享计划属于其他长期职工福利。

8. 非货币性福利

非货币性福利是指企业以自己生产的产品或其他有形资产发放给职工作为福利、企业提供给职工无偿使用自己拥有的资产或租赁资产供职工无偿使用等。

9. 其他短期薪酬

其他短期薪酬是指除上述薪酬以外的其他为获得职工提供的服务而给予的短期薪酬。

（二）离职后福利

企业为获得职工提供的服务而在职工退休或与企业解除劳动关系后提供的各种形式的报酬和福利，短期薪酬和辞退福利除外。企业应当将离职后福利计划分类为设定提存计划和设定受益计划。其中，设定提存计划是指向独立的基金缴存固定费用后，企业不再承担进一步支付义务的离职后福利计划，如养老保险费和失业保险费。设定受益计划是指除设定提存计划以外的离职后福利计划。

（三）辞退福利

辞退福利是指企业在职工劳动合同到期之前解除与职工的劳动关系，或者为鼓励职工自愿接受裁减而给予职工的补偿。

（四）其他长期职工福利

其他长期职工福利是指除短期薪酬、离职后福利、辞退福利之外所有的职工薪酬，包括长期带薪缺勤、长期残疾福利、长期利润分享计划等。

二、应付职工薪酬的核算

为了核算和监督应付职工薪酬的提取、结算、使用等情况，企业应当设置"应付职工薪酬"账户。该账户属于负债类账户，贷方登记分配计入有关成本费用项目的职工薪酬的数额，借方登记实际发放的职工薪酬数额，期末贷方余额反映企业应付未付的职工薪酬。"应付职工薪酬"账户应当按照"工资、奖金、津贴和补贴""职工福利费""非货币性福利""社会保险费""住房公积金""工会经费和职工教育经费""带薪缺勤""利润分享计划""设定提存计划""设定受益计划""辞退福利"等职工薪酬项目设置明细账进行明细核算。

（一）货币性职工薪酬

1. 货币性职工薪酬的确认

货币性职工薪酬一般包括职工的工资、奖金、津贴和补贴，职工福利费、医疗保险费、工伤保险费和生育保险费等社会保险费，设定提存计划、住房公积金、工会经费和职工教育经费等。企业应当在职工为其提供服务的会计期间，将应付的职工薪酬确认为负债，按照职工提供服务的受益对象计入当期损益或相关资产成本。借记"生产成本""销售费用""管理费用""其他业务成本""在建工程""研发支出"等账户，贷记"应付职工薪酬"账户。

【例 10-8】2×23 年 8 月 31 日，顺达公司根据工资结算汇总表（见表 10-1）进行工资分配，其中生产一部生产甲产品，生产二部生产乙产品。同时，根据有关规定，公司分别按照职工薪酬总额的 9.5%、14%、0.5% 和 10% 计提医疗保险费、养老保险费、失业保险费和住房公积金，缴纳给当地社会保险经办机构和住房公积金管理机构。公司内设医务室，职工福利的受益对象为上述所有人员，公司当月实际发生额如表 10-2 所示。公司分别按照职工薪酬的 2% 和 8% 计提工会经费和职工教育经费。计提情况如表 10-2 所示。

表 10-1　顺达公司工资结算汇总表

2×23 年 8 月　　　　　　　　　　　单位：元

部门		应付工资					代扣款项				实发工资
		计时工资	应扣工资	奖金	津贴	应付工资	房租	个人所得税	社会保险及设定提存计划	公积金	
生产一部	生产工人	298 650	3 500	12 124	25 070	332 344	6 500	9 970	8 745	3 869	303 260
	管理人员	15 760				15 760	2 000	473	430	250	12 607

续表

部门		应付工资					代扣款项				实发工资
		计时工资	应扣工资	奖金	津贴	应付工资	房租	个人所得税	社会保险及设定提存计划	公积金	
生产二部	生产工人	227 680	2 800	9 870	15 980	250 730	1 500	7 522	6 002	2 623	233 083
	管理人员	16 579				16 579	800	340	472	211	14 756
辅助生产部门		18 765				18 765	721	563	765	345	16 371
施工部门		24 000				24 000	459	720	876	980	20 965
管理部门		150 080				150 080	387	4 502	5 589	3 430	136 172
销售部门		63 400				63 400	440	1 902	1 870	1 954	57 234
合计		814 914	6 300	21 994	41 050	871 658	12 807	25 992	24 749	13 662	794 448

表 10-2 顺达公司社会保险及福利计提汇总表

2×23 年 8 月

单位：元

部门		计提基数	社保9.5%	设立提存计划14.5%	公积金10%	福利费实际发生额	工会经费2%	职工教育经费8%	合计
生产一部	生产工人	332 344	31 572.68	48 189.88	33 234.40	43 104.72	6 646.88	26 587.52	189 336.08
	管理人员	15 760	1 497.20	2 285.20	1 576.00	1 948.80	315.20	1 260.80	8 883.20
生产二部	生产工人	250 730	23 819.35	36 355.85	25 073.00	32 494.90	5 014.60	20 058.40	142 816.10
	管理人员	16 579	1 575.01	2 403.96	1 657.90	2 055.27	331.58	1 326.32	9 350.04
辅助生产部门		18 765	1 782.68	2 720.93	1 876.50	2 339.45	375.30	1 501.20	10 596.06
施工部门		24 000	2 280.00	3 480.00	2 400.00	3 020.00	480.00	1 920.00	13 580.00
管理部门		150 080	14 257.60	21 761.60	15 008.00	19 410.40	3 001.60	12 006.40	85 445.60
销售部门		63 400	6 023.00	9 193.00	6 340.00	8 142.00	1 268.00	5 072.00	36 038.00
合计		871 658	82 807.52	126 390.42	87 165.80	112 515.54	17 433.16	69 732.64	496 045.08

顺达公司的账务处理如下。

借：生产成本——基本生产成本（甲产品） 521 680.08

　　　　　——基本生产成本（乙产品） 393 546.10

　　制造费用 50 572.24

　　生产成本——辅助生产成本 29 361.06

　　在建工程 37 580

　　管理费用 235 525.60

　　销售费用 99 438

　　贷：应付职工薪酬——工资、奖金、津贴和补贴 871 658

　　　　　　　——社会保险费 82 807.52

　　　　　　　——设定提存计划（养老保险费） 122 032.12

　　　　　　　——设定提存计划（失业保险费） 4 358.29

　　　　　　　——住房公积金 87 165.80

　　　　　　　——职工福利费 112 515.54

　　　　　　　——工会经费和职工教育经费（工会经费） 17 433.16

　　　　　　　——工会经费和职工教育经费（职工教育经费）69 732.64

2. 货币性职工薪酬的发放

实务中，企业根据"工资结算汇总表"中的实发工资合计数额向开户银行提取现金或者使用工资卡的单位将会计主管盖章的"工资结算单"交由银行转账支付。如为提取现金，先借记"库存现金"账户，贷记"银行存款"账户，再向职工发放工资。

企业向职工支付工资薪酬时，借记"应付职工薪酬——工资、奖金、津贴和补贴"账户，贷记"库存现金""银行存款""其他应收款——各种代垫款""其他应付款——各种代扣款""应交税费——应交个人所得税"等账户。

【例10-9】2×23年9月15日，顺达公司委托银行转账进行货币性职工薪酬的发放，并扣取个人五险、住房公积金和个人所得税以及由企业垫付的职工房租。原始单据见表10-1。

借：应付职工薪酬——工资、奖金、津贴和补贴 871 658

　　贷：银行存款 794 448

　　其他应收款——代垫房租 12 807

　　其他应付款——个人五险 24 749

　　　　　　　——住房公积金 13 662

　　应交税费——应交个人所得税 25 992

企业向社会保险机构的住房公积金管理机构为职工缴纳各种保险费及住房公积金时，借记"应付职工薪酬——社会保险费""应付职工薪酬——住房公积金"等账户，贷记"银行存款"账户。

【例10-10】承接【例10-8】和【例10-9】，企业通过委托扣款向当地有关机构缴纳企业和个人负担的社会保险费和住房公积金。

借：应付职工薪酬——社会保险费　　　　　　　　82 807.52
　　　　　　——设定提成计划（养老保险费）122 032.12
　　　　　　——设定提存计划（失业保险费）　4 358.29
　　　　　　——住房公积金　　　　　　　　　87 165.80
　　其他应付款——个人五险　　　　　　　　　　24 749
　　　　　　——住房公积金　　　　　　　　　　13 662
　　贷：银行存款　　　　　　　　　　　　　　　　　　334 774.73

✎ **知识拓展**

对于职工带薪缺勤，企业应当根据其性质及职工享有的权利，分为累积带薪缺勤和非累积带薪缺勤两类。企业应当在职工提供了服务从而增加了其未来享有的带薪缺勤权利时，确认与累积带薪缺勤相关的职工薪酬，并以累积未行使权利而增加的预期支付金额计量。确认带薪缺勤时，借记"管理费用"等账户，贷记"应付职工薪酬——带薪缺勤——短期带薪缺勤——累积带薪缺勤"账户。企业确认职工享有的与非累积带薪缺勤权利相关的薪酬，视同职工出勤确认的当期损益或相关资产成本。通常情况下，与非累积带薪缺勤相关的职工薪酬已经包括在企业每期向职工发放的工资等薪酬中，因此，不必额外作相应的账务处理。

（二）非货币性职工薪酬

（1）企业以其自产产品作为非货币性福利发放给职工的，应当根据受益对象，按照该产品的含税公允价值，计入相关资产成本或当期损益，同时确认应付职工薪酬，借记"生产成本""制造费用""管理费用"等账户，贷记"应付职工薪酬——非货币性福利"账户。实际发放时，借记"应付职工薪酬——非货币性福利"账户，贷记"主营业务收入""应交税费——应交增值税（销项税额）"账户，同时结转产成品的成本。

【例10-11】甲公司是一家彩电生产企业，有职工200名，其中一线生产工人为180名，总部管理人员为20名。2×23年11月10日，甲公司决定将其生产的液晶彩色电视机作为福利发放给职工。该彩色电视机单位成本为10 000元，市场售价为每台14 000元，适用的增值税税率为13%。2×23年11月20日，甲公司向职工发放彩色电视机200台。甲公司的账务处理如下。

① 2×23年11月10日。

计入生产成本的金额 =180 × 14 000 × （1+13%）=2 847 600（元）

计入管理费用的金额 =20 × 14 000 × （1+13%）=316 400（元）

借：生产成本　　　　　　　　　　　　　　　　2 847 600
　　管理费用　　　　　　　　　　　　　　　　　316 400
　　贷：应付职工薪酬——非货币性福利　　　　　　　3 164 000

② 2×23 年 11 月 20 日。

借：应付职工薪酬——非货币性福利　　　　　3 164 000

　　贷：主营业务收入　　　　　　　　　　　　　　2 800 000

　　　　应交税费——应交增值税（销项税额）　　　364 000

借：主营业务成本　　　　　　　　　　　　　2 000 000

　　贷：库存商品　　　　　　　　　　　　　　　　2 000 000

（2）企业将拥有的房屋等资产无偿提供给职工使用的，应根据受益对象，将该住房每期应计提的折旧计入相关资产成本或当期损益，同时确认应付职工薪酬，借记"生产成本""制造费用""管理费用"等账户，贷记"应付职工薪酬——非货币性福利"账户，并且同时借记"应付职工薪酬——非货币性福利"账户，贷记"累计折旧"账户。

【例 10-12】顺达公司决定为每位部门经理提供轿车，供其免费使用，顺达公司部门共有经理 20 名，假定每辆轿车月折旧额为 1 000 元。顺达公司的账务处理如下。

借：管理费用　　　　　　　　　　　　　　　20 000

　　贷：应付职工薪酬——非货币性福利　　　　　　20 000

借：应付职工薪酬——非货币性福利　　　　　20 000

　　贷：累计折旧　　　　　　　　　　　　　　　　20 000

（3）租赁住房等资产供职工无偿使用的，应当根据受益对象，将每期应付的租金计入相关资产成本或当期损益，并确认应付职工薪酬，借记"生产成本""制造费用""管理费用"等账户，贷记"应付职工薪酬——非货币性福利"账户。难以认定受益对象的非货币性福利，直接计入当期损益和应付职工薪酬。

【例 10-13】顺达公司于 2×23 年 12 月 1 日决定为每位副总裁租赁一套住房，供其免费使用，副总裁共有 5 名，假定每套住房租金为 8 000 元。2×23 年 12 月 20 日，顺达公司支付本月副总裁以上高级管理人员住房租金 40 000 元。顺达公司的账务处理如下。

借：管理费用　　　　　　　　　　　　　　　40 000

　　贷：应付职工薪酬——非货币性福利　　　　　　40 000

借：应付职工薪酬——非货币性福利　　　　　40 000

　　贷：银行存款　　　　　　　　　　　　　　　　40 000

任务四　应交税费

企业在一定时期内取得营业收入、实现的利润以及从事其他应税项目，都要按照税法规定向国家交纳各种税费，按照权责发生制原则对这些应交税费进行确认。这些应交税费在尚未交纳之前暂时停留在企业，形成企业的一项负债。其具体包括增值税、消费税、企业所得税、资源税、城市维护建设税、环境保护税、土地增值税、房产税、车船税、城镇土地使用税、教育费附加、矿产资源补偿费、印花税、耕地占用税、契税、车辆购置税等。

企业通过"应交税费"账户核算企业各种税费的应交情况。该账户贷方登记应交纳的各种税费，借方登记实际交纳的各种税费；期末余额一般在贷方，反映企业尚未交纳的税费，期末余额在借方，反映企业多交或尚未抵扣的税费。本账户按应交的税费项目进行明细核算。

✎ 知识拓展

企业代扣代缴的个人所得税等也通过"应交税费"账户核算，而企业交纳的印花税、耕地占用税、契税等不需要预计应交数的税金，不通过"应交税费"账户核算。

一、应交增值税

（一）增值税概述

1. 增值税的征税范围和纳税义务人

增值税是以商品（含应税劳务、应税行为）在流转过程中实现的增值额为计税依据而征收的一种流转税。按照我国现行增值税制度的规定，在我国境内销售货物、加工修理修配劳务、服务、无形资产和不动产以及进口货物的单位和个人为增值税的纳税人。其中，"服务"是指提供交通运输服务、建筑服务、邮政服务、电信服务、金融服务、现代服务、生活服务。

1 认识增值税
2 应交增值税
3 增值税的会
　计处理

根据经营规模大小及会计核算水平的健全程度，增值税纳税人分为一般纳税人和小规模纳税人。一般纳税人是指年应税销售额超过财政部、国家税务总局规定标准的增值税纳税人。小规模纳税人是指年应税销售额未超过规定标准，并且会计核算不健全，不能够提供准确税务资料的增值税纳税人。

2. 增值税的计税方法

增值税一般纳税人计算增值税大多采用一般计税方法，小规模纳税人一般采用简易计税方法。一般纳税人发生财政部和国家税务总局规定的特定应税销售行为，也可以选择简易计税方式计税，但是不得抵扣进项税额。

（1）一般计税方法。一般计税方法是先按当期销售额和适用税率计算出销项税额，然后以该销项税额对当期购进项目支付的税款（进项税额）进行抵扣，间接算出当期的应纳税额。计算公式如下。

$$应纳税额＝当期销项税额－当期进项税额$$

公式中的"当期销项税额"是指纳税人当期销售货物、加工修理修配劳务、服务、无形资产和不动产时按照销售额和增值税税率计算并收取的增值税税额。其中，销售额是指纳税人销售货物、加工修理修配劳务、服务、无形资产和不动产，向购买方收取的全部价款和价外费用，但是不包括收取的销项税额。当期销项税额的计算公式如下。

$$销项税额 = 销售额 \times 增值税税率$$

公式中的"当期进项税额"是指纳税人购进货物、加工修理修配劳务、服务、无形资产或者不动产，支付或者负担的增值税税额。

✎ 知识拓展

下列进项税额准予从销项税额中抵扣：①从销售方取得的增值税专用发票上注明的增值税税额。②从海关进口增值税专用缴款书上注明的增值税税额。③购进农产品，除取得增值税专用发票或者海关进口增值税专用缴款书外，按照农产品收购发票或者销售发票上注明的农产品买价和9%的扣除率计算的进项税额；如用于生产销售或委托加工13%税率货物的农产品，按照农产品收购发票或者销售发票上注明的农产品买价和10%的扣除率计算的进项税额。④从境外单位或者个人购进服务、无形资产或者不动产，从税务机关或者扣缴义务人取得的解缴税款的完税凭证上注明的增值税税额。⑤一般纳税人支付的道路、桥、闸通行费，凭取得的通行费发票上注明的收费金额和规定的方法计算的可抵扣的增值税进项税额。

（2）简易计税方法。简易计税方法是按照销售额与征收率的乘积计算应纳税额，不得抵扣进项税额。应纳税额的计算公式如下。

$$应纳税额 = 销售额 \times 征收率$$

公式中的"销售额"不包括其应纳税额，如果纳税人采用销售额和应纳税额合并定价方法，应按照公式"销售额＝含税销售额÷（1+征收率）"还原为不含税销售额计算。

3. 增值税的税率和征收率

一般纳税人采用的税率分为13%、9%、6%和零税率。一般纳税人销售货物、劳务、有形动产租赁服务或者进口货物，税率为13%。

一般纳税人销售或者进口粮食等农产品、食用植物油、食用盐、自来水、暖气、冷气、热水、煤气、石油液化气、天然气、二甲醚、沼气、居民用煤炭制品、图书、报纸、杂志、音像制品、电子出版物、饲料、化肥、农药、农机、农膜和国务院及其有关部门规定的其他货物，税率为9%；其他应税行为，税率为6%。

一般纳税人出口货物，税率为零，但是国务院另有规定的除外。境内单位和个人发生的跨境应税行为税率为零，具体范围由财政部和国家税务总局另行规定。

采用简易计税方式的增值税征收率为3%，国家另有规定的除外。

（二）一般纳税人应交增值税的核算

一般纳税人发生应税销售行为适用一般计税方法计税，采购等业务进项税额允许抵扣销项税额。一般纳税人购销业务在账务处理上的主要特点：一是在购进阶段，账务处理实行价税分离，增值税专用发票上注明的价款和增值税，属于价款的计入货物的成本，属于增值税税额的，按规定计入进项税额；二是在销售阶段，销售价格中不再含税，如果销售价格中含税，应将其还原为不含税价格作为销售收入，向购买方收取的增值税作为销项税额。

1. 账户设置

为了核算企业应交增值税的发生、抵扣、交纳、退税及转出等情况，增值税一般纳税人应当在"应交税费"科目下设置"应交增值税""未交增值税""预交增值税""待抵扣进项税额""待认证进项税额""待转销销项税额""增值税留抵税额""简易计税""转让金融商品应交增值税""代扣代交增值税"等明细科目，如表 10-3 所示。

表 10-3 一般纳税人的账户设置

序号	二级账户	三级账户	说明
1	应交增值税	进项税额	记录一般纳税人购进货物、加工修理修配劳务、服务、无形资产或不动产而支付或负担的、准予从当期销项税额中抵扣的增值税税额
		销项税额	记录一般纳税人销售货物、加工修理修配劳务、服务、无形资产或不动产应收取的增值税税额
		已交税金	记录当月已交纳的应交增值税税额
		进项税额转出	记录购进货物、加工修理修配劳务、服务、无形资产或不动产等发生非正常损失以及其他原因而不应从销项税额中抵扣、按规定转出的进项税额
		转出未交增值税	记录月度终了转出当月应交未交的增值税税额
		转出多交增值税	记录月度终了转出当月多交的增值税税额
		减免税款	记录按现行增值税制度规定准予减免的增值税税额
		销项税额抵扣	记录按照现行增值税制度规定因扣减销售额而减少的销项税额
		出口抵减内销商品应纳税额	记录实行"免、抵、退"办法的一般纳税人按规定计算的出口货物的进项税抵减内销产品的应纳税额
		出口退税	记录出口货物、加工修理修配劳务、服务、无形资产按规定退回的增值税税额
2	未交增值税		核算月度终了从"应交增值税"或"预交增值税"明细科目转入当月应交未交、多交或预交的增值税税额，以及当月交纳以前期间未交的增值税税额
3	预交增值税		核算转让不动产、提供不动产经营租赁服务、提供建筑服务、采用预收款方式销售自行开发的房地产项目等以及其他按现行增值税制度规定应预交的增值税税额
4	待抵扣进项税额		核算一般纳税人已取得增值税扣税凭证并经税务机关认证，按照现行增值税制度规定准予以后期间从销项税额中抵扣的进项税额

序号	二级账户	三级账户	说明
5	待认证进项税额		核算一般纳税人由于未经税务机关认证而不得从当期销项税额中抵扣的进项税额
6	待转销项税额		核算一般纳税人销售货物、加工修理修配劳务、服务、无形资产或不动产，已确认相关收入（或利得），但尚未发生增值税纳税义务而需于以后期间确认为销项税额的增值税税额
7	简易计税		核算一般纳税人采用简易计税方法发生的增值税计提、扣减、预缴、缴纳等业务
8	转让金融商品应交增值税		核算转让金融产品发生的增值税税额
9	代扣代缴增值税		核算纳税人购进在境内未设经营机构的境外单位或个人在境内的应税行为代扣代缴的增值税

2. 取得资产、接受劳务或服务的核算

（1）一般纳税人购进货物、加工修理修配劳务、服务、无形资产或者不动产，按应计入相关成本费用或资产的金额，借记"材料采购""在途物资""原材料""库存商品""生产成本""无形资产""固定资产""管理费用"等账户，按当月已认证的可抵扣增值税税额，借记"应交税费——应交增值税（进项税额）"账户，按当月未认证的可抵扣增值税税额，借记"应交税费——待认证进项税额"账户，按应付或实际支付的金额，贷记"应付账款""应付票据""银行存款"等账户。购进货物等发生的退货，应根据税务机关开具的红字增值税专用发票编制相反的会计分录，如原增值税专用发票未做认证，应将发票退回并作相反的会计分录。（参见【例4-1】【例4-7】【例4-15】【例4-16】【例4-23】【例7-1】【例7-6】【例7-13】【例8-3】【例9-2】【例9-11】等相关内容）

企业购进农产品，除取得增值税专用发票或者海关进口增值税专用缴款书外，按照农产品收购发票或者销售发票上注明的农产品买价和9%的扣除率计算的进项税额；购进用于生产销售或委托加工13%税率货物的农产品，按照农产品收购发票或者销售发票上注明的农产品买价和10%的扣除率计算的进项税额，借记"应交税额——应交增值税（进项税额）"账户；按照农产品买价扣除进项税额后的差额，借记"材料采购""在途物资""原材料""库存商品"等账户，按照应付或实际支付的价款，贷记"应付账款""应付票据""银行存款"等账户。

【例10-14】2×23年12月2日，甲公司购入农产品一批作为原材料，农产品收购发票上注明的买价为10 000元，规定的扣除率为9%，货物已经到达，款项用银行存款支付。甲公司的账务处理如下。

借：原材料   9 100

  应交税费——应交增值税（进项税额）   900

  贷：银行存款   10 000

（2）进项税额转出。企业已单独确认进项税额的购进货物、加工修理修配劳务或者服务、无形资产或者不动产但事后改变用途（如用于简易计税方法计税项目、免征增值税项目、非增值税应税项目等），或发生非正常损失，原已计入进项税额、待抵扣进项税额或者待认证进项税额，按照现行增值税制度规定不得从销项税额中抵扣。

✎ **知识拓展**

这里所说的"非正常损失"，根据现行增值税制度规定，是指管理不善造成货物被盗、丢失、霉烂变质，以及因违反法律法规造成货物或者不动产被依法没收、销毁、拆除的情形。

进项税额转出的账务处理为借记"待处理财产损溢""应付职工薪酬"等账户，贷记"应交税费——应交增值税（进项税额转出）"。（参见【例4-8】【例4-9】【例4-32】【例7-16】等的相关内容）

3. 销售等业务的核算

（1）企业销售货物、加工修理修配劳务、服务、无形资产或不动产，应当按应收或已收的金额，借记"应收账款""应收票据""银行存款"等账户；按取得的收益金额，贷记"主营业务收入""其他业务收入""固定资产清理"等账户；按现行增值税制度规定计算的销项税额（或采用简易计税方法计算的应纳增值税额），贷记"应交税费——应交增值税（销项税额）"或"应交税费——简易计税"账户。（参见【例3-6】【例3-8】【例4-23】【例4-29】【例4-30】【例7-18】【例8-5】【例8-6】【例9-4】【例9-10】等相关内容）

（2）视同销售。企业有些交易和事项按照现行增值税制度的规定，应视同对外销售处理，计算应交增值税。视同销售业务的账务处理总结如表10-4所示。

表10-4 视同销售业务的账务处理总结

业务内容	账务处理

视同销售	借：营业外支出
	  应付职工薪酬——职工福利费（集体福利）
	  贷：库存商品
	    应交税费——应交增值税（销项税额）
	    或应交税费——简易计税
	借：应付股利
	  应付职工薪酬——非货币性福利（个人福利）
	  长期股权投资
	  贷：主营业务收入
	    应交税费——应交增值税（销项税额）
	    或应交税费——简易计税

续表

业务内容	账务处理
视同销售	说明：以下八种视同销售行为都属于增值税的征税范围，由于在销售收入确认上的差异，可以将其划分为应税销售类和会计销售类 应税销售类：①将自产或委托加工的货物用于非应税项目。②将自产、委托加工的货物用于集体福利。③将自产、委托加工或购买的货物无偿赠送他人 会计销售类：①将货物交付他人代销。②销售代销货物。③将自产、委托加工或购买的货物作为投资，提供给其他单位或个体经营者。④将自产、委托加工或购买的货物分配给股东或投资者。⑤将自产、委托加工的货物用于个人消费

【例 10-15】2×23 年 12 月 5 日，顺达公司将生产的产品对外捐赠，该批产品的实际成本为 200 000 元，市场不含税售价 250 000 元，开具的增值税专用发票上注明的增值税税额为 32 500 元。顺达公司的账务处理如下。

借：营业外支出　　　　　　　　　　　　　　　　　　232 500
　　贷：库存商品　　　　　　　　　　　　　　　　　　200 000
　　　　应交税费——应交增值税（销项税额）　　　　　 32 500

【例 10-16】2×23 年 12 月 7 日，顺达公司用一批原材料对外进行长期股权投资。该批原材料实际成本为 600 000 元，双方协商不含税价值为 750 000 元，开具的增值税专用发票上注明的增值税税额为 97 500 元。顺达公司的账务处理如下。

借：长期股权投资　　　　　　　　　　　　　　　　　847 500
　　贷：其他业务收入　　　　　　　　　　　　　　　　750 000
　　　　应交税费——应交增值税（销项税额）　　　　　 97 500
借：其他业务成本　　　　　　　　　　　　　　　　　600 000
　　贷：原材料　　　　　　　　　　　　　　　　　　　600 000

4. 交纳增值税和月末结转增值税的核算

企业交纳当月应交的增值税，借记"应交税费——应交增值税（已交税金）"账户，贷记"银行存款"账户；企业交纳以前期间未交的增值税，借记"应交税费——未交增值税"账户，贷记"银行存款"账户。

月份终了，企业应当将当月应交未交或多交的增值税自"应交增值税"明细账户转入"未交增值税"明细账户。对于当月应交未交的增值税，借记"应交税额——应交增值税（转出未交增值税）"账户，贷记"应交税费——未交增值税"账户；对于当月多交的增值税，借记"应交税费——未交增值税"账户，贷记"应交税费——应交增值税（转出多交增值税）"账户。

【例 10-17】2×23 年 11 月，顺达公司购进材料发生的进项税额为 980 000 元，销售产品等发生的销项税额为 1 300 000 元，领用一批外购材料，用于职工集体福利等产生的进项税额为 39 000 元。12 月 15 日，顺达公司用银行存款交纳上月份未交纳的增值税。

顺达公司的账务处理如下。

（1）11月30日，结转本月应交未交增值税。

11月应交未交增值税＝1 300 000－980 000+39 000=359 000（元）。

借：应交税额——应交增值税（转出未交增值税）　359 000

　　　贷：应交税费——未交增值税　　　　　　　　　　　　359 000

（2）12月15日，交纳上月未交的增值税。

借：应交税费——未交增值税　　　　　　　　359 000

　　　贷：银行存款　　　　　　　　　　　　　　　　　　359 000

（三）小规模纳税人应交增值税的核算

小规模纳税人核算增值税采用简化的方法，即购进货物、应税服务或应税行为，取得增值税专用发票上注明的增值税，一律不予抵扣，直接计入相关成本费用或资产。小规模纳税人销售货物、应税服务或应税行为时，按照不含税的销售额和规定的增值税征收率计算应交纳的增值税（应纳税额），但不得开具增值税专用发票。

一般来说，小规模纳税人采用销售额和应纳税额合并定价的方法并向客户结算款项，销售货物、应税劳务或应税行为后，应进行价税分离，确定不含税的销售额。不含税的销售额计算公式如下。

不含税销售额＝含税销售额÷（1+征收率）

应纳税额＝不含税销售额×征收率

小规模纳税人进行账务处理时，只需在"应交税费"账户下设置"应交增值税"明细账户，该明细账户不再设置增值税专栏。"应交税额——应交增值税"账户贷方登记应交纳的增值税，借方登记已交纳的增值税；期末贷方余额反映小规模纳税人尚未交纳的增值税，期末借方余额反映小规模纳税人多交纳的增值税。

小规模纳税人购进货物、应税服务或应税行为，按照应付或实际支付的全部款项（包括支付的增值税额），借记"材料采购""在途物资""原材料""库存商品"等账户，贷记"应付账款""应付票据""银行存款"等账户；销售货物、应税服务或应税行为等，应按全部价款（包括应交的增值税额），借记"银行存款"等账户；按不含税的销售额，贷记"主营业务收入"等账户；按应交增值税额，贷记"应交税费——应交增值税"账户。

【例10-18】QY公司为增值税小规模纳税人，适用增值税征收率为3%，原材料按实际成本核算。该企业发生的经济交易如下。购入原材料一批，增值税专用发票上注明的价款为20 000元，增值税税额为2 600元，全部款项以银行存款支付，材料已验收入库。销售产品一批，开具的普通发票上注明的货款（含税）为41 200元，款项已存入银行。用银行存款交纳增值税1 200元。QY公司的账务处理如下。

（1）购入原材料。

借：原材料　　　　　　　　　　22 600

　　　贷：银行存款　　　　　　　　　　22 600

（2）销售产品。

借：银行存款　　　　　　　　　41 200

　　贷：主营业务收入　　　　　　40 000

　　　　应交税费——应交增值税　　1 200

（3）交纳增值税。

借：应交税费——应交增值税　　　1 200

　　贷：银行存款　　　　　　　　　1 200

二、应交消费税

（一）消费税概述

消费税是指对在我国境内从事生产、委托加工及进口应税消费品的单位和个人就其应税消费品的销售额或销售数量征收的一种流转税。对消费税按不同应税消费品分别采用从价定率和从量定额两种方法。

应交消费税

1. 从价定率计算公式

$$应纳税额 = 销售额（或组成计税价格）\times 适用税率$$

式中，销售额为纳税人销售应税消费品向购买方收取的全部价款和价外费用，但不包括向购买方收取的增值税税款。"组成计税价格"的公式为：

$$组成计税价格 =（成本 + 利润）\div（1-消费税税率）$$

对于委托加工的应税消费品，按受托方同类消费品的价格计算缴纳；没有同类消费品销售价格的，按组成计税价格纳税。其计算公式为：

$$组成计税价格 =（材料成本 + 加工费）\div（1-消费税税率）$$

2. 从量定额计算公式

$$应纳税额 = 销售数量 \times 单位税额$$

式中，销售数量为销售应税消费品的实际数量，具体为：销售应税消费品的为应税消费品的实际销售数量，自产自用应税消费品的为应税消费品的移送使用数量，委托加工应税消费品的为纳税人收回的应税消费品的数量。

（二）应交消费税核算

企业应在"应交税费"账户下设置"应交消费税"明细账户，核算应交消费税的发生、交纳情况。该账户贷方登记应交纳的消费税，借方登记已交纳的消费税。期末贷方余额反映企业尚未交纳的消费税，期末借方余额反映企业多交的消费税。

1. 销售应税消费品

企业销售应税消费品应交的消费税，应借记"税金及附加"账户，贷记"应交税费——应交消费税"账户。

【例10-19】AM公司销售所生产的化妆品，价款800 000元（不含增值税），开具的增值税专用发票上注明的增值税税额为104 000元，适用的消费税税率为15%，款项已存入银行。AM 公司的账务处理如下。

（1）取得价款和税款。

借：银行存款　　　　　　　　　　　　　　904 000

　　贷：主营业务收入　　　　　　　　　　　　　800 000

　　　　应交税费——应交增值税（销项税额）　　104 000

（2）计算应交纳的消费税。

借：税金及附加　　　　　　　　　　　　　120 000

　　贷：应交税费——应交消费税　　　　　　　　120 000

2. 自产自用应税消费品

企业将生产的应税消费品用于在建工程等非生产机构时，按规定应交纳的消费税，借记"在建工程"等账户，贷记"应交税费——应交消费税"账户。

【例 10-20】甲公司在建工程领用自产柴油，成本为 50 000 元，应纳消费税 6 000 元。甲公司的账务处理如下。

借：在建工程　　　　　　　　　　　　　　56 000

　　贷：库存商品　　　　　　　　　　　　　　　50 000

　　　　应交税费——应交消费税　　　　　　　　　6 000

【例 10-21】乙公司的职工本月领用自产产品一批，该产品的成本为 20 000 元，市场不含税售价为 30 000 元，适用的增值税税率为 13%、消费税税率为 10%。乙公司的账务处理如下。

借：应付职工薪酬——非货币性福利　　　　33 900

　　税金及附加　　　　　　　　　　　　　　3 000

　　贷：主营业务收入　　　　　　　　　　　　　30 000

　　　　应交税额——应交增值税（销项税额）　　　3 900

　　　　　　——应交消费税　　　　　　　　　　　3 000

借：主营业务成本　　　　　　　　　　　　20 000

　　贷：库存商品　　　　　　　　　　　　　　　20 000

3. 委托加工应税消费品

企业如有应交消费税的委托加工物资，一般应由受托方代收代缴消费税。委托加工物资收回后，直接用于销售的，应将受托方代收代缴的消费税计入委托加工物资的成本，借记"委托加工物资"等账户，贷记"应付账款""银行存款"等账户；委托加工物资收回后用于连续生产应税消费品的，按规定准予抵扣的，应按已由受托方代收代缴的消费税，借记"应交税费——应交消费税"账户，贷记"应付账款""银行存款"等账户，待用委托加工的应税消费品生产出应纳消费税产品销售时，再交纳消费税。

【例 10-22】甲公司委托乙公司代为加工一批应交消费税的材料（非金银首饰）。甲公司发出材料的成本为 200 000 元，应付加工费 40 000 元，增值税税率 13%，由乙公司代收代缴的消费税为 16 000 元。材料已经加工完成，并由甲公司收回验收入库，加工费及相关税金尚未支付。甲公司采用实际成本法进行材料的核算。甲公司的账务处理如下。

（1）委托加工物资收回后继续用于生产应税消费品。

借：委托加工物资	200 000	
贷：原材料		200 000
借：委托加工物资	40 000	
应交税费——应交增值税（进项税额）	5 200	
——应交消费税	16 000	
贷：应付账款		61 200
借：原材料	240 000	
贷：委托加工物资		240 000

（2）如果委托加工物资收回直接对外销售。

借：委托加工物资	200 000	
贷：原材料		200 000
借：委托加工物资	56 000	
应交税费——应交增值税（进项税额）	5 200	
贷：应付账款		61 200
借：原材料	256 000	
贷：委托加工物资		256 000

4. 进口应税消费品

企业进口应税物资交纳的消费税由海关代征。应交的消费税按照组成计税价格和规定的税率计算，消费税计入该项物资成本，借记"在途物资""材料采购""原材料""库存商品"账户，贷记"银行存款"账户。

【例 10-23】甲公司从国外进口一批需要交纳消费税的商品，已知该商品关税完税价格为 540 000 元，按规定应交纳关税 108 000 元，假定进口的应税消费品的消费税税率为 10%、增值税税率为 13%。货物报关后，自海关取得的"海关进口消费税专用缴款书"注明的消费税为 72 000 元、"海关进口增值税专用缴款书"注明的增值税为 93 600 元。进口商品已验收入库，全部货款和税款已用银行存款支付。甲公司的账务处理如下。

进口商品的成本 =540 000+108 000+72 000=720 000（元）

应交消费税 =[（540 000+108 000）÷（1—10%）]×10%=72 000（元）

应交增值税 =（540 000+108 000+72 000）×13%=93 600（元）

借：库存商品	720 000	
应交税费——应交增值税（进项税额）	93 600	

贷：银行存款　　　　　　　　　　　　　　813 600

三、其他应交税费

其他应交税费是指除上述应交税费以外的其他各种应上缴国家的税费，包括应交资源税、应交城市维护建设税、应交教育费附加、应交土地增值税、应交房产税、应交土地使用税、应交车船税、应交矿产资源补偿费、应交个人所得税等。企业应当在"应交税费"账户下设置相应的明细账户进行核算，贷方登记应交纳的有关税费，借方登记已交纳的有关税费。期末贷方余额反映企业尚未交纳的有关税费。

（一）应交资源税

资源税是对在我国境内开采矿产品或者生产盐的单位和个人征收的税。对外销售应税产品应交纳的资源税应记入"税金及附加"账户，借记"税金及附加"账户，贷记"应交税费——应交资源税"账户；自产自用应税产品应交纳的资源税应记入"生产成本""制造费用"等账户，借记"生产成本""制造费用"等账户，贷记"应交税费——应交资源税"账户。

【例10-24】甲公司本期对外销售资源税应税矿产品3 000吨、将自产资源税应税矿产品500吨用于其产品生产，税法规定每吨矿产品应交资源税5元。甲公司的账务处理如下。

（1）计算对外销售应税矿产品应交资源税。

借：税金及附加　　　　　　　　　　　　　15 000

　　贷：应交税费——应交资源税　　　　　　15 000

（2）计算自产自用应税矿产品应交资源税。

借：生产成本　　　　　　　　　　　　　　2 500

　　贷：应交税费——应交资源税　　　　　　2 500

（3）交纳资源税。

借：应交税费——应交资源税　　　　　　　17 500

　　贷：银行存款　　　　　　　　　　　　　17 500

（二）应交城市维护建设税

应交城市维护建设税是以增值税和消费税为计税依据征收的一种税。其纳税人为交纳增值税和消费税的单位和个人，以纳税人实际缴纳的增值税和消费税税额为计税依据，并分别与两项税金同时缴纳。税率因纳税人所在地不同从1%~7%不等。应纳税额计算公式为：

应纳税额=（实际交纳的增值税＋实际交纳的消费税）× 适用税率

企业按规定计算出应交纳的城市维护建设税，借记"税金及附加"等账户，贷记"应交税费——应交城市维护建设税"账户。交纳城市维护建设税，借记"应交税费——应交城市维护建设税"账户，贷记"银行存款"账户。

（三）应交教育费附加

教育费附加是指为了加快发展地方教育事业、扩大地方教育经费资金来源而向企业征收的附加费用。教育费附加以各单位实际交纳的增值税、消费税的税额为计征依据，按一定比例分别与增值税、消费税同时缴纳。企业按规定计算出应交纳的教育费附加，借记"税金及附加"等账户，贷记"应交税费——应交教育费附加"账户。

【例10-25】2×24年2月，顺达公司实际交纳增值税440 000元、消费税160 000元，适用的城市维护建设税税率为7%，教育费附加税率为3%。顺达公司的账务处理如下。

（1）计算城市维护建设税。

借：税金及附加	60 000	
贷：应交税费——应交城市维护建设税		42 000
——应交教育费附加		18 000

（2）交纳城市维护建设税。

借：应交税费——应交城市维护建设税	42 000	
——应交教育费附加	18 000	
贷：银行存款		60 000

（四）应交土地增值税

土地增值税是对转让国有土地使用权、地上的建筑物及其附着物（简称"转让房地产"）并取得增值性收入的单位和个人所征收的一种税。

土地增值税按照转让房地产所取得的增值额和规定的税率计算征收。转让房地产的增值额是转让收入减去税法规定扣除项目金额后的余额，其中，转让收入包括货币收入、实物收入和其他收入；扣除项目主要包括取得土地使用权所支付的金额、开发土地的成本及费用、新建房及配套设施的成本及费用、与转让房地产有关的税金、旧房及建筑物的评估价格、财政部确定的其他扣除项目等。土地增值税采用四级超率累进税率，其中最低税率为30%，最高税率为60%。

根据企业对房地产核算方法的不同，企业应交土地增值税的账务处理也有不同：企业转让的土地使用权连同地上建筑物及其附着物一并在"固定资产"账户核算的，转让时应交的土地增值税，借记"固定资产清理"账户，贷记"应交税费——应交土地增值税"账户。土地使用权在"无形资产"账户核算的，借记"银行存款""累计摊销""无形资产减值准备"账户。按应交的土地增值税，贷记"应交税费——应交土地增值税"账户，同时冲销土地使用权的账面价值，贷记"无形资产"账户；按其差额，借记或贷记"资产处置损益"账户。房地产开发经营企业销售房地产应交纳的土地增值税，借记"税金及附加"账户，贷记"应交税费——应交土地增值税"账户。交纳土地增值税，借记"应交税费——应交土地增值税"账户，贷记"银行存款"账户。

【例10-26】甲公司对外转让一栋厂房，根据税法规定计算的应交土地增值税为

15 000元。甲公司的账务处理如下。

借：固定资产清理   15 000

  贷：应交税费——应交土地增值税   15 000

（五）应交房产税、城镇土地使用税、车船税和矿产资源补偿费

房产税是国家对在城市、县城、建制镇和工矿区征收的由产权所有人缴纳的一种税。房产税依照房产原值一次减除10%~30%后的余额计算交纳。没有房产原值作为依据的，由房产所在地税务机关参考同类房产核定；房产出租的，以房产租金收入为房产税的计税依据。

城镇土地使用税是以城市、县城、建制镇、工矿区范围内使用土地的单位和个人为纳税人，以其实际占用的土地面积和规定税额计算征收。

车船税是以车辆、船舶（简称"车船"）为课征对象，向车船的所有人或者管理人征收的一种税。

矿产资源补偿费是对在我国领域和管辖海域开采矿产资源征收的费用。矿产资源补偿费按照矿产品销售收入的一定比例计征，由采矿人交纳。

企业应交的房产税、城镇土地使用税、车船税、矿产资源补偿费，记入"税金及附加"账户，借记"税金及附加"账户，贷记"应交税费——应交房产税、应交城镇土地使用税、应交车船税、应交矿产资源补偿费"账户。

【例10-27】甲公司按税法规定本期应交纳房产税100 000元、车船税30 000元、城镇土地使用税25 000元。甲公司的账务处理如下。

（1）计算应交纳的上述税金。

借：税金及附加   155 000

  贷：应交税费——应交房产税   100 000

       ——应交车船税   30 000

       ——应交城镇土地使用税 25 000

（2）用银行存款交纳上述税金。

借：应交税费——应交房产税   100 000

     ——应交车船税   30 000

     ——应交城镇土地使用税 25 000

  贷：银行存款   155 000

（六）应交个人所得税

企业职工按规定应交纳的个人所得税通常由单位代扣代缴。企业按规定计算的代扣代缴的职工个人所得税，借记"应付职工薪酬"账户，贷记"应交税费——应交个人所得税"账户；企业交纳个人所得税时，借记"应交税费——应交个人所得税"账户，贷记"银行存款"等账户。

应交税费中的个人所得税 if 语句

【例10-28】甲公司结算本月应付职工工资总额250 000元，按税法规

定应代扣代缴的职工个人所得税共计 2 500 元，实发工资 247 500 元。甲公司的账务处理如下。

借：应付职工薪酬——工资、奖金、津贴和补贴　　　　　　　　2 500

　　　贷：应交税费——应交个人所得税　　　　　　　　　　　　　2 500

借：应交税费——应交个人所得税　　　　　　　　　　　　　　2 500

　　　贷：银行存款　　　　　　　　　　　　　　　　　　　　　　2 500

项目十一 非流动负债

📖 学习目标

◆ 知识目标 ◆

1. 了解非流动负债的含义和内容；
2. 熟悉长期借款的特点和利息计算；
3. 熟悉应付债券的性质、分类及发行价格的确认；
4. 明确购入有关资产超过正常信用条件延期支付价款的性质和核算账户。

◆ 技能目标 ◆

1. 能进行长期借款业务的核算；
2. 能进行应付债券发行、债券利息计提和债券偿还业务的核算；
3. 能进行长期应付款和租赁负债业务的核算；
4. 能运用所学知识根据有关原始凭证分析经济业务，编制记账凭证，登记相关账户；
5. 掌握非流动负债在资产负债表中的填列方法，能根据相关资料填列资产负债表中非流动负债相关项目，提供有关企业非流动负债方面的会计信息。

◆ 素养目标 ◆

1. 培养学生具有劳模精神、工匠精神和诚实守信的职业素养；
2. 能严格按照《企业会计准则第 17 号——借款费用》《企业会计准则第 21 号——租赁》《企业会计准则第 22 号——金融工具确认和计量》等政策法规的要求规范操作；
3. 初步具有相应的会计职业判断能力；
4. 具有一定的口语和书面表达能力、分析问题解决问题能力、信息技术应用能力。

项目十一 课程思政教学案例

📖 案例导入

2020 年 5 月 22 日上午，李克强作政府工作报告时提到：今年赤字率拟按 3.6% 以上安排，财政赤字规模比去年增加 1 万亿元，同时发行 1 万亿元抗疫特别国债。抗疫特别国债是特殊时期采取的特殊手段，整体规模是合适的。建立特殊转移支付机制，资金直达市县基层，直接惠企利民，主要用于保就业、保基本民生、保市场主体，包括支持减税降费、减租降息、扩大消费和投资等，强化公共财政属性，决不允许截留挪用。

2020年7月底，1万亿元抗疫特别国债全部发行完毕。

资料来源：李克强.政府工作报告：2020年5月22日在第十三届全国人民代表大会第三次会议上[EB/OL].（2020-05-29）[2024-07-20]. http://www.qstheory.cn/yaowen/2020-05-31/c_1126054928.htm.

思考：国债和公司债券有何不同？抗疫特别国债的特别之处在哪里？你还知道哪些债券的发行方式？

📖 项目导图

本项目的内容结构如图11-1所示。

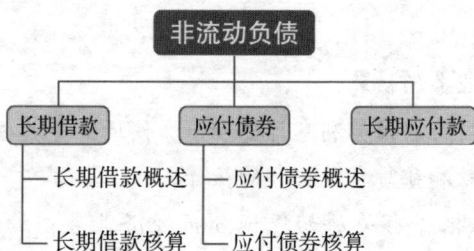

图11-1　项目十一的内容结构

📖 项目实施

任务一　长期借款

一、长期借款概述

长期借款是指企业向银行或其他金融机构借入的期限在1年以上（不含1年）的各种借款，按照付息方式与本金偿还方式，长期借款可分为分期付息到期还本长期借款、到期一次还本付息长期借款、分期偿还本息长期借款；按所借币种，可分为人民币借款和外币借款。

长期借款一般用于固定资产的购建、改扩建工程、大修理工程、对外投资以及为了保持长期经营能力等方面。它是企业长期负债的重要组成部分，必须加强管理与核算。

长期借款会计处理的基本要求是反映和监督企业长期借款的借入、借款利息的结算和借款本息的归还情况，促使企业遵守信贷纪律、提高信用等级，同时要确保长期借款发挥效益。

企业应通过"长期借款"账户核算长期借款的借入、归还等情况。该账户可按照贷款单位和贷款种类设置明细账，分别设置"本金""利息调整"等进行明细核算。该账户的贷方登记长期借款本息的增加额，借方登记本息的减少额，贷方余额表示企业尚未偿还的长期借款。

二、长期借款核算

长期借款的账务处理包括取得长期借款、发生长期借款利息、归还长期借款等环节。

长期借款核算

（一）取得长期借款

借入时按实际收到的金额，借记"银行存款"账户，贷记"长期借款——本金"账户；如存在差额，还应借记"长期借款——利息调整"账户。

（二）发生长期借款利息

长期借款利息费用应当在资产负债表日按照实际利率法计算确定，实际利率与合同利率差异较小的，也可以采用合同利率计算确定利息费用。长期借款计算确定的利息费用，应当按以下原则计入有关成本、费用。

属于筹建期间的，计入管理费用；属于生产经营期间的，计入财务费用。如果长期借款用于购建固定资产等符合资本化条件的资产，在资产尚未达到预定可使用状态前，所发生的利息支出应当资本化，计入在建工程等相关资产成本；资产达到预定可使用状态后发生的利息支出，以及按规定不予资本化的利息支出，计入财务费用。

企业在计提利息时，借记"在建工程""制造费用""财务费用""研发支出"等账户，分期付息一次还本的借款按合同利率计算确定的应付未付利息，贷记"应付利息"账户（到期一次还本付息的借款按合同利率计算确定的应付未付利息，贷记"长期借款——应计利息"账户），按其差额，贷记"长期借款——利息调整"账户。

（三）归还长期借款

企业归还长期借款的本金时，应按归还的金额，借记"长期借款——本金"科目，贷记"银行存款"科目；按归的利息，借记"应付利息"科目，贷记"银行存款"科目。

【例11-1】顺达公司为建造一幢厂房，于2×23年1月1日借入期限为2年的长期专门借款1 500 000元，款项已存入银行。借款利率按市场利率确定为9%，每年付息一次，期满后一次还清本金。2×23年初，顺达公司以银行存款支付工程价款共计900 000元。2×24年初，又以银行存款支付工程费用600 000元。该厂房于2×24年8月31日完工，达到预定可使用状态。假定不考虑闲置专门借款资金存款的利息收入或者投资收益，顺达公司有关账务处理如下。

（1）2×23年1月1日，取得借款。

借：银行存款   1 500 000

  贷：长期借款——本金   1 500 000

（2）2×23年初，支付工程款。

借：在建工程——厂房   900 000

  贷：银行存款   900 000

（3）2×23年12月31日，计算2×23年应计入工程成本的利息费用。

借款利息 =1 500 000×9%=135 000（元）

其中应予资本化的利息 =900 000×9%=81 000（元）

借：在建工程——厂房   81 000

  财务费用   54 000

  贷：应付利息   135 000

（4）2×23年12月31日，支付借款利息。

借：应付利息   135 000

  贷：银行存款   135 000

（5）2×24年初，支付工程款。

借：在建工程——厂房   600 000

  贷：银行存款   600 000

（6）2×24年8月31日，工程达到预定可使用状态。

该期应计入工程成本的利息 =（1 500 000×9%÷12）×8=90 000（元）

借：在建工程——厂房   90 000

  贷：应付利息   90 000

同时，

借：固定资产——厂房   1 671 000

  贷：在建工程——厂房   1 671 000

（7）2×24年12月31日，计算2×24年9—12月的利息费用。

应计入财务费用的利息 =（1 500 000×9%÷12）×4=45 000（元）

借：财务费用   45 000

  贷：应付利息   45 000

（8）2×24年12月31日，支付利息。

借：应付利息   135 000

  贷：银行存款   135 000

（9）2×25年1月1日，到期还本。

借：长期借款——本金   1 500 000

　　贷：银行存款　　　　　　　　　　　　　　　　　　1 500 000

【知识归纳】长期借款的主要账务处理如表 11-1 所示。

表 11-1　长期借款的主要账务处理

业务内容	账务处理
取得长期借款	借：银行存款 　　长期借款——利息调整（差额） 　贷：长期借款——本金
计算利息	借：管理费用（筹建期间且不符合资本化条件） 　　财务费用（生产经营期间，不符合资本化条件） 　　在建工程（购建固定资产符合资本化条件） 　　制造费用（生产产品符合资本化条件） 　　研发支出（开发无形资产符合资本化条件） 　贷：应付利息（分期付息） 　　　长期借款——应计利息（到期一次还本付息） 　　　长期借款——利息调整（差额）
归还长期借款	借：长期借款——本金 　贷：银行存款 借：应付利息（分期付息） 　　长期借款——应计利息（归还到期利息） 　贷：银行存款

任务二　应付债券

一、应付债券概述

　　债券是指企业为筹集资金依照法定程序发行的、约定在一定期限还本付息的有价证券。企业发行的超过 1 年期的债券，构成了一项非流动负债，即应付债券。

　　企业应当设置"企业债券备查簿"，详细登记每一企业债券的票面金额、票面利率、还本付息期限与方式、发行总额、发行日期和编号、委托代销单位、转换股份等资料。企业债券到期清算时，应当在备查簿内逐笔注销。

　　为了核算和监督应付债券发行、计提利息、还本付息等业务，企业应设置"应付债券"账户。该账户属于负债类，贷方登记发行债券而形成的债务金额，借方登记债券的兑付金额，期末贷方余额反映企业尚未偿还的长期债券摊余成本，表示企业尚未兑付的应付债券。其账户结构如图 11-2 所示。本账户可按"面值""利息调整""应计利息"等进行明细核算。

借	应付债券	贷
①债券发行时产生的债券折价		①债券面值
②债券溢价的摊销		②债券发行时产生的债券溢价
③偿还债券的面值		③债券折价的摊销
④偿还债券的利息		④期末计提债券利息
		反映企业尚未偿还的长期债券

图 11-2 "应付债券"账户结构

二、应付债券核算

(一)债券的发行

公司债券的发行方式有面值发行、溢价发行、折价发行。面值发行是指以债券的票面金额为发行价格，溢价发行是指以高出债券票面金额的价格为发行价格，折价发行是指以低于债券票面金额的价格为发行价格。

1. 应付债券核算
2. 应付债券补充年金的计算

债券发行价格的形成受诸多因素的影响，主要受票面利率与市场利率的一致程度。债券的票面金额、票面利率在债券发行前即已参照市场利率和发行公司的具体情况确定下来，一并载明于债券之上。但在发行债券时已确定的票面利率不一定与当时的市场利率一致。为了协调债券购销双方在债券利息上的收益，就要调整发行价格：当票面利率高于市场利率时，以溢价发行债券，溢价是企业以后各期多付利息而事先得到的补偿。当票面利率低于市场利率时，以折价发行债券，折价是企业以后各期少付利息而事先付出的代价。当债券的票面利率与市场利率一致时，以面值发行债券。

以分期付息、到期还本债券为例，债券发行价格的计算公式为：

$$债券发行价格 = \sum_{t=1}^{n} \frac{票面金额 \times 票面利率}{(1+市场利率)^t} + \frac{票面金额}{(1+市场利率)^n}$$

式中：n——债券期限；t——付息期数。

上述债券发行价格的计算公式的基本原理是将债券的全部现金流按照债券发行时的市场利率进行贴现并求和。债券的全部现金流包括债券持续期间各期的利息现金流与债券到期支付的面值现金流。

【例 11-2】顺达公司发行面值为 1 000 元，票面年利率为 10%，期限为 5 年，每年末付息的债券。在公司决定发行债券时，认为 10% 的利率是合理的。如果到债券正式发行时，市场上的利率发生变化，那么就要调整债券的发行价格。现按以下三种情况分别讨论：

（1）资金市场上的利率保持不变，顺达公司的债券利率为 10% 仍然合理，则可采用面值发行。

债券的发行价格 =1 000 ×（P/F，10%，5）+ 1 000 × 10%（P/A，10%，5）

＝1 000 × 0.620 9+100 × 3.790 8

　　　　　　　　　　　=1 000（元）

（2）资金市场上的利率有较大幅度的上升，达到12%，则应采用折价发行。

债券的发行价格=1 000×（P/F，12%，5）+1 000×10%（P/A，12%，5）

　　　　　　　=1 000×0.567 4+100×3.604 8

　　　　　　　=927.88（元）

也就是说，只有按927.88元的价格出售，投资者才会购买此债券，并获得12%的报酬。

（3）资金市场上的利率有较大幅度的下降，达到8%，则应采用溢价发行。

债券的发行价格=1 000×（P/F，8%，5）+1 000×10%（P/A，8%，5）

　　　　　　　　=1 000×0.680 6+100×3.992 7

　　　　　　　　=1 079.87（元）

也就是说，投资者把1 079.87元的资金投资于顺达公司面值为1 000元的债券，便可获得8%的报酬。

企业发行债券时，按实际收到的款项，借记"银行存款"等账户，按债券票面价值，贷记"应付债券——面值"账户，按其差额，贷记或借记"应付债券——利息调整"账户。

【例11-3】承接【例11-2】，顺达公司发行债券100 000张，顺达公司的账务处理如下。

（1）按面值发行时：

借：银行存款　　　　　　　　　　　　　100 000 000

　　贷：应付债券——面值　　　　　　　　　　　　　100 000 000

（2）按折价发行时：

借：银行存款　　　　　　　　　　　　　92 788 000

　　应付债券——利息调整　　　　　　　　7 212 000

　　贷：应付债券——面值　　　　　　　　　　　　　100 000 000

（3）按溢价发行时：

借：银行存款　　　　　　　　　　　　　107 987 000

　　贷：应付债券——面值　　　　　　　　　　　　　100 000 000

　　　　——利息调整　　　　　　　　　　　　　　　7 987 000

（二）债券的利息

发行长期债券的企业，应按期计提利息，并在债券存续期间采用实际利率法对利息调整进行摊销。

资产负债表日，对于分期付息、一次还本的债券，企业应按应付债券的摊余成本和实际利率计算确定的债券利息费用，借记"在建工程""制造费用""财务费用"等账户，按票面利率计算确定的应付未付利息，贷记"应付利息"账户，按其差额，借记或贷记"应付债券——利息调整"账户。每期支付债券利息时,借记"应付利息"账户,贷记"银行存款"账户。

对于一次还本付息的债券,企业应按应付债券的摊余成本和实际利率计算确定的债券利息费用,借记"在建工程""制造费用""财务费用"等账户,按票面利率计算确定的应付未付利息,贷记"应付债券——应计利息"账户,按其差额,借记或贷记"应付债券——利息调整"账户。

【例 11-4】20×3 年 12 月 31 日,顺达公司经批准发行 5 年期一次还本、分期付息的公司债券 100 000 张,每张债券面值为 1 000 元,发行价格为 927.88 元(承接【例 11-2】和【例 11-3】),债券利息在每年的 12 月 31 日支付。顺达公司采用实际利率法确定每年债券的利息费用,如表 11-2 所示。

表 11-2 公司债券利息费用计算表

20×3 年 12 月 31 日至 20×8 年 12 月 31 日   单位:元

日期	应付利息	利息费用	摊销的利息调整	期末摊余成本
	① = 面值 × 票面利率	② = 上一期④ × 实际利率 12%	③ = ②-①	④ = 上一期④ + ③
20×3 年 12 月 31 日				92 788 000
20×4 年 12 月 31 日	10 000 000	11 134 560	1 134 560	93 922 560
20×5 年 12 月 31 日	10 000 000	11 270 707.20	1 270 707.20	95 193 267.20
20×6 年 12 月 31 日	10 000 000	11 423 192.06[①]	1 423 192.06	96 616 459.26
20×7 年 12 月 31 日	10 000 000	11 593 975.11	1 593 975.11	98 210 434.37
20×8 年 12 月 31 日	10 000 000	11 789 565.63[②]	1 789 565.63[③]	100 000 000
小计	50 000 000		7 212 000	—

注:①计算结果四舍五入保留两位小数,以下同。② 20×8 年 12 月 31 日利息费用金额 =10 000 000+1 789 565.63=11 789 565.63(元)。③ 20×8 年 12 月 31 日利息调整金额 =7 212 000-1 134 560-1 270 707.2-1 423 192.06-1 593 975.11=1 789 565.63(元)。

顺达公司的账务处理如下。

(1)20×4 年 12 月 31 日,确认利息费用、支付债券利息时。

借:财务费用等   11 134 560

　　贷:应付利息   10 000 000

　　　　应付债券——利息调整   1 134 560

(2)20×5 年 12 月 31 日,确认利息费用、支付债券利息时。

借:财务费用等   11 270 707.20

　　贷:应付利息   10 000 000

　　　　应付债券——利息调整   1 270 707.2

借：应付利息　　　　　　　　　　　　10 000 000

　　贷：银行存款　　　　　　　　　　　　　　　　10 000 000

20×6年、20×7年、20×8年确认利息费用的账务处理同20×4年、20×5年。

（三）债券的偿还

对于采用一次还本付息方式的，企业应于债券到期支付债券本息时，借记"应付债券——面值""应付债券——应计利息"账户，贷记"银行存款"账户；对于采用一次还本、分期付息方式的，企业应于债券到期偿还本金并支付最后一期利息时，借记"应付债券——面值""在建工程""财务费用""制造费用"等账户，贷记"银行存款"账户，按借贷双方之间的差额，借记或贷记"应付债券——利息调整"账户。

【例11-5】承接【例11-4】，20×8年12月31日，顺达公司归还债券本金及最后一期利息。

借：财务费用等　　　　　　　　　　11 789 565.63

　　应付债券——面值　　　　　　　 100 000 000

　　　贷：银行存款　　　　　　　　　　　　 110 000 000

　　　　　应付债券——利息调整　　　　　　 1 789 565.63

【知识归纳】溢价发行债券的账务处理如表11-3所示。

表11-3　溢价发行债券的账务处理

业务内容	分期付息到期还本的债券	到期一次还本付息的债券
发行债券	借：银行存款 　　贷：应付债券——面值 　　　　　　——利息调整	
利息计提	借：在建工程、研发支出、财务费用、 　　制造费用等 　　应付债券——利息调整 　　贷：应付利息	借：在建工程、研发支出、财务费用、 　　制造费用等 　　应付债券——利息调整 　　贷：应付债券——应计利息
偿还债务	借：应付利息 　　贷：银行存款 借：应付债券——面值 　　贷：银行存款	借：应付债券——面值 　　　　　　——应计利息 　　贷：银行存款

任务三　长期应付款

长期应付款是企业除长期借款和应付债券以外的其他各种长期应付款项，包括分期付款方式购入固定资产发生的应付款项、购入有关资产超过正常信用条件延期支付价款等。

为了核算和监督长期应付款的发生和偿还情况，企业应当设置"长期

长期应付款核算

应付款"账户。本账户属于负债类账户，贷方登记企业发生的长期应付款，借方登记企业偿还的长期应付款，期末贷方余额反映企业尚未偿还的长期应付款。本账户可按长期应付款的种类和债权人进行明细核算。

为了核算和监督企业分期计入利息费用的未确认融资费用业务，企业应设置"未确认融资费用"账户。该账户属于负债类账户，借方登记发生的未确认融资费用，贷方登记未确认融资费用的摊销，期末借方余额反映企业未确认融资费用的摊余价值。本账户可按债权人和长期应付款项目进行明细核算。

企业购入有关资产超过正常信用条件延期支付价款、实质上具有融资性质的，应按购买价款的现值，借记"固定资产""在建工程""无形资产""研发支出"等账户；按应支付的金额，贷记"长期应付款"账户；按其差额，借记"未确认融资费用"账户。

实际支付价款时，借记"长期应付款"账户，贷记"银行存款"账户。

采用实际利率法计算确定的当期利息费用，借记"财务费用"或"在建工程"账户，贷记"未确认融资费用"账户。

【例 11-6】顺达公司 2×24 年 1 月 1 日购入一台生产设备，合同约定该设备价款合计 10 000 000 元，当日支付 1 000 000 元，余款分 3 年，于每年末平均支付 3 000 000 元。设备交付安装，支付安装费用 50 000 元，设备于 2×24 年 12 月 31 日安装完毕并交付使用。假定顺达公司以同期银行贷款利率 6% 为折现率，不考虑增值税。顺达公司的账务处理如下。

（1）当日支付 1 000 000 元。

借：在建工程　　　　　　　　　　　　　　　　　　　　1 000 000
　　贷：银行存款　　　　　　　　　　　　　　　　　　　　　1 000 000

（2）计算购入设备现值及未确认融资费用。

购入设备现值 =3 000 000×（P/A，6%，3）=3 000 000×2.673 0=8 019 000（元）

未确认融资费用 =9 000 000−8 019 000=981 000（元）

借：在建工程　　　　　　　　　　　　　　　　　　　　8 019 000
　　未确认融资费用　　　　　　　　　　　　　　　　　　981 000
　　贷：长期应付款　　　　　　　　　　　　　　　　　　　　9 000 000

（3）支付安装费用 50 000 元。

借：在建工程　　　　　　　　　　　　　　　　　　　　　50 000
　　贷：银行存款　　　　　　　　　　　　　　　　　　　　　50 000

（4）计算信用期间未确认融资费用分摊额，如表 11-4 所示。

表 11-4　信用期间未确认融资费用的分摊

单位：元

日期	分期付款额 ①	确认融资费用 ② = 期初④ ×6%	应付本金减少额 ③	应付本金余额期末 ④ = 期初④－③
2×24 年 1 月 1 日				8 019 000
2×24 年 12 月 31 日	3 000 000	481 140	2 518 860	5 500 140
2×25 年 12 月 31 日	3 000 000	330 008.4	2 669 991.6	2 830 148.4
2×26 年 12 月 31 日	3 000 000	169 851.6[①]	2 830 148.4	0
合计	9 000 000	981 000	8 019 000	

注①：169 851.6=981 000－481 140－330 008.4。

（5）2×24 年 12 月 31 日确认未确认融资费用。

借：在建工程　　　　　　　　　　　　　　　　481 140

　　贷：未确认融资费用　　　　　　　　　　　　　　481 140

（6）2×24 年 12 月 31 日确认固定资产成本。

固定资产成本 =1 000 000+ 8 019 000+50 000+481 140=9 550 140（元）

借：固定资产　　　　　　　　　　　　　　　9 550 140

　　贷：在建工程　　　　　　　　　　　　　　　9 550 140

（7）2×24 年 12 月 31 日分期支付设备价款。

借：长期应付款　　　　　　　　　　　　　　3 000 000

　　贷：银行存款　　　　　　　　　　　　　　　3 000 000

2×25 年 12 月 31 日分期支付设备价款、2×26 年 12 月 31 日分期支付设备价款同 2×24 年 12 月 31 日分期支付设备价款。

（8）2×25 年 12 月 31 日确认未确认融资费用。

借：财务费用　　　　　　　　　　　　　　　330 008.4

　　贷：未确认融资费用　　　　　　　　　　　　　330 008.4

（9）2×26 年 12 月 31 日确认未确认融资费用。

借：财务费用　　　　　　　　　　　　　　　169 851.6

　　贷：未确认融资费用　　　　　　　　　　　　　169 851.6

项目十二 所有者权益

📖 学习目标

◆ 知识目标 ◆

1. 理解所有者权益的性质、特征、分类，了解所有者权益和负债的区别；
2. 熟悉企业的类型和所有者权益的分类；
3. 明确实收资本增加和减少的主要渠道与方式；
4. 熟悉资本公积、其他综合收益、盈余公积的概念和构成。

◆ 技能目标 ◆

1. 能进行实收资本或股本各种业务的核算；
2. 能进行资本公积和盈余公积增减等各种业务的核算；
3. 能进行其他综合收益的核算；
4. 能进行未分配利润和未弥补亏损的核算。

◆ 素养目标 ◆

1. 遵守会计职业道德。在处理所有者权益相关事务时，应严格遵守会计职业道德规范，确保会计信息的真实、准确、完整。
2. 保持谨慎与客观。在核算所有者权益时，应保持谨慎态度，避免主观臆断和虚假记载。同时，应客观公正地反映所有者权益的变动情况。
3. 增强法律意识与自我保护能力。在处理所有者权益相关事务时，应增强法律意识，了解并遵守相关法律法规。同时，应学会自我保护，避免陷入法律纠纷。

📖 案例导入

中国淀粉在 2024 年 4 月 3 日发布公告，宣布将以 3 万港元的价格回购 20 万股股份。该公告显示，中国淀粉选择回购股份的行为意在提高公司股票的价值，并向二级市场投资者传达积极的信号。回购的规模为 20 万股，共计花费 3 万港元，回购价格为每股 0.15 港元。

资料来源：中国淀粉(03838) 4 月 3 日斥资 3 万港元回购 20 万股 [EB/OL].（2024-04-03）

[2024-07-20]. https://new.qq.com/rain/a/20240403A06VHF00.

思考：上市公司的回购行为对于投资者来说具有怎样的意义？股份回购会给上市公司的股价带来什么影响？

📖 项目导图

本项目的内容结构如图 12-1 所示。

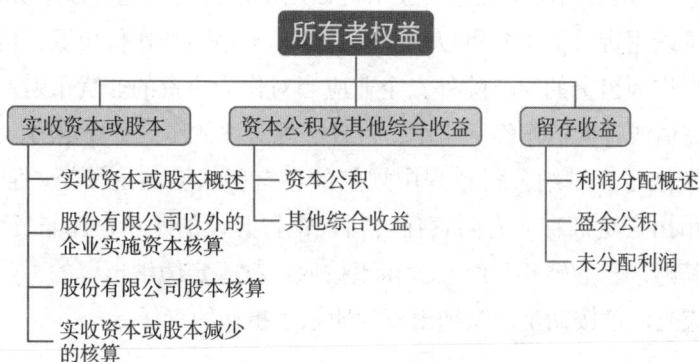

图 12-1　项目十二的内容结构

📖 项目实施

所有者权益是指企业资产扣除负债后由所有者享有的剩余权益。公司的所有者权益又称为股东权益。与负债相比，所有者权益的特征主要有：一是所有者权益不像负债那样需要偿还，除非发生减资、清算，企业不需要偿还其所有者；二是企业清算时，负债往往优先清偿，而所有者权益只有在清偿所有的负债之后才返还给所有者；三是所有者权益能够分享企业实现的利润，而负债则不能参与企业利润的分配，只能按照预先约定的条件取得利息收入。

所有者权益的来源包括所有者投入的资本、直接计入所有者权益的利得和损失、留存收益等。所有者投入的资本是指企业实际收到的各投资者以货币资金、实物资产、无形资产等形式投入企业的资本总额。直接计入所有者权益的利得和损失是指不应计入当期损益，会导致所有者权益发生增减变动的、与所有者投入资本或者向所有者分配利润无关的利得或损失。留存收益是指企业历年实现的净利润留存于企业的部分，主要包括计提的盈余公积和未分配利润。

任务一　实收资本或股本

一、实收资本或股本概述

实收资本是指企业按照章程规定或合同、协议约定，接受投资者投入企业的资本。实收资本的构成比例或股东的股份比例，是确定所有者在企业所有者权益中份额的基础，也是企业进行利润分配或股利分配的主要依据。

《中华人民共和国公司法》规定，股东可以用货币出资，也可以用实物、知识产权、土地使用权等可以用货币估价并可以依法转让的非货币财产作价出资；但是，法律、行政法规规定不得作为出资的财产除外。企业应当对作为出资的非货币财产评估作价，核实财产，不得高估或者低估作价。法律、行政法规对评估作价有规定的，从其规定。

股东应当按期足额缴纳公司章程中规定的各自所认缴的出资额。股东以货币出资的，应当将货币出资足额存入有限责任公司在银行开设的账户；以非货币财产出资的，应当依法办理其财产权的转移手续。股东不按照前款规定缴纳出资的，除应当向公司足额缴纳外，还应当向已按期足额缴纳出资的股东承担违约责任。

二、股份有限公司以外的企业实施资本核算

为了核算和监督投资者投入资本的增减变动情况，除股份有限公司以外，企业应当设置"实收资本"账户。本账户属于所有者权益类，贷方登记实施资本的增加数额，借方登记企业按照法定程序报经批准减少的资本数额，期末贷方余额反映企业实际拥有的资本额。该账户可按投资者进行明细核算。企业收到的投资者投入资本的数额超过投资者在注册资本中所享有的份额的部分，应作为资本溢价，在"资本公积"中核算。

企业收到所有者投入企业的资本后，应根据有关原始凭证（如投资清单、银行通知单等），分别不同的出资方式进行会计处理。

（一）接受货币资产投资

企业收到投资者投入的货币资产时，应按实际收到的金额，借记"银行存款"等账户，按投入资本在注册资本中所占份额，贷记"实收资本"账；按其差额，贷记"资本公积——资本溢价"账户。

（二）接受非货币资产投资

企业接受原材料、固定资产、无形资产等非货币资产投资时，应按投资合同或协议约定价值确定非货币资产的价值（但约定价值不公允的除外）。

企业收到投资实物资产的，应在办理实物资产转移手续时，借记"固定资产""原材料"等账户；收到无形资产投资的，应在按照合同、协议或公司章程规定移交有关凭证时，借记"无形资产"账户；按投入资本在注册资本中所占份额，贷记"实收资本"账户；按其差额，贷记"资本公积——资本溢价"账户。涉及增值税的，还应进行相应

的账务处理。

【例 12-1】2×24 年 7 月 20 日，顺达公司、中建进出口贸易有限公司（以下简称中建公司）和自然人王峥，共同出资设立中环国际贸易有限公司，注册资本为 1 000 万元。按照章程规定，顺达公司出资 500 万元，持股比例为 50%；中建公司出资 400 万元，持股比例为 40%；自然人王峥出资 100 万元，持股比例为 10%。中环国际贸易有限公司已于 7 月 20 日如期收到投资者缴足的款项。

中环国际贸易有限公司的账务处理如下。

借：银行存款　　　　　　　　　　　　　　　　10 000 000
　　贷：实收资本——顺达公司　　　　　　　　　　　5 000 000
　　　　　　——中建公司　　　　　　　　　　　4 000 000
　　　　　　——王峥　　　　　　　　　　　　1 000 000

【例 12-2】2×24 年 2 月 3 日，昌盛公司、永隆公司、捷泰公司三家公司共同投资设立 WXY 公司，注册资本 10 000 000 元。其中：昌盛公司认缴人民币 5 000 000 元，占注册资本的 50%，出资方式为货币 5 000 000 元；永隆公司认缴人民币 2 500 000 元，占注册资本的 25%，出资方式为不需要安装的机器设备，合同约定该机器设备的价值为 2 800 000 元，增值税进项税额为 364 000 元；捷泰公司认缴人民币 2 500 000 元，占注册资本的 25%，出资方式为原材料一批，该批原材料投资合同或协议约定价值为 2 000 000 元，增值税进项税额为 260 000 元，出资货币 500 000 元。永隆公司、捷泰公司均已开具了增值税专用发票。假设上述合同约定的价值与公允价值相符，进项税额均允许抵扣。增值税税率为 13%。

WXY 公司的账务处理如下。

借：银行存款　　　　　　　　　　　　　　　5 500 000
　　固定资产　　　　　　　　　　　　　　　2 800 000
　　应交税费——应交增值税（进项税额）　　　624 000
　　原材料　　　　　　　　　　　　　　　　2 000 000
　　贷：实收资本——昌盛公司　　　　　　　　　5 000 000
　　　　　　——永隆公司　　　　　　　　　2 500 000
　　　　　　——捷泰公司　　　　　　　　　2 500 000
　　　资本公积——资本溢价　　　　　　　　　924 000

三、股份有限公司股本核算

股份有限公司是指全部资本由等额股份构成并通过发行股票筹集资本、股东以其认购的股份为限对公司承担责任、公司以其全部资产对公司债务承担责任的企业法人。

股份有限公司与有限责任公司的相同点有：二者都是依法设立的企业法人，股东以其出资额为限对公司承担责任，公司以其全部资产对公司的债务承担责任。不同点在于：一是筹资方式不同，股份有限责任公司通过发行股票筹集资本，而有限责任公司不发行股票；二是股份转让方式不同，股份有限公司的股东可以自由转让其股份，不需要经其他股东同意，而有限责任公司的股东向股东以外的人转让其出资时，需要经全体股东讨论通过或由董事讨论通过。

为了核算和监督股东投入的资本，股份有限公司应设置"股本"账户。该账户属于所有者权益类，贷方登记股份有限公司发行股票的面值，借方登记按照法定程序报经批准减少注册资本而冲减的股票面值，期末贷方余额反映企业发行在外的股票的总面值。该账户可分别按普通股和优先股进行明细核算。

股份有限公司发行的股票，在收到投资者投入的货币资金时，按实际收到的金额，借记"银行存款"等账户；按股票面值和核定的股份总额的乘积计算的金额，贷记"股本"账户；按其差额，贷记"资本公积——股本溢价"账户。

📝 知识拓展

上市公司为发行权益性证券发生的承销费、保荐费、上网发行费、招股说明书印刷费、申报会计师费、律师费、评估费等与发行权益性证券直接相关的新增外部费用，应自所发行权益性证券的发行收入中扣减，在权益性证券发行有溢价的情况下，自溢价收入中扣除，冲减资本公积——股本溢价，在权益性证券发行无溢价或溢价金额不足以扣减的情况下，应当将不足以抵扣的部分冲减盈余公积和未分配利润；发行权益性证券过程中发行的广告费、路演及财经公关费、上市酒会费等其他费用应在发生时计入当期损益。

【例 12-3】AM 公司委托中兴证券股份有限公司代理发行普通股 12 000 000 股，每股面值为 1 元，发行价格为 3 元。该证券公司按发行收入的 1% 收取手续费。

AM 公司的账务处理如下。

（1）收到发行收入。

借：银行存款　　　　　　　　　　　　　　　　36 000 000
　　贷：股本——普通股　　　　　　　　　　　　　　12 000 000
　　　　资本公积——股本溢价　　　　　　　　　　　　24 000 000

（2）支付发行费用。

借：资本公积——股本溢价　　　　　　　　　　　360 000
　　贷：银行存款　　　　　　　　　　　　　　　　360 000

四、实收资本或股本减少的核算

一般情况下，企业的实收资本应相对固定不变，但在某些特定情况下，实收资本也可能发生增减变化。《中华人民共和国企业法人登记管理条例施行细则》规定，除国家另有规定外，企业的注册资金应当与实收资本相一致，当实收资本比原注册资金增加或减少超过 20% 时，应持资金使

实收资本的核算

用证明或者验资证明，向原登记主管机关申请变更登记。

（一）股份有限公司以外企业减资的核算

企业因资本过剩而减资，一般要发还投资款。股份有限公司以外的企业按照法定程序报经批准减少注册资本的，借记"实收资本"账户，贷记"银行存款"等账户。

（二）股份有限公司减资的核算

股份有限公司采用收购本公司股票方式减资的，应设置"库存股"账户，核算公司收购、注销本公司股份金额等情况。股份有限公司回购本公司股份时，应按实际支付的金额，借记"库存股"账户，贷记"银行存款"等账户。注销库存股时，应按股票面值和注销股数计算的股票面值总额，借记"股本"账户；按注销库存股的账面余额，贷记"库存股"账户；按其差额，冲减股本溢价，借记"资本公积——股本溢价"。如果股本溢价不足冲减，应依次冲减"盈余公积""利润分配——未分配利润"等账户。

如果回购股票支付的价款低于面值总额的，应按股票面值总额，借记"股本"账户；按所注销库存股的账面余额，贷记"库存股"账；按其差额，贷记"资本公积——股本溢价"账户。

【例12-4】远洋公司2×24年12月31日的股本为100 000 000股，面值为1元，资本公积（股本溢价）为30 000 000元，盈余公积为40 000 000元。经股东大会批准，甲公司以现金回购本公司股票20 000 000股并注销。假定甲公司按每股2元回购股票，不考虑其他因素。

远洋公司的账务处理如下。

（1）回购本公司股份时：

库存股成本 =20 000 000 × 2=40 000 000（元）

借：库存股　　　　　　　　　　　　　　　　40 000 000

　　贷：银行存款　　　　　　　　　　　　　　　　40 000 000

（2）注销本公司股份时：

应冲减的资本公积 =20 000 000 × 2 − 20 000 000 × 1=20 000 000（元）

借：股本　　　　　　　　　　　　　　　　　20 000 000

　　资本公积——股本溢价　　　　　　　　　　20 000 000

　　贷：库存股　　　　　　　　　　　　　　　　40 000 000

假定甲公司按每股3元回购股票，其他条件不变。

远洋公司的账务处理如下。

（1）回购本公司股份时：

库存股成本 =20 000 000 × 3=60 000 000（元）

借：库存股　　　　　　　　　　　　　　　　60 000 000

　　贷：银行存款　　　　　　　　　　　　　　　　60 000 000

（2）注销本公司股份时：

应冲减的资本公积 =20 000 000×3－20 000 000×1=40 000 000（元）

由于应冲减的资本公积大于公司现有的资本公积，所以只能冲减资本公积 30 000 000 元，剩余的 10 000 000 元应冲减盈余公积。

借：股本   20 000 000

  资本公积——股本溢价   30 000 000

  盈余公积   10 000 000

  贷：库存股   60 000 000

假定远洋公司按每股 0.9 元回购股票，其他条件不变。

远洋公司的账务处理如下。

（1）回购本公司股份时：

库存股成本 =20 000 000×0.9=18 000 000（元）

借：库存股   18 000 000

  贷：银行存款   18 000 000

（2）注销本公司股份时：

借：股本   20 000 000

  贷：库存股   18 000 000

    资本公积——股本溢价   2 000 000

【知识归纳】实收资本或股本的账务处理如表 12-1 所示。

表 12-1 实收资本或股本的账务处理

业务内容	账务处理	

实收资本增加	借：银行存款、无形资产、原材料、固定资产等
	  贷：实收资本
	    资本公积——资本溢价	

实收资本减少	借：实收资本 贷：银行存款	

股本增加	借：银行存款
	  贷：股本
	    资本公积——股本溢价	

股本减少	借：库存股
	  贷：银行存款
		借：股本
		  资本公积——股本溢价
		  盈余公积
		  利润分配——未分配利润
		  贷：库存股

任务二　资本公积及其他综合收益

一、资本公积

（一）资本公积的来源

资本公积是企业收到投资者出资额超出其在注册资本（或股本）中所占份额的部分，以及其他资本公积等。资本公积包括资本溢价（或股本溢价）和其他资本公积等，形成资本溢价（或股本溢价）的原因有溢价发行股票、投资者超额缴入资本等。

其他资本公积是指除资本溢价（或股本溢价）、净损益、其他综合收益和利润分配以外所有者权益的其他变动。比如，企业的长期股权投资采用权益法核算时，因被投资单位除净损益、其他综合收益以及利润分配以外的所有者权益的其他变动，投资企业按应享有份额而增加或减少的资本公积直接计入投资方所有者权益（资本公积——其他资本公积）。

（二）资本公积的核算

为了反映和监督企业资本公积的增减变动情况，企业应设置"资本公积"账户。该账户属于所有权益类账户，贷方登记因资本溢价（或股本溢价）、其他原因而增加的资本公积，借方登记资本公积的减少数，期末贷方余额反映资本公积的结余数。本账户应当分别"资本溢价（股本溢价）""其他资本公积"进行明细核算。

1. 资本溢价

一般企业，在创立时投资者认缴的出资额与注册资本一致，不会产生资本溢价。资本溢价常见于企业重组或有新的投资者加入时。其原因是正常生产经营时期的资本利润率通常要高于企业初创阶段，因此新投资者要对原投资人的经济弥补；另外，新投资者对原来的内部积累也要分享，所以新加入的投资者要付出大于原投资者的出资额，这样才能取得与原投资者相同的出资比例。投资者多缴的部分就形成了资本溢价。

【例 12-5】2×24 年 12 月 1 日，为扩大经营规模，建立稳定的供货渠道，中环国际贸易有限公司接受宝山钢铁股份有限公司现金投资 1 200 万元，新公司的注册资本为 2 000 万元，已按规定办理公司登记变更手续。

新公司章程规定，宝山钢铁股份有限公司持股比例为 50%，顺达公司持股比例为 25%，中建进出口贸易有限公司持股比例为 20%，自然人王峥持股比例为 5%。

中环公司的账务处理如下。

借：银行存款　　　　　　　　　　　　　　　　12 000 000
　　贷：实收资本——宝山钢铁股份有限公司　　　　　10 000 000
　　　　资本公积——资本溢价　　　　　　　　　　　2 000 000

2. 股本溢价

股本溢价是股份有限公司溢价发行股票时收到的股款超出股票面值的数额。与其他类型的企业不同，股份有限公司在成立时可能溢价发行股票，因而在成立之初可能会产生股本溢价。在溢价发行股票的情况下，按实际收到的款项，借记"银行存款"账户；按股票面值和核定的股份总额的乘积计算的金额，贷记"股本"账户；按扣除发行费用后的溢价收入，贷记"资本公积——股本溢价"账户（参见【例12-3】的相关内容）。

3. 其他资本公积

其他资本公积是指除资本溢价（或股本溢价）项目以外所形成的资本公积，单设"资本公积——其他资本公积"明细账户进行核算。在此以权益法下被投资单位其他权益变动的影响为例介绍相关的核算业务。

准则规定，企业对被投资单位的长期股权投资采用权益法核算的，在持股比例不变的情况下，因被投资单位除净损益以外的所有者权益的其他变动，本企业应按持股比例计算其应享有的资本公积数额借记"长期股权投资——其他权益变动"科目，贷记"资本公积——其他资本公积"科目。如果是损失，则作相反的分录。处置长期股权投资时，应转销与该笔投资相关的其他资本公积。

【例12-6】中环国际贸易有限公司于2×24年10月1日向阿尔法机械制造有限公司投资80万元，拥有该公司20%的股份，并对该公司有重大影响，中环国际贸易有限公司对此项投资采用权益法核算。2×24年12月31日，阿尔法机械制造有限公司净损益之外的所有者权益增加了10万元。假定除此以外，该公司所有者权益没有变化，资产账面价值与公允价值一致，不考虑其他因素。

中环公司的账务处理如下。

借：长期股权投资——阿尔法（其他权益变动）　　20 000
　　贷：资本公积——其他资本公积　　　　　　　　　　20 000

4. 资本公积转增资本

经股东大会或类似机构决议，用资本公积转增资本时，应按照转增的资本金额冲减资本公积，借记"资本公积"科目，同时按照转增资本前的实收资本的结构或比例，将转增的金额记入"实收资本"科目下各所有者的明细分类账。

【例12-7】承【例12-5】为扩大经营规模，2×25年12月31日，经批准，中环国际贸易有限公司将资本公积200万元按原出资比例转增资本。

中环公司的账务处理如下。

借：资本公积——资本溢价　　　　　　　　　　2 000 000
　　贷：实收资本——宝山公司　　　　　　　　　　　1 000 000
　　　　　　　　——顺达公司　　　　　　　　　　　　500 000
　　　　　　　　——中建公司　　　　　　　　　　　　400 000
　　　　　　　　——王峥　　　　　　　　　　　　　　100 000

二、其他综合收益

其他综合收益是指企业根据会计准则的规定未在当期损益中确认的各项利得和损失。其他综合收益分为以后会计期间不能重分类进损益的其他综合收益和以后会计期间能重分类进损益的其他综合收益。

典型的经济业务有以公允价值计量且其变动计入其他综合收益的金融资产，其公允价值变动（参见【例5-5】和【例5-6】），采用权益法核算的长期股权投资（参见【例6-10】），存货或自用房地产转换为投资性房地产等涉及的其他综合收益（参见【例9-18】）。

任务三　留存收益

留存收益是指企业从历年实现的利润中提取或形成的留存于企业的内部积累，包括盈余公积和未分配利润两类。

1. 留存收益核算
2. 利润分配和资金退出核算

一、利润分配概述

（一）利润分配的顺序

利润分配是指企业根据国家有关规定和企业章程、投资者协议等，对当年可供分配的利润所进行的分配。

可供分配的利润 = 当年实现的净利润（或净亏损）+ 年初未分配利润（或—年初未弥补亏损）+ 其他转入

根据公司法等有关法规的规定，利润分配的顺序依次是：

（1）弥补以前年度亏损。若超过税前利润弥补亏损的期限，企业可以用税后利润弥补亏损。

（2）提取法定盈余公积金。公司制企业应当按照净利润（减弥补以前年度亏损）的10%提取法定盈余公积。非公司制企业法定盈余公积的提取比例可超过净利润的10%。法定盈余公积累计额已达到注册资本的50%时可以不再提取。

（3）提取任意公积金。公司制企业可根据股东大会的决议提取任意盈余公积。非公司制企业经类似权力机构批准，也可提取任意盈余公积。法定盈余公积和任意盈余公积的区别在于其各自计提的依据不同，前者以国家的法律法规为依据，后者由企业的权力机构自行决定。

（4）向投资者分配利润或支付股利。公司弥补亏损和提取公积金后所余税后利润，有限责任公司股东一般按照实缴的出资比例分取红利，股份有限公司一般按照股东持有的股份比例分配。

（二）利润分配核算的账户设置

为了核算和监督企业利润的分配（或亏损的弥补）和历年分配（或弥补）后的未分配利润（或未弥补亏损）等情况，企业应当设置"利润分配"账户。该账户属于所有者权益类账户，应当分别"提取法定盈余公积""提取任意盈余公积""应付现金股利或利润""转作股本的股利""盈余公积补亏""未分配利润"等进行明细核算。

二、盈余公积

盈余公积是指企业按规定从净利润中提取的企业积累资金。企业的盈余公积包括法定盈余公积和任意盈余公积，主要用于弥补亏损、转增资本、发放现金股利或利润。

为了核算和监督盈余公积的形成及使用业务，企业应设置"盈余公积"账户。该账户属于所有者权益类，贷方登记按一定标准提取的盈余公积数额，借方登记按规定用途使用的盈余公积数额，期末贷方余额反映盈余公积的结余数额。该账户应当分别"法定盈余公积""任意盈余公积"进行明细核算。

（一）提取盈余公积的核算

企业按规定提取盈余公积时，借记"利润分配——提取法定盈余公积""利润分配——提取任意盈余公积"账户，贷记"盈余公积——法定盈余公积""盈余公积——任意盈余公积"账户。

【例 12-8】顺达公司 2×23 年实现净利润 10 250 000 元，分别按 10% 和 8% 的比例提取法定盈余公积和任意盈余公积。

顺达公司的账务处理如下。

借：利润分配——提取法定盈余公积　　　　　　1 025 000

　　　　　　——提取任意盈余公积　　　　　　820 000

　　贷：盈余公积——法定盈余公积　　　　　　　　　1 025 000

　　　　　　——任意盈余公积　　　　　　　　　　820 000

（二）盈余公积弥补亏损的核算

企业弥补亏损的途径有三种：一是企业可用发生亏损后连续 5 年内实现的税前利润递延弥补；二是当企业发生的亏损在连续 5 年内不足弥补的，需用以后年度的税后利润来弥补；三是经投资者审议后用盈余公积弥补亏损。

【例 12-9】荣胜公司以前年度累计的未弥补亏损为 500 000 元，按照规定已超过以税前利润弥补亏损的期间。本年度荣胜公司董事会决定并经股东大会批准，以法定盈余公积弥补以前年度未弥补的亏损 300 000 元。

荣胜公司的账务处理如下。

（1）用法定盈余公积弥补亏损。

借：盈余公积——法定盈余公积　　　　　　300 000

　　贷：利润分配——盈余公积补亏　　　　　　　　300 000

（2）年终结转"利润分配"账户。

借：利润分配——盈余公积补亏　　　　　　300 000

　　贷：利润分配——未分配利润　　　　　　　　　300 000

（三）盈余公积转增资本

企业盈余公积转增资本时，对任意盈余公积转增资本，法律没有限制。但用法定盈余公积转增资本时，转增后企业法定盈余公积的比例不得低于转增前注册资本的25%。用盈余公积转增资本时，应按投资者持有的比例进行转增资本，借记"盈余公积——法定盈余公积"等账户，贷记"实收资本（股本）"账户。

【例12-10】经批准，中环国际贸易有限公司按原出资比例将盈余公积100万元转增资本，其中宝山钢铁股份有限公司持有50%的股份，顺达公司和中建进出口贸易有限公司各持有股份25%，假定转增资本后盈余公积余额符合《中华人民共和国公司法》的规定。

中环公司的账务处理如下。

借：盈余公积——法定盈余公积　　　　　　　　　　1 000 000
　　贷：实收资本——宝山公司　　　　　　　　　　　　　　　500 000
　　　　　　——顺达公司　　　　　　　　　　　　　　　　250 000
　　　　　　——中建公司　　　　　　　　　　　　　　　　250 000

（四）盈余公积发放现金股利或利润

经股东大会和类似机构特别决议，可用盈余公积分配现金股利或利润，但分配后企业法定盈余公积的比例不得低于分配前注册资本的25%。分配现金股利时，借记"盈余公积——法定盈余公积或任意盈余公积"等账户，贷记"应付股利"账户；发放现金股利时，借记"应付股利"账户，贷记"银行存款"账户。

【例12-11】旭日股份有限公司2×23年12月31日普通股股本为30 000 000股，每股面值1元，可供投资者分配的利润为3 000 000元，盈余公积为10 000 000元。2×24年3月20日，股东大会批准了2×23年度利润分配方案，以2×23年12月31日为登记日，按每股0.2元发放现金股利。旭日股份有限公司共需要分派6 000 000元现金股利，其中动用可供投资者分配的利润3 000 000元，盈余公积3 000 000元。假定不考虑其他因素。

旭日公司的账务处理如下。

借：利润分配——应付现金股利　　　　　　　　　　3 000 000
　　盈余公积——法定盈余公积　　　　　　　　　　3 000 000
　　　贷：应付股利　　　　　　　　　　　　　　　　　　6 000 000
支付股利时：
借：应付股利　　　　　　　　　　　　　　　　　　6 000 000
　　贷：银行存款　　　　　　　　　　　　　　　　　　6 000 000

三、未分配利润

未分配利润是企业留待以后年度进行分配的结存利润。相对于企业所有者权益的其他组成部分而言，企业对未分配利润的使用和分配具有较大的自主权。从数量上讲，未分配利润等于期初未分配利润，加上本期实现的净利润，减去提取的各种盈余公积和向投资者分配利润后的余额。

企业未分配利润通过"利润分配——未分配利润"明细账户进行核算。年度终了，企业应将本年实现的净利润或发生的净亏损自"本年利润"账户转入"利润分配——未分配利润"账户，并将"利润分配"账户所属其他明细账户的余额转入"利润分配——未分配利润"明细账户。结转后，"利润分配"账户除"未分配利润"明细账户外，其他明细账户应无余额。"利润分配——未分配利润"明细账户如为贷方余额，反映未分配利润的金额；如为借方余额，反映未弥补亏损的金额。

【例 12-12】华朗公司 2×23 年初股本为 100 000 000 元，每股面值 1 元，年初未分配利润为贷方 70 000 000 元，当年实现净利润 40 000 000 元。假定公司经批准的 2×23 年度利润分配方案为：按照 2×23 年实现净利润的 10% 提取法定盈余公积，5% 提取任意盈余公积，同时向股东按每股 0.15 元派发现金股利，按每 10 股送 2 股的比例派发股票股利。2×24 年 3 月 15 日，公司以银行存款支付了全部现金股利，新增股本也已经办理完股权登记和相关增资手续。

华朗公司的账务处理如下。

（1）2×23 年末结转本年利润。

借：本年利润　　　　　　　　　　　　　　　　　40 000 000
　　贷：利润分配——未分配利润　　　　　　　　　　　　40 000 000

（2）提取法定盈余公积和任意盈余公积。

借：利润分配——提取法定盈余公积　　　　　　　　4 000 000
　　　　　　——提取任意盈余公积　　　　　　　　2 000 000
　　贷：盈余公积——法定盈余公积　　　　　　　　　　4 000 000
　　　　　　　——任意盈余公积　　　　　　　　　　　2 000 000

（3）结转"利润分配"明细账户。

借：利润分配——未分配利润　　　　　　　　　　　6 000 000
　　贷：利润分配——提取法定盈余公积　　　　　　　　4 000 000
　　　　　　　　——提取任意盈余公积　　　　　　　　2 000 000

（4）批准发放现金股利。

100 000 000 × 0.15=15 000 000（元）

借：利润分配——应付现金股利　　　　　　　　　15 000 000
　　贷：应付股利　　　　　　　　　　　　　　　　　15 000 000

（5）结转"利润分配"明细账户。

借：利润分配——未分配利润　　　　　　　　　　15 000 000
　　贷：利润分配——应付现金股利　　　　　　　　　15 000 000

（6）2×24 年 3 月 15 日，实际发放现金股利。

借：应付股利 15 000 000

　　贷：银行存款 15 000 000

（7）2×24 年 3 月 15 日，发放股票股利。

100 000 000×0.2×1=20 000 000（元）

借：利润分配——转作股本的股利 20 000 000

　　贷：股本 20 000 000

（8）结转"利润分配"明细账户。

借：利润分配——未分配利润 20 000 000

　　贷：利润分配——转作股本的股利 20 000 000

此时，华朗公司"利润分配——未分配利润"的贷方余额为：

70 000 000+40 000 000−6 000 000−15 000 000−20 000 000=69 000 000（元）

【知识归纳】利润分配业务的账务处理如表 12-2 所示。

表 12-2　利润分配业务的账务处理

业务内容	账务处理
当期实现净利润	借：本年利润 　　贷：利润分配——未分配利润
提取盈余公积	借：利润分配——提取法定盈余公积 　　　　　　　　——提取任意盈余公积 　　贷：盈余公积——法定盈余公积 　　　　　　　　——任意盈余公积
向投资者分配利润	借：利润分配——应付现金股利 　　贷：应付股利
盈余公积补亏	借：盈余公积——法定盈余公积 　　贷：利润分配——盈余公积补亏
发放股票股利	借：利润分配——转作股本的股利 　　贷：股本
年终结转"利润分配"其他明细账户	借：利润分配——未分配利润 　　贷：利润分配——提取法定盈余公积 　　　　　　　　——提取任意盈余公积 　　　　　　　　——应付现金股利 　　　　　　　　——转作股本的股利 借：利润分配——盈余公积补亏 　　贷：利润分配——未分配利润

模块 二

利润表核算

📖 学习目标

◆ 知识目标 ◆

1. 理解收入的概念、特点，确认原则、条件和时间；
2. 明确收入计量的原则和方法；
3. 熟悉按时点确认收入规定的具体内容；
4. 熟悉按时段确认收入规定的具体内容；
5. 熟悉各种特定交易活动的具体内容；
6. 熟悉合同成本的内容和分类；
7. 熟悉费用的分类、确认和计量要求。

◆ 技能目标 ◆

1. 能进行按时点确认收入的计算和核算；
2. 能进行按时段确认收入的计算和核算；
3. 能进行各种特定交易业务收入的计算和核算；
4. 能进行合同成本的计算和核算；
5. 能进行期间费用的计算和核算。

项目十三 课程思
政教学案例

◆ 素养目标 ◆

1. 批判性思维。能够批判性地评估收入报告的真实性和准确性；分析收入操纵的可能性和手段，并理解其对企业和投资者的潜在影响。

2. 伦理与责任。理解并遵守与收入相关的会计职业道德和法律法规；能够对不道德或不合法的收入行为进行识别和抵制。

3. 持续学习与创新。保持对收入相关会计准则和法规变化的关注和学习；在实践中不断反思和改进自己的收入管理技能水平。

📖 案例导入

2021 年 3 月 23 日晚间，金亚科技在全国股转系统发布的公告显示，公司于近日收到四川省成都市中级人民法院《刑事判决书》及相关法律文书。判决书显示，金亚科技被判处罚金人民币392万元，金亚科技实控人周旭辉数罪并罚后，法院决定执行有期徒刑三年，缓刑五年，并处罚金人民币10万元，其他多个责任人也被判刑。

刑事判决书显示，2008年至2009年7月，周旭辉为使公司在A股顺利上市，挂牌交易，以公司名义授意时任财务总监进行财务数据造假，虚增、夸大公司2006年度至2008年度以及2009年第一、二季度营业收入及盈利能力。此外，金亚科技2013年大幅亏损，为扭转公司亏损，又通过虚构客户、伪造合同、伪造银行单据、伪造材料产品收发记录、隐瞒费用支出等方式虚增利润。2015年，曾是创业板首批28家上市公司之一的金亚科技，因涉嫌证券违法违规被证监会立案调查。2020年8月3日，正式被深交所摘牌。

资料来源：金亚科技证券违法违规案正式宣判：被罚392万 已连亏4年[EB/OL].（2024-03-24）[2024-07-20]. https://finance.sina.com.cn/roll/2021-03-24/doc-ikknscsk0717692.shtml.

思考：金亚科技财务造假的动机和手段分别是什么？你从中得到怎样的启示？

📖 项目导图

本项目的内容结构如图13-1所示。

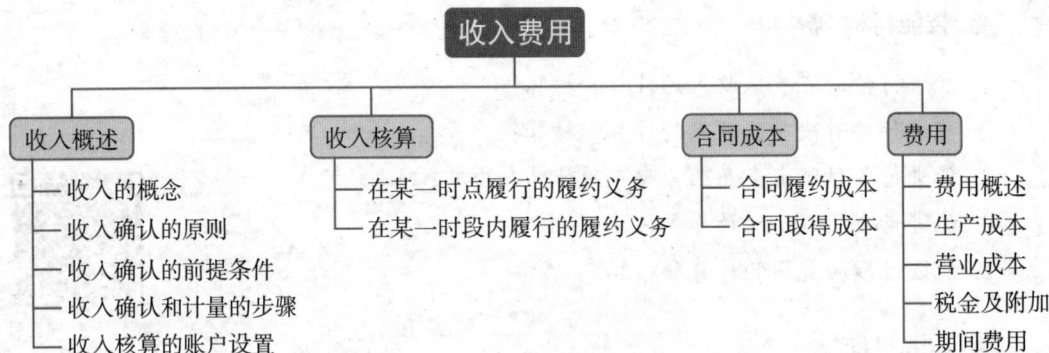

图13-1 项目十三的内容结构

📖 项目实施

任务一 收入概述

一、收入的概念

收入是指企业在日常活动中形成的、会导致所有者权益增加的、与所有者投入资本无关的经济利益的总流入。其中，日常活动是指企业为完成其经营目标所从事的经常性活动以及与之相关的活动。工业企业制造并销售产品、商品流通企业销售商品、咨询公司提供咨询服务、软件公司为客户开发软件、安装公司提供安装服务、建筑企业提供建造服务等均属于企业的日常活动；日常活动所形成的经济利益的流入应当确认为收入。

✎ 知识拓展

收入和利得的区分。收入来源于企业日常活动形成的收益，利得来源于企业日常活动以外的活动收益。利得通常是从偶发的经济业务中取得的，属于那种不经过经营过程就能取得或不曾期望获得的收益。一部分利得直接计入当期损益，一部分利得直接计入所有者权益。区别收入和利得的唯一标准就是是否为企业日常活动所形成的。

二、收入确认的原则

企业确认收入的方式应当反映其向客户转让商品的模式，收入的金额应当反映企业因转让这些商品而预期有权收取的对价金额。企业应当在履行了合同中的履约义务，即在客户取得相关商品控制权时确认收入。

取得相关商品控制权，是指能够主导该商品的使用并从中获得几乎全部的经济利益，也包括有能力阻止其他方主导该商品的使用并从中获得经济利益。

取得商品控制权需要同时具有下列三项要素：一是能力。即客户必须拥有现时权利，能够主导该商品的使用并从中获得几乎全部经济利益。二是主导该商品的使用。客户有能力主导该商品的使用，即客户有权使用该商品，或者能够允许或阻止其他方使用该商品。三是能够获得几乎全部的经济利益。商品的经济利益是指该商品的潜在现金流量，既包括现金流入的增加，也包括现金流出的减少。

三、收入确认的前提条件

企业与客户之间的合同同时满足下列五项条件的，企业应当在客户取得相关商品控制权时确认为收入：

（1）合同各方已批准该合同并承诺将履行各自义务；

（2）该合同明确了合同各方与所转让商品相关的权利和义务；

（3）该合同有明确的与所转让商品相关的支付条款；

（4）该合同具有商业实质，即履行该合同将改变企业未来现金流量的风险、时间分布或金额；

（5）企业因向客户转让商品而有权取得的对价很可能收回。

四、收入确认和计量的步骤

根据《企业会计准则第 14 号——收入》，收入确认和计量分为五个步骤（五步法模型）：

第一步，识别与客户订立的合同。合同是指双方或多方之间订立有法律约束力的权利义务的协议，有书面形式、口头形式以及其他形式。合同的存在是企业确认客户合同收入的前提，企业与客户之间的合同一经签订，企业即享有从客户取得与转移商品和服务对价的权利，同时负有向客户转移商品和服务的履约义务。

第二步，识别合同中的单项履约义务。履约义务是指合同中企业向客户转让可明确区分商品或服务的承诺。企业应当将向客户转让可明确区分商品（或者商品的组合）的承诺作为单项履约义务，以及向客户转让一系列实质相同且转让模式相同的、可明确区分商品的承诺作为单项履约义务。例如，企业与客户签订合同，向其销售商品并提供安装服务，该安装服务简单，除该企业外其他供应商也可以提供此类安装服务，该合同中销售商品和提供安装服务为两项单项履约义务。若该安装服务复杂且商品需要按客户定制要求修改，则将合同中的销售商品和提供安装服务合并为单项履约义务。

第三步，确定交易价格。交易价格是指企业因向客户转让商品而预期有权收取的对价金额，不包括企业代第三方收取的款项（如增值税）以及企业预期将退还给客户的款项。合同条款所承诺的对价，可能是固定金额、可变金额或者两者兼有。例如，甲公司与客户签订合同，为其建造一栋厂房，约定的价款为 100 万元，4 个月完工，交易价格就是固定金额 100 万元；假如合同中约定：若提前 1 个月完工，客户将额外奖励甲公司 10 万元，甲公司对合同估计工程提前 1 个月完工的概率为 95%，则甲公司预计有权收取的对价为 110 万元，因此交易价格包括固定金额 100 万元和可变金额 10 万元，总计为 110 万元。

第四步，将交易价格分摊至各单项履约义务。当合同中包含两项或多项履约义务时，需要将交易价格分摊至各单项履约义务，分摊的方法是在合同开始日，按照各单项履约义务所承诺商品的单独售价（企业向客户单独销售商品的价格）的相对比例，将交易价格分摊至各单项履约义务。通过分摊交易价格，使企业分摊至各单项履约义务的交易价格能够反映其因向客户转让已承诺的相关商品而有权收取的对价金额。例如，企业与客户签订合同，向其销售 A、B、C 三件产品，不含增值税的合同总价款为 10 000 元。A、B、C 产品的不含增值税单独售价分别为 5 000 元、3 500 元和 7 500 元，合计 16 000 元。按照交易价格分摊原则，A 产品应当分摊的交易价格为 3 125 元（5 000 ÷ 16 000 × 10 000），B 产品应当分摊的交易价格为 2 187.5 元（3 500 ÷ 16 000 × 10 000），C 产品应当分摊的交易价格为 4 687.5 元（7 500 ÷ 16 000 × 10 000）。

第五步，履行各单项履约义务时确认收入。当企业将商品转移给客户，客户取得了相关商品的控制权，意味着企业履行了合同履约义务，此时企业应确认收入。企业将商品控制权转移给客户，可能在某一时段内（履行履约义务的过程中）发生，也可能在某一时点（履约义务完成时）发生。企业应该根据实际情况，首先判断履约义务是否满足在某一时段内履行的条件，如不满足，则该履约义务属于在某一时点履行的履约义务。

以上五个步骤中，第一、第二和第五步主要与收入的确认有关，第三步和第四步主要与收入的计量有关。

【例 13-1】甲公司是一家软件开发企业，2×24 年 12 月 25 日与客户订立软件许可合同，合同总价款为 200 万元。内容包括：①为期两年的软件许可权（合同未要求且甲公司或客户也不能够合理预期甲公司将从事对该项知识产权有重大影响的活动）；②标准安装服务；③18 个月的售后技术支持服务。客户于 2×24 年 12 月 31 日向甲公司支付合同价款 200 万元。甲公司于 2×25 年 1 月 1 日为客户安装软件（工期 10 天），该服务为标准安装服务，不涉及对软件的重大修订。该安装服务也经常由其他企业提供。甲公司也向其他客户单独销售上述项目，该软件许可权的单独售价为 195 万元，标准安装服务的单独售价为 3 万元，18 个月的售后技术支持服务的单独售价为 8 万元。如何应用五步法确认收入？

第一步，识别与客户订立的合同：软件许可合同。

第二步，识别合同中的单项履约义务：①软件许可权；②标准安装服务；③18 个月的售后技术支持服务。

第三步，确定交易价格：200 万元。

第四步，将交易价格分配至合同中各单项履约义务，如表 13-1 所示。

表 13-1　交易价格分配至各单项履约义务

履约义务	单独售价	比例	分摊交易价格
软件许可权	195 万元	94.66%	200×94.66%=189.32（万元）
标准安装服务	3 万元	1.46%	200×1.46%=2.92（万元）
18 个月的售后技术支持服务	8 万元	3.88%	200×3.88%=7.76（万元）
合计	206 万元	100%	200 万元

第五步，履行各单项履约义务时（某时点或某段期间）确认收入，确认收入时间如表 13-2 所示。

表 13-2　确认收入时间

单项履约义务	软件许可权	标准安装服务	18 个月的售后技术支持服务
确认收入时间	授予时	提供服务时	提供服务时

收入确认金额如表 13-3 所示。

表 13-3　收入确认金额

商品／服务	2×25 年	2×26 年	合计
为期 2 年的软件许可权	189.32 万元	—	189.32 万元
标准安装服务	2.92 万元	—	2.92 万元
18 个月的售后技术支持服务	7.76×12/18=5.17（万元）	7.76×6/18=2.59（万元）	7.76 万元
合计	197.41 万元	2.59 万元	200 万元

五、收入核算的账户设置

为了核算企业和客户之间的合同产生的收入及相关的成本费用，一般需要设置"主营业务收入""其他业务收入""主营业务成本""其他业务成本""合同取得成本""合同履约成本""合同资产""合同负债"等账户。

（一）"主营业务收入"账户

"主营业务收入"账户属于损益类账户，核算企业确认的销售商品、提供劳务等主营业务的收入。该账户贷方登记企业主营业务活动实现的收入，借方登记期末转入"本年利润"账户的主营业务收入，结转后该账户应无余额。该账户可按主营业务的种类进行明细核算。

（二）"其他业务收入"账户

"其他业务收入"账户属于损益类账户，核算企业确认的除主营业务活动以外的其他经营活动实现的收入，包括出租固定资产、出租无形资产、出租包装物和商品、销售材料、用材料进行非货币性交换或债务重组等实现的收入。该账户贷方登记企业其他业务活动实现的收入，借方登记期末转入"本年利润"账户的其他业务收入，结转后该账户应无余额。该账户可按其他业务的种类进行明细核算。

（三）"主营业务成本"账户

"主营业务成本"账户属于损益类账户，核算企业确认销售商品、提供劳务等主营业务收入时应结转的成本。该账户借方登记企业应结转的主营业务成本，贷方登记期末转入"本年利润"账户的主营业务成本，结转后该账户应无余额。该账户可按主营业务的种类进行明细核算。

（四）"其他业务成本"账户

"其他业务成本"账户属于损益类账户，核算企业确认的除主营业务活动以外的其他经营活动所形成的成本，包括出租固定资产的折旧额、出租无形资产的摊销额、出租包装物的成本或摊销额、销售材料的成本等。该账户借方登记企业应结转的其他业务成本，贷方登记期末转入"本年利润"账户的其他业务成本，结转后该账户应无余额。该账户可按其他业务的种类进行明细核算。

（五）"合同取得成本"账户

"合同取得成本"账户属于资产类账户，核算企业取得合同发生的、预计能够收回的增量成本。该账户借方登记发生的合同取得成本，贷方登记摊销的合同取得成本，期末借方余额反映企业尚未结转的合同取得成本。该账户可按合同进行明细核算。

（六）"合同履约成本"账户

"合同履约成本"账户属于资产类账户，核算企业为履行当前或预期取得的合同所发生的、不属于其他企业会计准则规范范围且按照收入准则应当确认为一项资产的成本。该账户借方登记发生的合同履约成本，贷方登记摊销的合同履约成本，期末借方余额反映企业尚未结转的合同履约成本。该账户可按合同分别设置"服务成本""工程施工"等进行明细核算。

（七）"合同资产"账户

"合同资产"账户属于资产类账户，核算企业已向客户转让商品而有权收取对价的权利，且该权利取决于时间流逝之外的其他因素（如履行合同中的其他履约义务）。该账户借方登记因已转让商品而有权收取的对价金额，贷方登记取得无条件收款权的金额，期末借方余额反映企业已向客户转让商品而有权收取的对价金额。该账户按合同进行明细核算。

（八）"合同负债"账户

"合同负债"账户属于负债类账户，核算企业已收或应收客户对价而应向客户转让商品的义务。该账户贷方登记企业在向客户转让商品前已经收到或已经取得无条件收取合同对价权利的金额，借方登记企业向客户转让商品时冲销的金额，期末贷方余额反映企业在向客户转让商品之前，已经收到的合同对价或已经取得的无条件收取合同对价权利的金额。该账户按合同进行明细核算。

此外，企业发生减值的，还应当设置"合同履约成本减值准备""合同取得成本减值准备""合同资产减值准备"等账户进行明细核算。

任务二　收入核算

一、在某一时点履行的履约义务

对于在某一时点履行的履约义务，企业应当在客户取得相关商品控制权的时点确认收入。在判断客户是否已取得商品控制权时，企业应当考虑下列迹象。

收入

（1）企业就该商品享有现时收款权利，即客户就该商品负有现时付款义务。例如，甲企业与客户签订销售商品合同，约定客户有权定价且在收到商品无误后10日付款。在客户收到甲企业开具的发票、商品验收入库后，客户能够自主确定商品的使用情况，此时甲企业享有收款权利，客户负有现时付款义务。

（2）企业已将该商品的法定所有权转移给客户，即客户已拥有该商品的法定所有权。例如，房地产企业向客户销售商品房，在客户付款后取得房屋产权证时，表明企业已将该商品房的法定所有权转移给客户。

（3）企业已将该商品实物转移给客户，即客户已占有该商品实物。例如，企业与客户签订交款提货合同，企业销售商品并送货到客户指定地点，客户验收合格并付款，表明企业已将该商品实物转移给客户，即客户已占有该商品实物。

（4）企业已将该商品所有权上的主要风险和报酬转移给客户，即客户已取得该商品所有权上的主要风险和报酬。例如，甲房地产公司向客户销售商品房办理产权转移手续后，该商品房价格上涨或下跌带来的利益或损失全部属于客户，表明客户已取得该商品所有权上的主要风险和报酬。

（5）客户已接受该商品。例如，企业向客户销售为其定制生产的节能设备，客户收到并验收合格后办理入库手续，表明客户已接受该商品。

（6）其他表明客户已取得商品控制权的迹象。

（一）一般销售商品业务

企业在履行了合同中的单项履约义务时，应按照已收或应收的合同价款，加上应收取的增值税税额，借记"银行存款""应收账款""应收票据"等账户，按应确认的收入金额，贷记"主营业务收入"等账户，按应收取的增值税税额，贷记"应交税费——应交增值税（销项税额）"等账户。

如果企业在客户实际支付合同对价或在该对价到期应付之前，已经向客户转让商品的，应当计入"合同资产"账户。合同资产反映的是取决于时间流逝之外的其他因素的收取合同对价的权利（如履约风险），而应收款项代表的是企业拥有的仅取决于时间流逝因素的权利。当合同资产取得无条件收款权，进行摊销时，再记入"应收账款"账户。合同资产发生减值的，按应减记的金额，借记"资产减值损失"账户，贷记"合同资产减值准备"账户，已计提的减值准备转回时做相反账务处理。

【例13-2】2×24年3月1日，顺达公司与客户签订合同，向其销售A、B两项商品，合同价款为20 000元。合同约定，A商品于合同开始日交付，B商品在1个月之后交付，只有当A、B两项商品全部交付之后，顺达公司才有权收取20 000元的合同对价。假定A商品和B商品构成两项履约义务，其控制权在交付时转移给客户，分摊至A商品和B商品的交易价格分别为5 000元和20 000元，合计25 000元。上述价格均不包含增值税，且假定不考虑相关税费影响。

本例中，根据交易价格分摊原则，A商品应当分摊的交易价格为4 000元（5 000÷25 000×20 000），B商品应当分摊的交易价格为16 000元（20 000÷25 000×20 000）。甲公司将A商品交付给客户之后，与该商品相关的履约义务已经履行，但是需要等到后续交付B商品时，企业才具有无条件收取合同对价的权利，因此，顺达公司应当将因交付A商品而有权收取的对价4 000元确认为合同资产，而不是应收账款。

顺达公司的账务处理如下。

（1）交付A商品时：

借：合同资产　　　　　　　　　　　4 000

　　贷：主营业务收入　　　　　　　　　4 000

（2）交付B商品时：

借：应收账款　　　　　　　　　　　20 000

　　贷：合同资产　　　　　　　　　　　4 000

　　　　主营业务收入　　　　　　　　　16 000

知识拓展

合同资产和应收款项都是企业拥有的有权收取对价的合同权利，二者的区别在于，应收款项代表的是无条件收取合同对价的权利，即企业仅仅随着时间的流逝即可收款，而合同资产并不是一项无条件收款权，该权利除了时间流逝之外，还取决于其他条件，如履行合同中的其他履约义务才能收取相应的合同对价。因此，与合同资产和应收款项相关的风险是不同的，应收款项仅承担信用风险，而合同资产除承担信用风险之外，还可能承担其他风险，如履约风险等。

（二）已经发出但不能确认收入的业务

如果销售商品不符合收入确认条件，则不应确认收入，已经发出的商品，应当通过"发出商品"账户进行核算。

【例13-3】顺达公司采用托收承付方式向华悦公司销售A商品一批，开出的增值税专用发票注明的销售价格为120 000元，增值税税额为15 600元。该批商品成本为100 000元。顺达公司在售出该商品时已得知华悦公司现金流转暂时困难，但为了减少存货积压，同时为了维持与华悦公司长期以来建立的商业关系，顺达公司仍将商品发出并办妥托收手续。假定顺达公司销售该批商品的纳税义务已经发生，不考虑其他因素。

顺达公司的账务处理如下。

（1）发出商品时：

借：发出商品　　　　　　　　　　　　　　　　100 000
　　贷：库存商品　　　　　　　　　　　　　　　　　100 000

同时，将增值税专用发票上注明的增值税税额转入应收账款：

借：应收账款——华悦公司　　　　　　　　　　15 600
　　贷：应交税费——应交增值税（销项税额）　　　15 600

（2）得知华悦公司经营情况好转，华悦公司承诺近期付款时：

借：应收账款——华悦公司　　　　　　　　　　120 000
　　贷：主营业务收入　　　　　　　　　　　　　　　120 000

借：主营业务成本　　　　　　　　　　　　　　100 000
　　贷：发出商品　　　　　　　　　　　　　　　　　100 000

（三）销售商品涉及折扣、折让的业务

1. 商业折扣

商业折扣是指企业为促进商品销售而给予的价格扣除。例如，企业为鼓励客户多买商品，规定买100件以上给予客户10%的折扣。此外，企业为了尽快出售一些残次、陈旧、冷背的商品，也可能降价销售。商业折扣在销售前即已发生，并不构成最终价格的一部分，企业应当按照扣除商业折扣后的金额确定商品销售价格和销售商品收入金额。

2. 现金折扣

现金折扣是指债权人为鼓励债务人在规定的期限内付款而向债务人提供的债务扣除。现金折扣一般用"折扣率/付款期限"表示。例如，"2/10，1/20，n/30"表示：销售方允许客户最长的付款期限为30天，如果客户在10天内付款，销售方可按商品售价给予客户2%的折扣；如果客户在11~20天付款，销售方可按商品售价给予客户1%的折扣；如果客户在21~30天付款，将不能享受现金折扣。

现金折扣发生在商品销售之后，是否发生以及发生多少要视客户的付款情况而定，企业在确认销售商品收入时不能确定现金折扣金额。因此，企业销售商品涉及现金折扣的，应当按照扣除现金折扣前的金额确定销售商品收入金额。现金折扣实际上是企业为了尽快回笼资金而发生的理财费用，应在实际发生时计入当期财务费用。

【例13-4】顺达公司2×24年6月1日销售B商品3 000件并开具增值税专用发票，每件商品的标价为500元，增值税税率13%；每件商品的实际成本为300元；由于是成批销售，顺达公司给予客户10%的商业折扣，并在销售合同中规定现金折扣条件为2/10，1/20，n/30；A商品于6月1日发出，客户于6月9日付款。该项销售业务属于在某一时点履行的履约义务。假定计算现金折扣不考虑增值税。

本例涉及商业折扣和现金折扣问题，销售商品收入的金额应是未扣除现金折扣但扣除商业折扣后的金额，现金折扣应在实际发生时计入当期财务费用。因此，顺达公司应确认的销售商品收入的金额为1 350 000元（3 000×500−3 000×500×10%），增值税销项税额175 500元（1 350 000×13%）。客户在10日内付款，享有的现金折扣为27 000元（1 350 000×2%）。

顺达公司的账务处理如下。

（1）6月1日确认收入时：

借：应收账款	1 525 500	
贷：主营业务收入		1 350 000
应交税费——应交增值税（销项税额）		175 500
借：主营业务成本	900 000	
贷：库存商品		900 000

（2）6月9日收到货款时：

借：银行存款	1 498 500	
财务费用	27 000	
贷：应收账款		1 525 500

（3）若客户于6月19日付款时：

借：银行存款	1 512 000	
财务费用	13 500	
贷：应收账款		1 525 500

（4）若客户于 6 月底付款时：

借：银行存款 1 525 500

　　贷：应收账款 1 525 500

3. 销售折让

销售折让是企业因售出商品的质量不合格等而在售价上给予的减让。通常情况下，销售折让发生在销售收入已经确认之后，因此，销售折让发生时，应直接冲减当期销售商品收入。但销售折让属于资产负债表日后事项的，适用《企业会计准则第 29 号——资产负债表日后事项》。

【例 13-5】顺达公司向金发公司销售 B 产品一批，开出的增值税专用发票上注明的销售价格为 100 000 元，增值税税额为 13 000 元。金发公司在验收过程中发现商品质量不合格，要求在价格上给予 6% 的折让。假定顺达公司已确认销售收入，款项尚未收到，发生的销售折让允许扣减当期增值税税额，不考虑其他因素。

顺达公司的账务处理如下。

（1）销售实现时：

借：应收账款 113 000

　　贷：主营业务收入 100 000

　　　　应交税费——应交增值税（销项税额） 13 000

（2）发生销售折让时：

借：主营业务收入 6 000

　　应交税费——应交增值税（销项税额） 780

　　贷：应收账款 6 780

（3）实际收到款项时：

借：银行存款 106 220

　　贷：应收账款 106 220

（四）销售退回的业务

销售退回是指企业因售出商品在质量、规格等方面不符合销售合同规定条款的要求，客户要求企业予以退货。企业销售商品发生退货，表明企业履行义务的减少和客户商品控制权及其相关经济利益的丧失。

已确认销售商品收入的售出商品发生销售退回的，除属于资产负债表日后事项的外，企业收到退回的商品时，应退回货款或冲减应收账款，并冲减主营业务收入和增值税销项税额，借记"主营业务收入""应交税费——应交增值税（销项税额）"等账户，贷记"银行存款""应收票据""应收账款"等账户。收到退回商品验收入库，按照商品成本，借记"库存商品"账户，贷记"主营业务成本"账户。如该项销售退回已发生现金折扣，应同时调整相关财务费用的金额。

【例 13-6】2×24 年 7 月 12 日，顺达公司向宏杉公司销售 C 产品一批，开出的增值税专用发票注明的销售价格为 30 000 元，增值税税额 3 900 元。该批商品成本为 20 000 元。为尽早收回货款，顺达公司和宏杉公司约定的现金折扣条件为：2/10，1/20，*n*/30。宏杉公司在 2×24 年 7 月 21 日支付货款。2×24 年 8 月 15 日，该批商品因质量问题被宏杉公司退回，顺达公司当日支付有关款项。假定计算现金折扣时不考虑增值税及其他因素，销售退回不属于资产负债表日后事项。

顺达公司的账务处理如下。

（1）2×24 年 7 月 12 日销售实现时：

借：应收账款——宏杉公司	33 900	
贷：主营业务收入		30 000
应交税费——应交增值税（销项税额）		3 900
借：主营业务成本——C 商品	20 000	
贷：库存商品——C 商品		20 000

（2）2×24 年 7 月 21 日收到款项时：

借：银行存款	33 300	
财务费用	600	
贷：应收账款——宏杉公司		33 900

（3）2×24 年 8 月 15 日发生销售退回时：

借：主营业务收入	30 000	
应交税费——应交增值税（销项税额）	3 900	
贷：银行存款		33 300
财务费用		600
借：库存商品——C 商品	20 000	
贷：主营业务成本——C 商品		20 000

（五）附有销售退回条款的销售业务

企业将商品控制权转让给客户之后，可能会因为各种原因（如客户对所购商品的款式不满意等）允许客户依照有关合同、法律要求、声明或承诺、以往的习惯做法等选择退货，此销售为附有销售退回条款的销售。

企业应当在客户取得相关商品控制权时，按照因向客户转让商品而预期有权收取的对价金额（不包含预期因销售退回将退还的金额）确认收入，按照预期因销售退回将退还的金额确认负债；同时，按照预期将退回商品转让时的账面价值，扣除收回该商品预计发生的成本（包括退回商品的价值减损）后的余额，确认一项资产，按照所转让商品转让时的账面价值，扣除上述资产成本的净额结转成本。每一资产负债表日、企业应当重新估计未来销售退回情况，并对上述资产和负债进行重新计量。如有变化，应当作为会计估计变更进行会计处理。

【例 13-7】甲公司是一家健身器材销售公司。2×23 年 10 月 1 日，甲公司向乙公司销售 5 000 件健身器材，单位销售价格为 500 元，单位成本为 400 元，开出的增值税专用发票上注明的销售价格为 250 万元，增值税为 32.5 万元。健身器材已经发出，但款项尚未收到。根据协议约定，乙公司应于 2×23 年 12 月 1 日之前支付货款，在 2×24 年 3 月 31 日之前有权退还健身器材。甲公司根据过去的经验，估计该批健身器材的退货率约为 20%。

在 2×23 年 12 月 31 日，甲公司对退货率进行了重新评估，认为只有 10% 的健身器材会被退回。甲公司为增值税一般纳税人，健身器材发出时纳税义务已经发生，实际发生退回时取得税务机关开具的红字增值税专用发票。假定健身器材发出时控制权转移给乙公司。

（1）2×23 年 10 月 1 日发出健身器材。

借：应收账款　　　　　　　　　　　　　　　2 825 000

　　贷：主营业务收入　　　　　　　　　　　　　　　2 000 000

　　　　预计负债——应付退货　　　　　　　　　　　　500 000

　　　　应交税费——应交增值税（销项税额）　　　　325 000

借：主营业务成本　　　　　　　　　　　　　1 600 000

　　应收退货成本　　　　　　　　　　　　　　400 000

　　贷：库存商品　　　　　　　　　　　　　　　　2 000 000

（2）2×23 年 12 月 1 日前收到货款。

借：银行存款　　　　　　　　　　　　　　　2 825 000

　　贷：应收账款　　　　　　　　　　　　　　　　2 825 000

（3）2×23 年 12 月 31 日，甲公司对退货率进行重新评估。

借：预计负债——应付退货款　　　　　　　　　250 000

　　贷：主营业务收入　　　　　　　　　　　　　　　250 000

借：主营业务成本　　　　　　　　　　　　　　200 000

　　贷：应收退货成本　　　　　　　　　　　　　　　200 000

（4）2×24 年 3 月 31 日发生销售退回，假定实际退货量为 400 件，退货款项已经支付。

借：库存商品　　　　　　　　　　　　　　　　160 000

　　应交税费——应交增值税（销项税额）　　　　26 000

　　主营业务成本　　　　　　　　　　　　　　　40 000

　　预计负债——应付退货款　　　　　　　　　　250 000

　　贷：主营业务收入　　　　　　　　　　　　　　　50 000

　　　　银行存款　　　　　　　　　　　　　　　　226 000

　　　　应收退货成本　　　　　　　　　　　　　　　200 000

（5）2×24年3月31日发生销售退回，假定实际退货量为500件，退货款项已经支付。

借：库存商品   200 000

　　应交税费——应交增值税（销项税额）   32 500

　　预计负债——应付退货款   250 000

　　　贷：银行存款   282 500

　　　　　应收退货成本   200 000

（6）2×24年3月31日发生销售退回，假定实际退货量为600件，退货款项已经支付。

借：库存商品   240 000

　　应交税费——应交增值税（销项税额）   39 000

　　主营业务收入   50 000

　　预计负债——应付退货款   250 000

　　　贷：主营业务成本   40 000

　　　　　银行存款   339 000

　　　　　应收退货成本   200 000

（六）预收款方式销售商品的业务

购买方在商品尚未收到前按合同或协议约定分期付款，销售方在收到最后一批款项时才交货的销售方式称为预收款销售。在这种方式下，销售方直到收到最后一笔款项才将商品交付给购买方，表明商品所有权上的主要风险和报酬只有在收到最后一笔款项时才转移给购买方，因此，企业通常应在发出商品时确认收入，在此之前预收的货款应确认为负债，记入"合同负债"账户。

【例13-8】2×24年8月24日，顺达公司与宏杉公司签订购销合同，规定1个月后顺达公司向宏杉公司销售货物一批，价款200 000元，增值税26 000元。顺达公司预收货款100 000元已存入银行，余款在商品发出时结清。9月24日，顺达公司将商品发出，收到余款后开具增值税专用发票。

顺达公司的账务处理如下。

（1）8月24日，收到预收款时：

借：银行存款   100 000

　　　贷：合同负债   100 000

（2）9月24日，发出商品时确认收入，收到余款：

借：银行存款   126 000

　　合同负债   100 000

　　　贷：主营业务收入   200 000

　　　　　应交税费——应交增值税（销项税额）   26 000

知识拓展

合同负债与预收账款的区别。合同负债是基于企业在签订带有法律效力的合同而产生承诺义务时产生的。在不构成承诺义务时，一项预收款仍然作为预收账款进行账务处理。因此，"合同负债"账户是收入准则下基于收入核算五步法模型提出的概念，适用收入准则的预收款项都用"合同负债"账户核算，而适用其他准则的预收款项则采用"预收账款"账户核算。

（七）委托代销商品业务

委托代销方式，是指委托方根据协议，委托受托方代销商品的一种销售方式，具体包括视同买断和收取手续费两种方式。

代销商品业务中，委托方应设置"发出商品"账户或"委托代销商品"账户。"委托代销商品"账户属于资产类，核算委托方已经发出但尚未确认销售收入的商品成本，借方登记发出代销商品的成本，贷方登记收到代销清单确认收入后结转的已销商品成本，期末借方余额反映委托方尚未确认收入的委托代销商品的成本。

受托方应设置"受托代销商品"和"受托代销商品款"账户。"受托代销商品"账户属于资产类，核算受托方收到的受托代销商品的协议价。"受托代销商品款"账户属于负债类，核算受托方尚未结算的受托代销商品的价款。

1. 视同买断方式

视同买断方式指由委托方和受托方签订协议，委托方按协议价收取所代销的货款，实际售价可由受托方自定，实际售价与协议价之间的差额归受托方所有的销售方式。

由于这种销售本质上仍是代销，委托方将商品交付给受托方时，商品所有权上的风险和报酬并未转移给受托方，因此委托方在交付商品时不确认收入，受托方也不做购进商品处理。受托方将商品销售后，应按实际售价确认为销售收入，并向委托方开具代销清单。委托方收到代销清单时，再确认本企业的销售收入。

【例13-9】顺达公司委托俊越公司销售D商品1 000件，协议价为200元/件，成本120元/件，增值税率13%，顺达公司收到俊越公司开来的代销清单，并开具增值税专用发票，售价200 000元，增值税26 000元。俊越公司实际销售时，售价240 000元，增值税31 200元。

顺达公司的账务处理如下。

（1）交付商品时：

借：委托代销商品　　　　　　　　　　　　　120 000

　　贷：库存商品　　　　　　　　　　　　　　　　120 000

（2）收到代销清单时：

借：应收账款——俊越公司　　　　　　　　　226 000

　　贷：主营业务收入　　　　　　　　　　　　　　200 000

　　　　应交税费——应交增值税（销项税额）　　26 000

借：主营业务成本   120 000

  贷：委托代销商品   120 000

（3）收到俊越公司支付款时：

借：银行存款   226 000

  贷：应收账款——俊越公司   226 000

俊越公司的账务处理如下。

（1）收到该批商品时：

借：受托代销商品   200 000

  贷：受托代销商品款   200 000

（2）实际销售时：

借：银行存款   271 200

  贷：主营业务收入   240 000

    应交税费——应交增值税（销项税额） 31 200

借：主营业务成本   200 000

  贷：受托代销商品   200 000

（3）开出代销清单给委托方，当收到委托方的增值税专用发票时：

借：受托代销商品款   200 000

  应交税费——应交增值税（进项税额） 26 000

  贷：应付账款——顺达公司   226 000

（4）将款项付给顺达公司时：

借：应付账款——顺达公司   226 000

  贷：银行存款   226 000

2. 收取手续费方式

受托方根据所代销的商品数量或金额向委托方收取手续费的销售方式，对受托方来说实际上是一种劳务收入。这种方式下，受托方通常应按照委托方规定的价格销售，不得自行改变售价。委托方应在收到受托方交付的商品代销清单时确认销售收入，受托方则按应收取的手续费确认收入。

【例 13-10】顺达公司委托瑞熙公司销售 D 商品 200 件，商品已经发出，每件成本 120 元。合同约定丙公司应按每件 200 元对外销售，顺达公司按售价的 10% 收取手续费。瑞熙公司对外实际销售 100 件，开出的增值税专用发票注明的销售价格为 20 000 元，增值税税额 2 600 元，款项已经收到。顺达公司收到瑞熙公司开具的代销清单时，向瑞熙公司开具一张相同金额的增值税专用发票。假定顺达公司发出商品时纳税义务尚未发生，不考虑其他因素。

顺达公司的账务处理如下。

（1）交付商品时：

借：委托代销商品　　　　　　　　　　　　　24 000
　　贷：库存商品　　　　　　　　　　　　　　　　24 000

（2）收到代销清单时：

借：应收账款——瑞熙公司　　　　　　　　　22 600
　　贷：主营业务收入　　　　　　　　　　　　　　20 000
　　　　应交税费——应交增值税（销项税额）　　　2 600

借：主营业务成本　　　　　　　　　　　　　12 000
　　贷：委托代销商品　　　　　　　　　　　　　　12 000

（3）结算应支付的手续费时：

借：销售费用　　　　　　　　　　　　　　　2 000
　　贷：应收账款——瑞熙公司　　　　　　　　　　2 000

（4）收到瑞熙公司支付款时：

借：银行存款　　　　　　　　　　　　　　　20 600
　　贷：应收账款——瑞熙公司　　　　　　　　　　20 600

瑞熙公司的账务处理如下。

（1）收到该批商品时：

借：受托代销商品　　　　　　　　　　　　　40 000
　　贷：受托代销商品款　　　　　　　　　　　　　40 000

（2）实际销售时：

借：银行存款　　　　　　　　　　　　　　　22 600
　　贷：受托代销商品　　　　　　　　　　　　　　20 000
　　　　应交税费——应交增值税（销项税额）　　　2 600

（3）开出代销清单给委托方，当收到委托方的增值税专用发票时：

借：受托代销商品款　　　　　　　　　　　　20 000
　　应交税费——应交增值税（进项税额）　　　2 600
　　贷：应付账款——顺达公司　　　　　　　　　　22 600

（4）将款项付给顺达公司时：

借：应付账款——顺达公司　　　　　　　　　22 600
　　贷：银行存款　　　　　　　　　　　　　　　　20 600
　　　　其他业务收入　　　　　　　　　　　　　　2 000

（八）销售材料等存货业务

企业在日常活动中还可能发生对外销售不需用的原材料、随同商品出售单独计价的包装物等业务。企业销售原材料、包装物等存货也视同商品销售，其收入确认和计量原则比照商品销售。企业销售原材料、包装物等存货实现的收入作为其他业务收入处理，结转的相关成本作为其他业务成本处理。

【例 13-11】2×24 年 3 月 25 日，顺达公司销售给邦盛公司多余材料，开出的增值税专用发票注明的售价为 5 000 元，增值税税额为 650 元，款项已由银行收妥。该批材料的实际成本为 4 200 元。

顺达公司的账务处理如下。

借：银行存款　　　　　　　　　　　　　　　　5 650
　　贷：其他业务收入　　　　　　　　　　　　　5 000
　　　　应交税费——应交增值税（销项税额）　　650
借：其他业务成本　　　　　　　　　　　　　　4 200
　　贷：原材料　　　　　　　　　　　　　　　　4 200

二、在某一时段内履行的履约义务

（一）在某一时段内履行履约义务的界定

满足下列条件之一的，属于在某一时段内履行的履约义务，相关收入应当在该履约义务履行期间内确认：

（1）客户在企业履约的同时即取得并消耗企业履约所带来的经济利益（边履约边受益）；

（2）客户能够控制企业履约过程中在建的商品；

（3）企业履约过程中所产出的商品具有不可替代用途，且该企业在整个合同期间有权就累计至今已完成的履约部分收取款项。

（二）在某一时段内履行履约义务确认收入的方法

对于在某一时段内履行的履约义务，企业应当在该段时间内按照履约进度确认收入，但是履约进度不能合理确定的除外。

企业应当考虑商品的性质，采用产出法或投入法确定恰当的履约进度，并且在确定履约进度时，应当扣除那些控制权尚未转移给客户的商品。企业按照履约进度确认收入时，通常应当在资产负债表日按照合同的交易价格总额乘以履约进度扣除以前会计期间累计已确认的收入后的金额，确认为当期收入。其计算公式为：

本期收入 = 资产负债表日合同的交易价格总额 × 履约进度—以前会计期间累计已确认的收入

1. 产出法

产出法指据已转移给客户的商品对于客户的价值确定履约进度，通常可采用实际测量的完工进度、评估已实现的结果、已达到的工程进度节点、时间进度、已完工或交付的产品等产出指标确定履约进度。企业在评估是否采用产出法确定履约进度时，应当考虑具体的事实和情况，并选择能够如实反映企业履约进度和向客户转移商品控制权的产出指标。当选择的产出指标无法计量控制权已转移给客户的商品时，不应采用产出法。

【例13-12】2×23年8月1日，甲公司与客户签订合同，为该客户拥有的一条铁路更换100根铁轨，合同价格为100万元（不含税）。截至2×23年12月31日，甲公司共更换铁轨60根，剩余部分预计在2×24年3月31日之前完成。该合同仅包含一项履约义务，且该履约义务满足在某一时段内履行的条件。假定不考虑其他情况。

本例中，甲公司提供的更换铁轨的服务属于在某一时段内履行的履约义务。甲公司按照已完成的工作量占预计总工作量的比例确定履约进度。因此，截至2×23年12月31日，该合同的履约进度为60%（60÷100），甲公司应确认的收入为60万元（100×60%）。

2. 投入法

投入法指根据企业为履行履约义务的投入确定履约进度，通常可采用投入的材料数量、花费的人工工时或机器工时、发生的成本和时间进度等投入指标确定履约进度。当企业从事的工作或发生的投入是在整个履约期间内平均发生时，企业也可以按照直线法确认收入。

实务中，企业通常按照累计实际发生的成本占预计总成本的比例（成本法）确定履约进度，累计实际发生的成本包括企业向客户转移商品过程中所发生的直接成本和间接成本，如直接人工、直接材料、分包成本以及其他与合同相关的成本。

【例13-13】甲公司于2×23年12月1日接受一项设备安装任务，安装期为3个月，合同总收入700 000元，至年底已预收安装费用450 000元，实际发生安装费用为240 000元（假定均为安装人员薪酬），估计还将发生安装费用160 000元。假定甲公司按实际发生的成本占估计总成本的比例确定安装的履约进度，不考虑增值税等其他因素。

甲公司的账务处理如下。

实际发生的成本占估计总成本的比例 =240 000÷（240 000+160 000）×100%=60%。

2×23年12月31日确认的劳务收入 =700 000×60%−0=420 000（元）。

（1）实际发生劳务成本：

借：合同履约成本——设备安装　　　　　　　　240 000

　　贷：应付职工薪酬　　　　　　　　　　　　　　240 000

（2）预收劳务款：

借：银行存款　　　　　　　　　　　　　　　　450 000

　　贷：合同负债　　　　　　　　　　　　　　　　450 000

（3）2×23年12月31日确认劳务收入并结转劳务成本：

借：合同负债　　　　　　　　　　　　　　　　420 000

　　贷：主营业务收入　　　　　　　　　　　　　　420 000

借：主营业务成本　　　　　　　　　　　　　　240 000

　　贷：合同履约成本　　　　　　　　　　　　　　240 000

任务三　合同成本

一、合同履约成本

（一）合同履约成本概述

企业为履行合同可能会发生各种成本，企业在确认收入的同时应当对这些成本进行分析，属于《企业会计准则第14号——收入》准则规范范围且同时满足下列条件的，应当作为合同履约成本确认为一项资产：

（1）该成本与一份当前或预期取得的合同直接相关。预期取得的合同应当是企业能够明确识别的合同，如现有合同续约后的合同、尚未获得批准的特定合同等。与合同直接相关的成本包括直接人工、直接材料、制造费用、明确由客户承担的成本以及仅因该合同而发生的其他成本（如支付给分包商的成本、机械使用费、设计和技术援助费用、施工现场二次搬运费、生产工具和用具使用费、检验试验费、工程定位复测费、工程点交费、场地清理费等）。

（2）该成本增加了企业未来用于履行（或持续履行）履约义务的资源。

（3）该成本预期能够收回。

企业应当在下列支出发生时，将其计入当期损益：一是管理费用，除非这些费用明确由客户承担。二是非正常消耗的直接材料、直接人工和制造费用（或类似费用），这些支出为履行合同发生，但未反映在合同价格中。三是于履约义务中已履行（包括已全部履行或部分履行）部分相关的支出，即该支出与企业过去的履约活动相关。四是无法在尚未履行的与已履行（或已部分履行）的履约义务之间区分的相关支出。

（二）合同履约成本核算

企业发生合同履约成本时，借记"合同履约成本"账户，贷记"银行存款""应付职工薪酬""原材料"等账户，对合同履约成本进行摊销时，借记"主营业务成本""其他业务成本"等账户，贷记"合同履约成本"账户。涉及增值税的，还应进行相应的处理。

【例13-14】甲公司与乙公司签订合同，为乙公司信息中心提供管理服务，合同期限为5年。在向乙公司提供服务之前，甲公司设计并搭建了一个信息技术平台供其内部使用，该信息技术平台由相关的硬件和软件组成。甲公司需要提供设计方案，将该信息技术平台与乙公司现有的信息系统对接，并进行相关测试。该平台并不会转让给乙公司，但是将用于向乙公司提供服务。甲公司为平台的设计、购买硬件和软件以及信息中心的测试产生了成本。除此之外，甲公司专门指派2名员工负责向乙公司提供服务。

本例中，甲公司为履行合同发生的上述成本中，购买硬件和软件的成本应当分别按照项目七固定资产和项目八无形资产的规定进行会计处理；设计服务成本和信息中心的测试成本与履行该合同直接相关，并且增加了甲公司未来用于履行履约义务（提供管理服务）的资源，如果甲公司预期该成本可通过未来提供服务收取的对价收回，则甲公司应当将这些成本确认为一项资产。甲公司向2名负责该项目的员工支付的工资费用虽然与向乙公司提供服务有关，但是由于其并未增加企业未来用于履行履约义务的资源，因此应当于发生时计入当期损益。

【例13-15】甲公司经营一家酒店，该酒店是甲公司的自有资产。甲公司除发生餐饮、商品材料等成本外，还需要计提固定资产折旧（如酒店、客房以及客房内的设备家具等）、无形资产摊销（如酒店土地使用权）费用等。这些费用中哪些应确认为合同履约成本，哪些不能确认为合同履约成本？

本例中，甲公司经营一家酒店，主要通过提供客房服务赚取收入，而客房服务的提供直接依赖于酒店物业（包含土地）以及家具等相关资产，即与客房服务相关的资产折旧和摊销属于甲公司为履行与客户的合同而发生的服务成本。该成本需先考虑是否满足上述资本化条件，如果满足，应作为合同履约成本进行会计处理，并在收入确认时对合同履约成本进行摊销，计入营业成本。此外，这些酒店物业等资产中与客房服务不直接相关的，如财务部门相关的资产折旧等费用或者销售部门相关的资产折旧等费用，则需要按功能将相关费用计入管理费用或销售费用。

【例13-16】宏宇公司经营一家酒店，该酒店是宏宇公司的自有资产。2×24年12月，宏宇公司计提与酒店经营直接相关的酒店、客房以及客房内的设备、家具等折旧100 000元，酒店土地使用权摊销费用50 000元。经计算，当月确认房费、餐饮等服务含税收入212 000元，全部存入银行。

宏宇公司的账务处理如下。

（1）确认资产的折旧费、摊销费：

借：合同履约成本	150 000
贷：累计折旧	100 000
累计摊销	50 000

（2）12月确认酒店服务收入并摊销合同履约成本：

借：银行存款	212 000
贷：主营业务收入	200 000
应交税费——应交增值税（销项税额）	12 000
借：主营业务成本	150 000
贷：合同履约成本	150 000

二、合同取得成本

（一）合同取得成本概述

企业为取得合同发生的增量成本预期能够收回的，应当作为合同取得成本确认为一项资产。增量成本是指企业不取得合同就不会发生的成本，如销售佣金等。为简化实务操作，该资产摊销期限不超过一年的，可以在发生时计入当期损益。

企业为取得合同发生的、除预期能够收回的增量成本之外的其他支出，如无论是否取得合同均会发生的差旅费、投标费、为准备投标资料发生的相关费用等，应当在发生时计入当期损益，除非这些支出明确由客户承担。

【例13-17】甲公司是一家咨询公司，其通过竞标赢得一个新客户，为取得和该客户的合同，甲公司聘请外部律师进行尽职调查，支付相关费用为10 000元，为投标而发生的差旅费为11 000元，支付销售人员佣金6 000元。甲公司预期这些支出未来均能够收回。此外，甲公司根据其年度销售目标、整体盈利情况及个人业绩等，向销售部门经理支付年度奖金15 000元。

本例中，甲公司因签订该客户合同而向销售人员支付的佣金属于为取得合同发生的增量成本，应当将其作为合同取得成本确认为一项资产。甲公司聘请外部律师进行尽职调查发生的支出、为投标而发生的差旅费，无论是否取得合同都会发生，不属于增量成本，因此，应当于发生时直接计入当期损益。甲公司向销售部门经理支付的年度奖金也不是为取得合同发生的增量成本，这是因为该奖金发放与否以及发放金额还取决于其他因素（包括公司的盈利情况和个人业绩），其并不能直接归属于可识别的合同。

（二）合同取得成本核算

企业发生相关费用时，借记"合同取得成本（销售佣金）""管理费用（差旅费、投标费、为准备投标资料发生的相关费用）""销售费用（销售机构发生的费用等）"等账户，贷记"银行存款"账户。

企业每期确认收入，摊销合同取得时，借记"应收账款""银行存款""销售费用（每期应摊销金额）"等账户，贷记"合同取得成本（每期应摊销金额）""主营业务收入""应交税费——应交增值税（销项税额）"等账户。

【例13-18】大兴公司是一家咨询公司，通过竞标赢得一个服务期为3年的客户，该客户每年末支付含税咨询费2 035 200元。为取得与该客户的合同，大兴公司聘请外部律师进行尽职调查，支付相关费用9 000元，为投标发生的差旅费11 000元，支付销售人员佣金36 000元。大兴公司预期这些支出未来均能够收回。此外，大兴公司根据其年度销售目标、整体盈利情况及个人业绩等向销售部门经理支付年度奖金12 000元。

本例中，大兴公司因签订该客户合同而向销售人员支付的佣金属于取得合同发生的增量成本，应当将其作为合同取得成本确认为一项资产。大兴公司聘请外部律师进行尽职调查发生的支出、为投标发生的差旅费以及向销售部门经理支付的年度奖金不属于增量成本，应当于发生时直接计入当期损益。

大兴公司的账务处理如下。

（1）支付相关费用：

借：合同取得成本　　　　　　　　　　　　　　　　36 000

　　管理费用　　　　　　　　　　　　　　20 000

　　销售费用　　　　　　　　　　　　　　12 000

　　　贷：银行存款　　　　　　　　　　　　　　68 000

（2）每月确认服务收入、摊销销售佣金：

服务收入 =2 035 200÷（1+6%）÷12=160 000（元）

销售佣金摊销额 =36 000÷3÷12=1 000（元）

借：应收账款　　　　　　　　　　　　　169 600

　　销售费用　　　　　　　　　　　　　　 1 000

　　　贷：合同取得成本　　　　　　　　　　　　　 1 000

　　　　　主营业务收入　　　　　　　　　　　　 160 000

　　　　　应交税费——应交增值税（销项税额）　　　9 600

✐ 知识拓展

合同履约成本：初始确认时摊销期限不超过一年或一个正常营业周期的，在资产负债表中列示为存货；初始确认时摊销期限在一年或一个正常营业周期以上的，在资产负债表中列示为其他非流动资产。合同取得成本：初始确认时摊销期限不超过一年或一个正常营业周期的，在资产负债表中列示为其他流动资产；初始确认时摊销期限在一年或一个正常营业周期以上的，在资产负债表中列示为其他非流动资产。

任务四　费用

一、费用概述

（一）费用确认

费用是指企业在日常活动中发生的、会导致所有者权益减少的、与向所有者分配利润无关的经济利益的总流出。费用只有在经济利益有可能流出，从而导致企业资产减少或者负债增加，且经济利益的流出额能够可靠计量时才能予以确认。符合费用定义和费用确认条件的项目应当列入利润表。

✐ 知识拓展

在实务中，广义费用是指企业在生产经营过程中的资产消耗或负债的承诺，包括企业的各种费用和损失。狭义费用仅指与当期营业收入直接配比的耗费。会计要素中所指的费用即为狭义费用。区别费用和损失的唯一标准就是是否为企业日常活动形成的。同时，费用与成本既有区别也有联系，虽然两者都是支付或耗费的各项资产，但是成本并不等于费用。费用与一定的期间相联系，而成本与一定的成本计算对象相联系。当期的成本不一定是当期的费用。

（二）费用分类

1. 按照经济内容分类

费用按照经济内容，可以分为以下费用要素：

（1）外购材料费用。外购材料费用指企业为进行生产而耗费的一切从外部购入的原材料、半成品、辅助材料、包装物、修理用备件和低值易耗品等。

（2）外购燃料费用。外购燃料费用指企业为进行生产而耗用的一切从外部购进的各种燃料。

（3）外购动力费用。外购动力费用指企业为进行生产而耗用的一切从外部购进的各种动力。

（4）工资费用及职工福利费用。工资费用及职工福利费用指企业应计入生产费用的职工工资以及按照工资总额的一定比例提取的职工福利费。

（5）折旧费用。折旧费用指企业所拥有的或控制的固定资产按照使用情况计提的折旧费用。

（6）利息支出。利息支出指企业为筹集生产经营资金而发生的利息支出。

（7）税金。税金指企业应计入生产费用的各种税金，如房产税、车船税、土地使用税等。

（8）其他支出。其他支出指不属于以上各费用要素的费用支出。

2. 按照经济用途分类

费用按照经济用途，可以分为生产成本和期间费用。

（1）生产成本。生产成本是构成产品的实体、计入产品成本的费用，包括直接材料、直接人工、制造费用等。将生产费用按其经济用途划分为若干不同的项目，称为成本项目。通常情况下，工业企业一般设立以下成本项目：

①直接材料。直接材料指企业在生产产品和提供劳务过程中所消耗的直接用于产品生产并构成产品实体的原料、主要材料、外购半成品以及有助于产品形成的辅助材料。

②直接人工。直接人工指企业在生产产品和提供劳务的过程中直接参加产品生产的工人工资以及按生产工人工资总额和规定的比例计算提取的职工福利费。

③制造费用。制造费用指企业各生产单位为组织和管理生产而发生的各项费用，包括工资和福利费、折旧费、修理费、办公费、水电费、机物料消耗、劳动保护费以及其他制造费用。

（2）期间费用。期间费用指企业当期发生的直接计入损益的费用，包括企业为组织和管理生产经营活动等所发生的管理费用、筹集生产经营所需资金等所发生的财务费用以及销售商品或提供劳务过程中所发生的销售费用。

二、生产成本

企业发生的各项生产费用应按成本核算对象分别归集。

对于发生的能直接归属于特定成本核算对象的直接材料、直接人工等直接费用，直接计入生产成本。借记"生产成本"账户，贷记"银行存款""原材料""应付职工薪酬"等账户。

对于发生的无法直接判断其应归属的成本核算对象的间接费用，先在制造费用中归集，借记"制造费用"账户，贷记"银行存款""原材料""应付职工薪酬""累计折旧"等账户。月终，再采用一定的成本计算方法在各成本核算对象之间进行分配，计入各成本核算对象的成本。借记"生产成本"账户，贷记"制造费用"账户。

在计算出当期完工产品成本后，对验收入库的产成品，应结转成本。结转本期完工产品成本时，借记"库存商品"账户，贷记"生产成本"账户。

【例 13-19】新悦公司生产的 M、N 产品中，基本生产车间共耗用材料 400 000 元（其中，M 产品 300 000 元，N 产品 100 000 元），车间管理部门领用材料 4 000 元。本月应付基本生产车间生产工人工资 120 000 元（其中生产 M 产品的工人工资 70 000 元，生产 N 产品的工人工资 50 000 元），应付车间管理人员工资 12 000 元。假定 M、N 产品本月无其他耗费，均于本月末完工入库，且无月初在产品成本和月末在产品成本。

（1）领用原材料时：

借：生产成本——基本生产成本（M 产品）　　　300 000
　　　　　　——基本生产成本（N 产品）　　　100 000
　　制造费用　　　　　　　　　　　　　　　　4 000
　　贷：原材料　　　　　　　　　　　　　　　　　　404 000

（2）分配工资时：

借：生产成本——基本生产成本（M 产品）　　　70 000
　　　　　　——基本生产成本（N 产品）　　　50 000
　　制造费用　　　　　　　　　　　　　　　　12 000
　　贷：应付职工薪酬　　　　　　　　　　　　　　　132 000

（3）假定本月制造费用经分配计入 M 产品成本 10 000 元，进入 N 产品成本 6 000 元，账务处理如下。

借：生产成本——基本生产成本（M 产品）　　　10 000
　　　　　　——基本生产成本（N 产品）　　　6 000
　　贷：制造费用　　　　　　　　　　　　　　　　16 000

（4）结转本月完工产品成本时：

借：库存商品——M 产品　　　　　　　　　　380 000
　　　　　　——N 产品　　　　　　　　　　156 000
　　贷：生产成本——基本生产成本（M 产品）　　　　380 000
　　　　　　　　——基本生产成本（N 产品）　　　　156 000

三、营业成本

营业成本是指企业为生产产品、提供服务等发生的可归属于产品成本、服务成本等的费用，应当在确认销售商品收入、提供服务收入等时，将已销售商品、已提供服务的成本等计入当期损益。营业成本包括主营业务成本和其他业务成本。

（一）主营业务成本

主营业务成本是指企业销售商品、提供服务等经常性活动所发生的成本。企业一般在确认销售商品、提供服务等主营业务收入时，或者在月末将已销售商品、已提供服务的成本转入主营业务成本。

企业应当设置"主营业务成本"账户，用于核算企业因销售商品、提供服务等日常活动而发生的实际成本，该账户按主营业务的种类进行明细核算。企业结转已销售商品或提供服务成本时，借记"主营业务成本"账户，贷记"库存商品""合同履约成本"等账户。期末，将主营业务成本的余额转入"本年利润"账户，借记"本年利润"账户，贷记"主营业务成本"账户，结转后"主营业务成本"无余额。（具体账务处理参见【例13-6】【例13-10】【例13-13】【例13-16】）。

（二）其他业务成本

其他业务成本是指企业确认的除主营业务活动以外的其他日常经营活动所发生的支出。其他业务成本包括销售材料的成本、出租固定资产的折旧额、出租无形资产的摊销额、出租包装物的成本或摊销额等。采用成本模式计量投资性房地产的，其投资性房地产计提的折旧额或摊销额也构成其他业务成本。

企业应当设置"其他业务成本"账户，核算企业确认的除主营业务活动以外的其他日常经营活动所发生的支出。"其他业务成本"账户按其他业务成本的种类进行明细核算。企业发生的其他业务成本借记"其他业务成本"账户，贷记"原材料""周转材料""累计折旧""累计摊销""应付职工薪酬""银行存款"等账户。期末，"其他业务成本"账户的余额转入"本年利润"账户，结转后"其他业务成本"账户无余额。（具体账务处理参见【例9-4】【例9-6】【例9-10】【例13-11】）。

四、税金及附加

税金及附加是指企业经营活动应负担的相关税费，包括消费税、城市维护建设税、教育费附加、资源税、环境保护税、土地增值税、房产税、城镇土地使用税、车船税、印花税等。

企业应当设置"税金及附加"账户，核算企业经营活动发生的消费税、城市维护建设税、教育费附加、资源税、环境保护税、土地增值税、房产税、城镇土地使用税、车船税、印花税等相关税费。其中，按规定计算确定的与经营活动相关的消费税、城市维护建设税、教育费附加、资源税、环境保护税、土地增值税、房产税、城镇土地使用税、车船税等税费，企业应借记"税金及附加"账户，贷记"应交税费"账户。期末，应将"税金及附加"账户余额转入"本年利润"账户，结转后"税金及附加"账户无余额。

企业交纳的印花税，不会发生应付未付税款的情况，不需要预计应纳税金额，也不存在与税务机关结算或者清算的问题。因此，企业交纳的印花税不通过"应交税费"账户核算，于购买印花税票时，直接借记"税金及附加"账户，贷记"银行存款"账户。（具体账务处理参见【例 10-18】【例 10-20】【例 10-23】【例 10-24】【例 10-26】）。

五、期间费用

期间费用是指企业日常活动发生的不能计入特定核算对象的成本，而应计入发生当期损益的费用。

期间费用是企业日常活动中发生的经济利益的流出，通常不计入特定的成本核算对象，是因为期间费用是企业为组织和管理整个经营活动所发生的费用，与可以确定特定成本核算对象的材料采购、产成品生产等没有直接关系，因而期间费用不计入有关核算对象的成本，而是直接计入当期损益。

期间费用包括销售费用、管理费用和财务费用。

（一）销售费用

销售费用是指企业销售商品和材料、提供劳务的过程中发生的各种费用，包括保险费、包装费、展览费和广告费、商品维修费、预计产品质量保证损失、运输费、装卸费等以及为销售本企业商品而专设的销售机构的职工薪酬、业务费、折旧费等经营费用。企业发生的与专设销售机构相关的固定资产修理费用等后续支出也归属于销售费用。

为了核算和监督销售费用的发生和结转业务，企业应设置"销售费用"账户。该账户属于损益类，借方登记企业所发生的各项销售费用，贷方登记期末转入本年利润的销售费用，结转后该账户应无余额。该账户按费用项目进行明细核算。

企业发生销售费用时，借记"销售费用"账户，贷记"库存现金""银行存款""应付职工薪酬""累计折旧"等账户。期末，企业应借记"本年利润"账户，贷记"销售费用"账户。

【例 13-20】顺达公司于 2×24 年 5 月 1 日为宣传新产品发生广告费，取得的增值税专用发票上注明的价款为 50 000 元，增值税税额 3 000 元，价税款均用银行存款支付。

顺达公司的账务处理如下。

借：销售费用　　　　　　　　　　　　　　　　50 000
　　应交税费——应交增值税（进项税额）　　　　3 000
　　贷：银行存款　　　　　　　　　　　　　　　　53 000

（二）管理费用

企业为组织和管理生产经营发生的各种费用，包括企业在筹建期间发生的开办费、董事会和行政管理部门在企业的经营管理中发生的以及应由企业统一负担的公司经费（包括行政管理部门职工薪酬、物料消耗、低值易耗品摊销、办公费和差旅费等）、行政管理部门负担的工会经费、董事会费（包括董事会成员津贴、会议费和差旅费等）、聘请中介机构费、咨询费（含顾问费）、诉讼费、业务招待费、技术转让费、研究费用等。企业生产车间和行政管理部门发生的固定资产修理费用等后续支出也作为管理费用核算。

企业应设置"管理费用"账户，核算管理费用的发生和结转情况。"管理费用"账户借方登记企业发生的各项管理费用，贷方登记期末转入"本年利润"账户的管理费用，结转后"管理费用"账户应无余额。"管理费用"账户按管理费用的费用项目进行明细核算。商品流通企业管理费用不多的，可不设"管理费用"账户，相关核算内容可并入"销售费用"账户核算。

【例 13-21】2×24 年 5 月 1 日，顺达公司发生如下报销事项：咨询费 10 000 元，行政人员差旅费 12 000 元，以现金支付。

借：管理费用——咨询费   10 000

    ——差旅费   12 000

 贷：库存现金   22 000

（三）财务费用

财务费用是指企业为筹集生产经营所需资金而发生的筹资费用，包括利息支出（减利息收入）、汇兑损益以及相关的手续费、企业发生的现金折扣或收到的现金折扣。

企业应设置"财务费用"账户，核算财务费用的发生和结转情况。"财务费用"账户借方登记企业发生的各项财务费用，贷方登记期末转入"本年利润"账户的财务费用，结转后"财务费用"账户应无余额。"财务费用"账户应按财务费用的费用项目进行明细核算。

【例 13-22】顺达公司于 2×23 年 12 月 1 日向银行借入生产经营用短期借款 200 000 元，期限 5 个月，年利率 6%，该借款本金到期后一次归还，利息分月预提，按季支付。顺达公司的账务处理如下。

每月末，预提当月应计提利息：200 000 × 6% ÷ 12=1 000（元）

借：财务费用——利息支出   1 000

 贷：应付利息   1 000

项目十四 利润

📖 学习目标

◆ 知识目标 ◆

1. 了解利润的构成；
2. 掌握营业外收支的内容；
3. 理解资产负债表债务法、计税基础、暂时性差异等的含义；
4. 熟悉递延所得税资产和递延所得税负债的确认与计量；
5. 熟悉当期所得税费用和递延所得税费用的确认与计量。

◆ 技能目标 ◆

1. 能进行营业外收支相关业务的账务处理；
2. 能运用所学知识根据原始凭证分析经济业务，熟练编制记账凭证，登记有关账户；
3. 能进行资产计税基础和负债计税基础的计算；
4. 能进行应纳税暂时性差异和可抵扣暂时性差异的计算；
5. 能进行递延所得税资产和递延所得税负债的核算；
6. 能进行当期所得税费用和递延所得税费用的核算。

项目十四 课程思政教学案例

◆ 素养目标 ◆

1. 培养学生具有劳模精神、工匠精神和诚实守信的职业素养；
2. 能严格按照《企业会计准则第 18 号——所得税》等政策法规要求的规范操作；
3. 初步具有相应的会计职业判断能力；
4. 具有一定的口语和书面表达能力、分析问题和解决问题能力、信息技术应用能力。

📖 案例导入

《国家税务总局南宁市税务局第一稽查局税务处理决定书》（南市税一稽处〔2020〕97 号）显示广西桂锦祥投资有限公司因设立两套账本，隐瞒销售收入，已构成偷税，偷税金额为增值税 30 055 891.45 元、城市维护建设税 2 103 912.40 元、企业所得税 2 679 047.31 元、印花税 91 347.38 元，合计 34 930 198.54 元，处以少缴税款两倍罚款，罚款金额为 69 860 397.08 元。

资料来源：两套账本，隐瞒销售收入！被追缴税款 3500 万，并处以 7000 万罚款[EB/OL].（2020-06-20）[2024-07-20]. https://www.sohu.com/a/403072815_120684919.

思考：纳税是每个公民和企业在国家法律规定下应尽的义务之一，也是维护社会稳定和实现公共利益的重要途径。你是如何看待该企业的偷税行为的？

📖 项目导图

本项目的内容结构如图 14-1 所示。

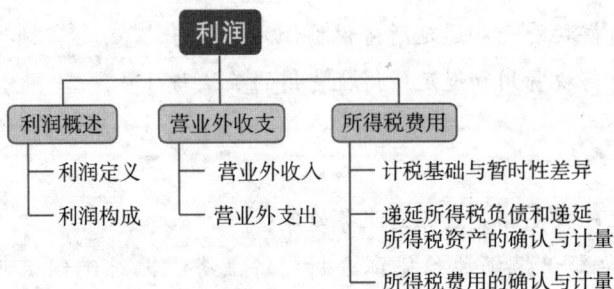

图 14-1　项目十四的内容结构

📖 项目实施

任务一　利润概述

一、利润定义

利润是指企业在一定会计期间的经营成果。利润包括收入减去费用后的净额、直接计入当期利润的利得和损失等。其中，收入减去费用后的净额反映的是企业日常活动的业绩；直接计入当期利润的利得和损失反映的是企业非日常活动的业绩。可见，利润金额取决于收入和费用、直接计入当期利润的利得和损失金额的计量。

利润形成核算

二、利润构成

（一）营业利润

营业利润＝营业收入－营业成本－税金及附加－销售费用－管理费用－研发费用－

财务费用＋其他收益＋投资收益（—投资损失）＋公允价值变动收益（—公允价值变动损失）—信用减值损失—资产减值损失＋资产处置收益（—资产处置损失）

其中：

营业收入是指企业经营业务所实现的收入总额，包括主营业务收入和其他业务收入。

营业成本是指企业经营业务所发生的实际成本总额，包括主营业务成本和其他业务成本。

研发费用是指企业进行研究与开发过程中发生的费用化支出。

其他收益主要是指与企业日常活动相关，除冲减相关成本费用以外的政府补助。

投资收益（或损失）是指企业以各种方式对外投资取得的收益（或损失）。

公允价值变动收益（或损失）是指企业交易性金融资产等公允价值变动形成的应计入当期损益的利得（或损失）。

信用减值损失是指企业计提各项金融工具信用减值准备所确认的信用损失。

资产减值损失是指企业计提有关资产减值准备所形成的损失。

资产处置收益（或损失）反映企业出售划分为持有待售的非流动资产（金融工具、长期股权投资和投资性房地产除外）或处置组（子公司和业务除外）时确认的处置利得或损失，以及处置未划分为持有待售的固定资产、在建工程、生产性生物资产及无形资产而产生的处置利得或损失，还包括债务重组中因处置非流动资产产生的利得或损失和非货币性资产交换中换出非流动资产产生的利得或损失。

（二）利润总额

利润总额＝营业利润＋营业外收入—营业外支出

营业外收入是指企业发生的与日常活动无直接关系的各项利得；营业外支出是指企业发生的与日常活动无直接关系的各项损失。

（三）净利润

净利润＝利润总额—所得税费用

其中，所得税费用是指企业确认的应从当期利润总额中扣除的所得税费用。

任务二　营业外收支

一、营业外收入

（一）营业外收入概述

营业外收入是指企业发生的与日常活动无直接关系的各项利得。营业外收入并不是企业经营资金耗费所产生的，实际上是经济利益的净流入，不需要与有关分摊费用进行配比。营业外收入主要包括非流动资产毁损报废收益、与企业日常活动无关的政府补助、盘盈利得、捐赠利得、债务重组利得等。

（二）营业外收入核算

企业应设置"营业外收入"账户，核算营业外收入的取得及结转情况。该账户属于损益类，贷方登记企业确认的营业外收入，借方登记期末将"营业外收入"账户余额转入"本年利润"账户的营业外收入，结转后"营业外收入"账户无余额。"营业外收入"账户可按营业外收入项目进行明细核算。

【例 14-1】顺达公司将固定资产报废清理的净收益 17 000 元转作营业外收入。

顺达公司的账务处理如下。

借：固定资产清理　　　　　　　　　　　　　　　17 000
　　贷：营业外收入　　　　　　　　　　　　　　　　17 000

【例 14-2】顺达公司在现金清查中盘盈 500 元，按管理权限报经批准后转入营业外收入。

顺达公司的账务处理如下。

借：库存现金　　　　　　　　　　　　　　　　　500
　　贷：待处理财产损溢　　　　　　　　　　　　　　500
借：待处理财产损溢　　　　　　　　　　　　　　500
　　贷：营业外收入　　　　　　　　　　　　　　　　500

二、营业外支出

（一）营业外支出概述

营业外支出是指企业发生的与日常活动无直接关系的各项损失，主要包括非流动资产毁损报废损失、捐赠支出、盘亏损失、非常损失、罚款支出、债务重组损失等。

（二）营业外支出核算

企业应当设置"营业外支出"账户核算企业营业外支出的发生及其结转情况，该账户属于损益类，借方登记企业发生的各项营业外支出，贷方登记期末转入本年利润的营业外支出，结转后该账户应无余额。该账户应按照营业外支出的项目进行明细核算。

【例 14-3】2×20 年 5 月 1 日，顺达公司取得一项价值 800 000 元的非专利技术并确认为无形资产，采用直线法摊销，摊销期限为 10 年。2×23 年 5 月 1 日，由于该技术已被其他新技术所替代，公司决定将其转入报废处理，报废时已摊销 240 000 元，未计提减值准备。

顺达公司的账务处理如下。

借：累计摊销　　　　　　　　　　　　　　　240 000
　　营业外支出　　　　　　　　　　　　　　560 000
　　贷：无形资产　　　　　　　　　　　　　　　800 000

【例 14-4】顺达公司发生原材料自然灾害损失 120 000 元，经批准全部转作营业外支出。该企业对原材料采用实际成本进行日常核算。

顺达公司的账务处理如下。

借：待处理财产损溢　　　　　　　　　　120 000
　　贷：原材料　　　　　　　　　　　　　　　120 000
借：营业外支出　　　　　　　　　　　　120 000
　　贷：待处理财产损溢　　　　　　　　　　　120 000

任务三　所得税费用

一、计税基础与暂时性差异

（一）所得税核算的基本原理和程序

所得税会计是研究处理会计收益和应税收益差异的会计理论与方法。《企业会计准则第 18 号——所得税》采用了资产负债表债务法核算所得税。

资产负债表债务法是从资产负债表出发，通过比较资产负债表上列示的资产、负债按照会计准则规定确定的账面价值与按照税法规定确定的计税基础，对于两者之间的差异分为应纳税暂时性差异与可抵扣暂时性差异，确认相关的递延所得税负债与递延所得税资产，并在此基础上确定每一期间利润表中的所得税费用。

在采用资产负债表债务法核算所得税的情况下，企业一般应于每一资产负债表日进行所得税核算。发生特殊交易或事项时，如企业合并，在确认因交易或事项产生的资产、负债时即应确认相关的所得税影响。企业进行所得税核算时一般应遵循以下程序：

（1）按照会计准则规定确定资产负债表中除递延所得税资产和递延所得税负债以外的其他资产和负债项目的账面价值。

（2）按照会计准则中对于资产和负债计税基础的确定方法，以适用的税法规定为基础，确定资产负债表中有关资产、负债项目的计税基础。

（3）比较资产、负债的账面价值与其计税基础，对于两者之间存在差异的，分析其性质，除会计准则中规定的特殊情况外，分别应纳税暂时性差异与可抵扣暂时性差异，确定该资产负债表日递延所得税负债和递延所得税资产的应有金额，并与期初递延所得税资产和递延所得税负债的余额相比，确定当期应予进一步确认的递延所得税资产和递延所得税负债金额或应予转销的金额，作为构成利润表中所得税费用的递延所得税费用（或收益）。

（4）按照适用的税法规定计算确定当期应纳税所得额，将应纳税所得额与适用的所得税税率计算的结果确认为当期应交所得税，作为利润表中应予确认的所得税费用中的当期所得税部分。

（5）确定利润表中的所得税费用。利润表中的所得税费用包括当期所得税和递延所得税两个组成部分。企业在计算确定当期所得税和递延所得税后，两者之和（或之差）即为利润表中的所得税费用。

所得税会计的关键在于确定资产、负债的计税基础。资产、负债的计税基础，虽然是会计准则中的概念，但实质上与税法的规定密切关联。企业应当严格遵循税法中对于资产的税务处理及可税前扣除的费用等规定确定有关资产、负债的计税基础。

（二）资产的计税基础

资产的计税基础，是指在企业收回资产账面价值的过程中，计算应纳税所得额时按照税法规定可以自应税经济利益中抵扣的金额，即某一项资产在未来期间计税时可以税前扣除的金额。资产的计税基础是假定企业按照税法规定进行核算所提供的资产负债表中资产的应有金额。

资产在初始确认时，其计税基础一般为成本。从所得税角度考虑，某一单项资产产生的所得是指该项资产产生的未来经济利益流入扣除其取得成本之后的金额，一般情况下，税法认定的资产取得成本为购入时实际支付的金额。在资产持续持有的过程中，可在未来期间税前扣除的金额是指资产的取得成本减去以前期间按照税法规定已经税前扣除的金额后的余额。如固定资产、无形资产等长期资产，在某一资产负债表日的计税基础是指其成本扣除按照税法规定已在以前期间税前扣除的累计折旧额或累计摊销额后的金额。

企业应当按照适用的税法规定计算确定资产的计税基础。

1. 固定资产

以各种方式取得的固定资产，初始确认时入账价值基本上是被税法认可的，即取得时其账面价值一般等于计税基础。

固定资产在持有期间进行后续计量时，会计上的基本计量模式是"实际成本—会计累计折旧—固定资产减值准备"，税收上的基本计量模式是"实际成本—税法累计折旧"。会计与税法处理差异主要来自折旧方法、折旧年限的不同以及固定资产减值准备的计提。

（1）折旧方法、折旧年限产生的差异。会计准则规定，企业可以根据与固定资产有关的经济利益的预期实现方式合理选择折旧方法，如可以按照直线法计提折旧，也可以按照双倍余额抵减法、年数总和法等计提折旧。税法一般会规定固定资产的折旧方法，除某些按照规定可以加速折旧的情况外，可以税前扣除的基本上是按照直线法计提的折旧。

另外，税法一般规定每一类固定资产的折旧年限，而会计处理时按照会计准则规定折旧年限是由企业根据固定资产的性质和使用情况合理确定的。因为折旧年限不同，固定资产账面价值与计税基础之间也有差异。

（2）因计提固定资产减值准备产生的差异。持有固定资产期间，在对固定资产计提了减值准备以后，因税法规定按照会计准则规定计提的减值准备在资产实质性损失之前不允许税前扣除，也会造成固定资产的账面价值与计税基础的差异。

【例 14-5】甲公司于 2×23 年 1 月 1 日开始计提折旧的某项固定资产，原价为 3 000 000 元，使用年限为 10 年，采用年限平均法计提折旧，预计净残值为 0。税法规定类似固定资产采用加速折旧法计提的折旧可予税前扣除，该企业在计税时采用双倍余额递减法计提折旧，预计净残值为 0。2×24 年 12 月 31 日，企业估计该项固定资产的可收回金额为 2 200 000 元。

2×24 年 12 月 31 日，该项固定资产的账面价值 =3 000 000−300 000×2=2 400 000（元），可收回金额为 2 200 000 元，应当计提 200 000 元固定资产减值准备。计提减值准备后，固定资产的账面价值为 2 200 000 元。

计税基础 =3 000 000−3 000 000×20%−2 400 000×20%=1 920 000（元）。

该项固定资产账面价值 2 200 000 元与其计税基础 1 920 000 元之间的 280 000 元差额，代表着将于未来期间计入企业应纳税所得额的金额，产生未来期间应交所得税的增加，应确认为递延所得税负债。

【例 14-6】甲公司于 2×21 年 12 月 20 日取得某设备，成本为 16 000 000 元，预计使用 10 年，预计净残值为 0，采用年限平均法计提折旧。2×24 年 12 月 31 日，根据该设备生产产品的市场占有情况，甲公司估计其可收回金额为 9 200 000 元。假定税法规定的折旧方法、折旧年限与会计准则相同，企业的资产在发生实质性损失时可予税前扣除。

2×24 年 12 月 31 日，甲公司该设备的账面价值 =16 000 000−1 600 000×3=11 200 000（元），可收回金额为 9 200 000 元，应当计提 2 000 000 元固定资产减值准备，计提该减值准备后，固定资产的账面价值为 9 200 000 元。

该设备的计税基础 =16 000 000−1 600 000×3=11 200 000（元）

资产的账面价值 9 200 000 元小于其计税基础 11 200 000 元，产生可抵扣暂时性差异。

2. 无形资产

除内部研究开发形成的无形资产外，以其他方式取得的无形资产，初始确认时其入账价值与税法规定的成本之间一般不存在差异。

（1）对于内部研究开发形成的无形资产，企业会计准则规定有关研究开发支出区分为两个阶段，研究阶段的支出应当费用化计入当期损益，而开发阶段符合资本化条件的支出应当资本化，作为无形资产的成本。税法规定，自行开发的无形资产以开发过程中该资产符合资本化条件后至达到预定用途前发生的支出为计税基础。对于研究开发费用，税法规定可以加计扣除，即企业为开发新技术、新产品、新工艺发生的研究开发费用，未形成无形资产计入当期损益的，在据实扣除的基础上，再按照研究开发费用的 75% 加计扣除；形成无形资产的，按照无形资产成本的 175% 税前摊销。

对于内部研究开发形成的无形资产，一般情况下，初始确认时按照会计准则规定确定的成本与其计税基础应当是相同的。对于享受税收优惠的研究开发支出，在形成无形资产时，按照会计准则规定确定的成本为研究开发过程中符合资本化条件后至达到预定用途前发生的支出，而因税法规定按照无形资产成本的175%摊销，则其计税基础应在会计入账价值的基础上加计75%，因而产生账面价值与计税基础在初始确认时的差异，但如果该无形资产的确认不是产生于企业合并交易，同时在确认时既不影响会计利润，也不影响应纳税所得额，按照所得税准则的规定，不确认该暂时性差异的所得税影响。

（2）无形资产的后续计量。无形资产在后续计量时，会计与税法的差异主要产生于是否需要摊销、摊销方法和年限的差异及无形资产减值准备的提取。会计准则规定，企业应根据无形资产使用寿命情况，区分为使用寿命有限的无形资产和使用寿命不确定的无形资产。对于使用寿命不确定的无形资产，不要求摊销，在会计期末应进行减值测试。税法规定，企业取得无形资产的成本，应在一定期限内摊销，有关摊销额允许税前扣除。

在对无形资产计提减值准备的情况下，因所计提的减值准备不允许税前扣除，也会造成其账面价值与计税基础的差异。

【例14-7】甲公司当期发生研究开发支出共计8 000 000元，其中研究阶段支出1 600 000元，开发阶段符合资本化条件前发生的支出为1 600 000元，符合资本化条件后发生的支出为4 800 000元。假定开发形成的无形资产在当期末已达到预定用途，但尚未进行摊销。

甲公司当年发生的研究开发支出中，按照会计准则规定应予费用化的金额为3 200 000元，形成无形资产的成本为4 800 000元，即期末所形成的无形资产的账面价值为4 800 000元。

甲公司于当期发生的8 000 000元研究开发支出，可在税前扣除的金额为5 600 000元（3 200 000×175%）。对于按照会计准则规定形成无形资产的部分，税法规定将无形资产成本的175%作为计算未来期间摊销额的基础，即该项无形资产在初始确认时的计税基础为8 400 000元（4 800 000×175%）。

该项无形资产的账面价值4 800 000元与其计税基础8 400 000元之间的差额3 600 000元将于未来期间税前扣除，产生可抵扣暂时性差异。该差异产生于无形资产的初始确认，并非产生于企业合并，在初始确认时既不影响会计利润，也不影响应纳税所得额，因此不确认其所得税影响。

【例14-8】甲公司于2×24年1月1日取得某项无形资产，成本为4 800 000元。企业根据各方面情况判断，无法合理预计其带来的未来经济利益的期限，作为使用寿命不确定的无形资产。2×24年12月31日，对该项无形资产进行减值测试，表明未发生减值。企业在计税时，对该项无形资产按照10年的期间摊销，有关摊销额允许税前扣除。

会计上将该项无形资产作为使用寿命不确定的无形资产，在未发生减值的情况下，其账面价值为取得成本4 800 000元。该项无形资产在2×24年12月31日的计税基础为 4 320 000 元（4 800 000−480 000）。该项无形资产的账面价值 4 800 000 元与其计税基础 4 320 000 元之间的差额 480 000 元将计入未来期间的应纳税所得额，产生未来期间企业所得税税款流出的增加，为应纳税暂时性差异。

3. 以公允价值计量且其变动计入当期损益的金融资产

按照《企业会计准则第 22 号——金融工具确认和计量》的规定，对于以公允价值计量且其变动计入当期损益的金融资产，其于某一会计期末的账面价值为公允价值。如果税法规定按照会计准则确认的公允价值变动在计税时不予考虑，即有关金融资产在某一会计期末的计税基础为其取得成本，会造成该类金融资产账面价值与计税基础之间的差异。

【例 14-9】甲公司 2×24 年 7 月以 360 000 元取得乙公司股票 30 000 股，作为以公允价值计量且其变动计入当期损益的金融资产核算。2×24 年 12 月 31 日，甲公司尚未出售所持有的乙公司股票，乙公司股票公允价值为每股 15.4 元。税法规定，资产在持有期间公允价值的变动不计入当期应纳税所得额，待处置时一并计算应计入应纳税所得额的金额。

作为以公允价值计量且其变动计入当期损益的金融资产的乙公司股票在 2×24 年 12 月 31 日的账面价值为 462 000 元（15.4×30 000），其计税基础为取得成本，即 360 000 元，两者之间产生 102 000 万元的应纳税暂时性差异。

4. 其他资产

因会计准则规定与税法规定不同，企业持有的其他资产可能造成其账面价值与计税基础之间差异。例如，计提了减值准备的其他资产、采用公允价值模式进行后续计量的投资性房地产等。

【例 14-10】甲公司的办公楼于 2×24 年 12 月 30 日投入使用并直接出租，成本为 3 600 000 元。甲公司对投资性房地产采用公允价值模式进行后续计量。2×26 年 12 月 30 日，已出租的办公楼累计公允价值变动收益为 400 000 元，其中本年度公允价值变动收益 160 000 元。根据税法规定，已出租办公楼以历史成本扣除按税法规定计提折旧后作为其计税基础，折旧年限为 20 年，净残值为 0，自投入使用的次月起采用年限平均法计提折旧。

2×26 年 12 月 30 日，该投资性房地产的账面价值为 4 000 000 元，计税基础为 3 240 000 元（3 600 000−3 600 000÷20×2）。该投资性房地产账面价值与其计税基础之间的差额 760 000 元将计入未来期间的应纳税所得额，使未来期间企业所得税税款流出增加，为应纳税暂时性差异。

（三）负债的计税基础

负债的计税基础，是指负债的账面价值减去未来期间计算应纳税所得额时按照税法规定可予抵扣的金额。即假定企业按照税法规定进行核算，在其按照税法规定确定的资产负债表上有关负债的应有金额。

负债的确认与偿还一般不会影响企业未来期间的损益，也不会影响其未来期间的应纳税所得额，因此未来期间计算应纳税所得额时按照税法规定可予抵扣的金额为0，计税基础即为账面价值，如企业的短期借款、应付账款等。但是某些情况下，负债的确认可能会影响企业的损益，进而影响不同期间的应纳税所得额，使其计税基础与账面价值产生差异，如按照会计规定确认的某些预计负债。

1. 预计负债

按照《企业会计准则第13号——或有事项》的规定，企业应将预计提供售后服务发生的支出在销售当期确认为费用，同时确认预计负债。如果税法规定，与销售产品有关的支出应于发生时税前扣除，由于该类事项产生的预计负债在期末的计税基础为其账面价值与未来期间可税前扣除的金额之间的差额，有关的支出实际发生时可全部税前扣除，其计税基础为0。

因其他事项确认的预计负债，应按照税法规定的计税原则确定其计税基础。某些情况下，某些事项确认的预计负债，税法规定，无论是否实际发生，均不允许税前扣除，即未来期间按照税法规定可予抵扣的金额为0，则其账面价值与计税基础相同。

【例14-11】甲公司2×24年因销售产品承诺提供3年的保修服务，在当年度利润表中确认了7 000 000元销售费用，同时确认为预计负债，当年度发生保修支出1 000 000元，预计负债的期末余额为6 000 000元。假定税法规定，与产品售后服务相关的费用在实际发生时税前扣除。

该项预计负债在甲公司2×24年12月31日的账面价值为6 000 000元。

该项预计负债的计税基础=账面价值－未来期间计算应纳税所得额时按照税法规定可予抵扣的金额=6 000 000－6 000 000=0（元）。

【例14-12】2×24年10月5日，甲公司为乙公司银行借款提供担保，乙公司未如期偿还借款，被银行提起诉讼，要求其履行担保责任；12月31日，该案件尚未结案。甲公司预计很可能履行的担保责任为2 500 000元。假定税法规定，企业为其他单位债务提供担保发生的损失不允许在税前扣除。

2×24年12月31日，该项预计负债的账面价值为2 500 000元，计税基础为2 500 000元（2 500 000－0）。该项预计负债的账面价值等于计税基础，不产生暂时性差异。

2. 合同负债

企业在收到客户预付的款项时，因不符合收入确认条件，会计上将其确认为负债。税法对于收入的确认原则一般与会计准则规定相同，即会计上未确认收入时，计税时一般也不计入应纳税所得额，该部分经济利益在未来期间计税时可予税前扣除的金额为0，计税基础等于账面价值。

如果不符合会计准则规定的收入确认条件，但按照税法规定应计入当期应纳税所得额时，未来期间无须纳税，有关合同负债的计税基础为0。

3. 应付职工薪酬

会计准则规定，企业为获得职工提供的服务给予的各种形式的报酬以及其他相关支出均应作为企业的成本、费用，在未支付之前确认为负债。税法中对于合理的职工薪酬基本允许税前扣除，但税法中如果规定了税前扣除标准的，按照会计准则规定计入成本费用的金额超过规定标准部分，应进行纳税调整。因超过部分在发生当期不允许税前扣除，在以后期间也不允许税前扣除，即该部分差额对未来期间计税不产生影响，所产生的应付职工薪酬负债的账面价值等于计税基础。

4. 其他负债

企业的其他负债项目，如应交的罚款和滞纳金等，在尚未支付之前按照会计准则规定确认为费用，同时作为负债反映。税法规定，罚款和滞纳金不得税前扣除，其计税基础为账面价值减去未来期间计税时可予税前扣除的金额 0 之间的差额，即计税基础等于账面价值。

【例 14-13】甲公司因未按照税法规定缴纳税金，按规定需在 2×24 年缴纳滞纳金 2 000 000 元，至 2×24 年 12 月 31 日，该款项尚未支付，形成其他应付款 2 000 000 元。税法规定，企业因违反国家法律、法规规定缴纳的罚款、滞纳金不允许税前扣除。

因应缴滞纳金形成的其他应付款账面价值为 2 000 000 元，因税法规定，该支出不允许税前扣除，其计税基础 =2 000 000−0=2 000 000（元）。

对于罚款和滞纳金支出，会计与税法规定存在差异，但该差异仅影响发生当期，对未来期间计税不产生影响，因而不产生暂时性差异。

（四）暂时性差异

暂时性差异，是指资产或负债的账面价值与其计税基础不同而产生的差额。其中，账面价值是指按照会计准则规定确定的有关资产、负债在资产负债表中应列示的金额。由于资产、负债的账面价值与其计税基础不同，产生了在未来收回资产或清偿负债的期间内，应纳税所得额增加或减少并导致未来期间应交所得税增加或减少的情况，在这些暂时性差异发生的当期，一般应当确认相应的递延所得税负债或递延所得税资产。

根据暂时性差异对未来期间应纳税所得额的影响，其可分为应纳税暂时性差异和可抵扣暂时性差异。

1. 应纳税暂时性差异

应纳税暂时性差异在未来期间转回时，会增加转回期间的应纳税所得额，即在未来期间不考虑该事项影响的应纳税所得额的基础上，由于该暂时性差异的转回，会进一步增加转回期间的应纳税所得额和应交所得税金额。在应纳税暂时性差异产生当期，应当确认相关的递延所得税负债。

应纳税暂时性差异通常产生于以下情况：

（1）资产的账面价值大于其计税基础。一项资产的账面价值代表的是企业在持续使用或最终出售该项资产时会取得的经济利益的总额，而计税基础代表的是一项资产在未来期间可予税前扣除的总金额。资产的账面价值大于其计税基础，该项资产未来期间产生的经济利益不能全部税前抵扣，两者之间的差额需要交所得税，产生应纳税暂时性差异。

（2）负债的账面价值小于其计税基础。一项负债的账面价值为企业预计在未来期间清偿该项负债时的经济利益流出，而其计税基础代表的是账面价值在扣除税法规定的未来期间允许税前扣除的金额之后的差额。因负债的账面价值与其计税基础不同而产生的暂时性差异，实质上是税法规定就该项负债在未来期间可以税前扣除的金额。负债的账面价值小于其计税基础，意味着就该项负债在未来期间可以税前抵扣的金额为负数，即应在未来期间应纳税所得额的基础上调增，增加应纳税所得额和应交所得税金额，产生应纳税暂时性差异，应确认相关的递延所得税负债。

2. 可抵扣暂时性差异

可抵扣暂时性差异在未来期间转回时会减少转回期间的应纳税所得额，减少未来期间的应交所得税。在可抵扣暂时性差异产生当期、符合确认条件的情况下，应当确认相关的递延所得税资产。

可抵扣暂时性差异一般产生于以下情况：

（1）资产的账面价值小于其计税基础。从经济含义来看，资产在未来期间产生的经济利益少，按照税法规定允许税前扣除的金额多，则企业在未来期间可以减少应纳税所得额并减少应交所得税，符合有关条件时，应确认相关的递延所得税资产。

（2）负债的账面价值大于其计税基础。负债产生的暂时性差异实质上是税法规定就该项负债可以在未来期间税前扣除的金额。一项负债的账面价值大于其计税基础，意味着未来期间按照税法规定构成负债的全部或部分金额可以自未来应税经济利益中扣除，减少未来期间的应纳税所得额和应交所得税。

值得关注的是，对于按照税法规定可以结转以后年度的未弥补亏损及税款抵减，虽不是因资产、负债的账面价值与计税基础不同产生的，但本质上可抵扣亏损和税款抵减与可抵扣暂时性差异具有同样的作用，均能够减少未来期间的应纳税所得额，进而减少未来期间的应交所得税，在会计处理上，视同可抵扣暂时性差异；符合确认条件的情况下，应确认相关的递延所得税资产。

某些交易或事项发生以后，因为不符合资产、负债的确认条件而未体现为资产负债表中的资产或负债，但按照税法规定能够确定其计税基础的，其账面价值 0 与计税基础之间的差异也构成暂时性差异。例如，企业发生的符合条件的广告费和业务宣传费支出，除税法另有规定外，不超过当年销售收入 15% 的部分准予扣除，超过部分准予在以后纳税年度结转扣除。该类支出在发生时按照会计准则规定计入当期损益，不形成资产负债表中的资产，但因按照税法规定可以确定其计税基础，两者之间的差异也形成暂时性差异。

【例 14-14】甲公司 2×24 年发生广告费 5 000 000 元，至年末已全额支付给广告公司。根据税法规定，企业发生的广告费、业务宣传费不超过当年销售收入 15% 的部分允许税前扣除，超过部分允许结转以后年度税前扣除。甲公司 2×24 年实现销售收入 30 000 000 元。

因广告费支出形成的资产的账面价值为 0，其计税基础 =5 000 000−30 000 000× 15%=500 000（元）。

广告费支出形成的资产的账面价值 0 与其计税基础 500 000 元之间形成 500 000 元可抵扣暂时性差异。

二、递延所得税负债和递延所得税资产的确认与计量

（一）递延所得税负债的确认与计量

应纳税暂时性差异在转回期间将增加未来期间企业的应纳税所得额和应交所得税，导致企业经济利益的流出，从其发生当期看，构成企业应支付税金的义务，应作为负债确认。

确认应纳税暂时性差异产生的递延所得税负债时，交易或事项发生时影响到会计利润或应纳税所得额的，相关的所得税影响应作为利润表中所得税费用的组成部分；与直接计入所有者权益的交易或事项相关的，其所得税影响应增加或减少所有者权益；企业合并产生的，相关的递延所得税影响应调整购买日应确认的商誉或是计入当期损益的金额。

1. 递延所得税负债的确认

企业在确认因应纳税暂时性差异产生的递延所得税负债时，应遵循以下原则：

（1）除会计准则中明确规定可不确认递延所得税负债的情况以外，企业对于所有的应纳税暂时性差异均应确认相关的递延所得税负债。除直接计入所有其权益的交易或事项以及企业合并外，在确认递延所得税负债的同时，应增加利润表中的所得税费用。

【例 14-15】甲公司于 2×24 年 1 月 1 日开始计提折旧的某设备，取得成本为 1 000 000 元。采用年限平均法计提折旧，使用年限为 10 年，预计净残值为 0。假定计税时允许按双倍余额递减法计列折旧，使用年限及预计净残值与会计相同。甲公司适用的所得税税率为 25%。假定该企业不存在其他会计与税收处理的差异。

2×24 年该项固定资产按照会计准则规定计提的折旧额为 100 000 元，计税时允许扣除的折旧额为 200 000 元，则该固定资产的账面价值 900 000 元与其计税基础 800 000 元的差额构成应纳税暂时性差异，企业应确认递延所得税负债 25 000 元 [（900 000− 800 000）×25%]。

（2）不确认递延所得税负债的特殊情况。有些情况下，虽然资产、负债的账面价值与其计税基础不同，产生了应纳税暂时性差异，但出于各方面考虑，会计准则规定不确认相关的递延所得税负债，主要包括以下方面：

①商誉的初始确认。非同一控制下的企业合并中，企业合并成本大于合并中取得的被

购买方可辨认净资产公允价值份额的差额，确认为商誉。因会计与税收的划分标准不同，按照税法规定作为免税合并的情况下，税法不认可商誉的价值，即从税法角度，商誉的计税基础为 0，两者之间的差额形成应纳税暂时性差异。但是，确认该部分暂时性差异产生的递延所得税负债意味着将进一步增加商誉的价值。因商誉本身即是企业合并成本在取得的被购买方可辨认资产、负债之间进行分配后的剩余价值，确认递延所得税负债进一步增加其账面价值会影响到会计信息的可靠性，而且增加了商誉的账面价值以后，可能很快就要计提减值准备，同时其账面价值的增加还会进一步产生应纳税暂时性差异，使得递延所得税负债和商誉价值量的变化不断循环。因此，会计上作为非同一控制下的企业合并，同时按照税法规定作为免税合并的情况下，商誉的计税基础为 0，其账面价值与计税基础不同形成的应纳税暂时性差异，会计准则规定不确认相关的递延所得税负债。

应予说明的是，按照会计准则规定，在非同一控制下企业合并中确认了商誉，并且按照所得税法规的规定商誉在初始确认时计税基础等于账面价值的，该商誉在后续计量过程中因会计准则与税法规定不同而产生暂时性差异的，应当确认相关的所得税影响。

【例 14-16】甲公司以增发市场价值为 60 000 000 元的本公司普通股为对价购入乙公司 100% 的净资产，对乙公司进行吸收合并，该项合并为非同一控制下企业合并。假定该项合并符合税法规定的免税合并条件，且乙公司原股东选择进行免税处理。购买日乙公司各项可辨认资产、负债的公允价值及其计税基础如表 14-1 所示。

表 14-1　购买日乙公司各项可辨认资产、负债的公允价值及计税基础

单位：元

项目	公允价值	计税基础	暂时性差异
固定资产	27 000 000	15 500 000	11 500 000
应收账款	21 000 000	21 000 000	0
存货	17 400 000	12 400 000	5 000 000
应付账款	（3 000 000）	0	（3 000 000）
其他应付款	（12 000 000）	（12 000 000）	0
不包括递延所得税的可辨认资产、负债的公允价值	50 400 000	36 900 000	13 500 000

乙公司适用的所得税税率为 25%，该项交易中应确认递延所得税负债及商誉的金额计算如下。

企业合并成本	60 000 000
可辨认净资产公允价值	50 400 000
加：递延所得税资产（3 000 000 × 25%）	750 000
减：递延所得税负债（16 500 000 × 25%）	4 125 000

考虑递延所得税后可辨认资产、负债的公允价值

（50 400 000+750 000－4 125 000）   47 025 000

商誉   12 975 000

所确认的商誉金额 12 975 000 元与其计税基础 0 之间产生的应纳税暂时性差异，不再进一步确认相关的递延所得税影响。

②除企业合并以外的其他交易或事项中，如果该项交易或事项发生时既不影响会计利润，也不影响应纳税所得额，则所产生的资产、负债的初始确认金额与其计税基础不同，形成应纳税暂时性差异的，交易或事项发生时不确认相应的递延所得税负债。该规定主要是考虑到由于交易发生时既不影响会计利润，也不影响应纳税所得额，确认递延所得税负债的直接结果是增加有关资产的账面价值或降低所确认负债的账面价值，使得资产、负债在初始确认时，违背历史成本原则，影响会计信息的可靠性。

2. 递延所得税负债的计量

递延所得税负债应以相关应纳税暂时性差异转回期间适用的所得税税率计量。在我国，除享受优惠政策的情况以外，企业适用的所得税税率在不同年度之间一般不会发生变化，企业在确认递延所得税负债时，可以现行适用所得税税率为基础计算确定。对于享受优惠政策的企业，如国家重点扶持的高新技术企业，享受一定时期的税率优惠，所产生的暂时性差异应以预计其转回期间的适用所得税税率为基础计量。另外，无论应纳税暂时性差异的转回期间如何，递延所得税负债均不要求折现。

所得税准则规范的是资产负债表中递延所得税资产和递延所得税负债的确认和计量。减少未来期间应交所得税的暂时性差异形成递延所得税资产；增加未来期间应交所得税的暂时性差异形成递延所得税负债。

（二）递延所得税资产的确认与计量

1. 递延所得税资产的确认

（1）确认的一般原则。资产、负债的账面价值与其计税基础不同，产生可抵扣暂时性差异的，在估计未来期间内，企业能够取得足够的应纳税所得额用以利用该可抵扣暂时性差异时，应当以很可能取得用来抵扣可抵扣暂时性差异的应纳税所得额为限，确认相关的递延所得税资产。同递延所得税负债的确认相同，有关交易或事项发生时，对会计利润或应纳税所得额产生影响的，所确认的递延所得税资产应作为利润表中所得税费用的调整；有关的可抵扣暂时性差异产生于直接计入所有者权益的交易或事项，则确认的递延所得税资产也应计入所有者权益；企业合并时产生的可抵扣暂时性差异的所得税影响，应相应调整企业合并中确认的商誉或是应计入当期损益的金额。

确认递延所得税资产时，应关注以下问题：

①递延所得税资产的确认应以未来期间可能取得的应纳税所得额为限。在可抵扣暂时性差异转回的未来期间内，企业无法产生足够的应纳税所得额用以抵减可抵扣暂时性差异的影响，使得与递延所得税资产相关的经济利益无法实现的，该部分递延所得税资

产不应确认；企业有明确的证据表明其于可抵扣暂时性差异转回的未来期间能够产生足够的应纳税所得额，进而利用可抵扣暂时性差异的，则应以可能取得的应纳税所得额为限，确认相关的递延所得税资产。

在判断企业于可抵扣暂时性差异转回的未来期间能否产生足够的应纳税所得额时，应考虑以下两个方面的影响：一是通过正常的生产经营活动能够实现的应纳税所得额，如企业通过销售商品、提供劳务等所实现的收入，扣除相关费用后的金额；二是以前期间产生的应纳税暂时性差异在未来期间转回时将产生应纳税所得额的增加额。

考虑到受可抵扣暂时性差异转回的期间内可能取得应纳税所得额的限制，因无法取得足够的应纳税所得额而未确认相关的递延所得税资产的，应在财务报表附注中进行披露。

②按照税法规定可以结转以后年度的未弥补亏损和税款抵减，应视同可抵扣暂时性差异处理。在预计可利用可弥补亏损或税款抵减的未来期间内能够取得足够的应纳税所得额时，应当以很可能取得的应纳税所得额为限，确认相应的递延所得税资产，同时减少确认当期的所得税费用。

与未弥补亏损和税款抵减相关的递延所得税资产，其确认条件与可抵扣暂时性差异产生的递延所得税资产相同，在估计未来期间能否产生足够的应纳税所得额用于利用该部分未弥补亏损或税款抵减时，应考虑以下相关因素的影响：

第一，在未弥补亏损到期前，企业是否会因以前期间产生的应纳税暂时性差异转回而产生足够的应纳税所得额；

第二，在未弥补亏损到期前，企业是否可能通过正常的生产经营活动产生足够的应纳税所得额；

第三，未弥补亏损是否产生于一些在未来期间不可能再发生的特殊原因；

第四，是否存在其他的证据表明在未弥补亏损到期前能够取得足够的应纳税所得额。

（2）不确认递延所得税资产的特殊情况。某些情况下，如果企业发生的某项交易或事项不是企业合并，并且交易发生时既不影响会计利润也不影响应纳税所得额，且该项交易中产生的资产、负债的初始确认金额与其计税基础不同，产生可抵扣暂时性差异的，会计准则规定在交易或事项发生时不确认相关的递延所得税资产。其原因同该种情况下不确认相关的递延所得税负债相同，如果确认递延所得税资产，则需调整资产、负债的入账价值，对实际成本进行调整将有违历史成本原则，影响会计信息的可靠性，该种情况下不确认相关的递延所得税资产。

【例14-17】甲公司2×24年发生资本化研究开发支出5 000 000元，至年末研发项目尚未完成。税法规定，按照会计规定资本化的开发支出按其175%作为计算摊销额的基础。

甲公司按照会计准则规定资本化的开发支出为5 000 000元，其计税基础为8 750 000

元（5 000 000×175%），该开发支出及所形成的无形资产在初始确认时，其账面价值与计税基础即存在差异，因该差异并非产生于企业合并，同时在产生时既不影响会计利润也不影响应纳税所得额，按照所得税准则规定，不确认与该暂时性差异相关的所得税影响。

2. 递延所得税资产的计量

（1）适用税率的确定。确认递延所得税资产时，应估计相关可抵扣暂时性差异的转回时间，以转回期间适用的所得税税率为基础计算确定。另外，无论相关的可抵扣暂时性差异转回期间如何，递延所得税资产均不予折现。

（2）递延所得税资产的减值。资产负债表日，企业应当对递延所得税资产的账面价值进行复核。如果未来期间很可能无法取得足够的应纳税所得额用以利用递延所得税资产的利益，应当减记递延所得税资产的账面价值。对于预期无法实现的部分，一般应确认为当期所得税费用，同时减少递延所得税资产的账面价值；对于原确认时计入所有者权益的递延所得税资产，其减记金额也应计入所有者权益，不影响当期所得税费用。

递延所得税资产的账面价值因上述原因减记以后，以后期间根据新的环境和情况判断能够产生足够的应纳税所得额用以利用可抵扣暂时性差异，使得递延所得税资产包含的经济利益能够实现的，应相应恢复递延所得税资产的账面价值。

（三）特定交易或事项涉及递延所得税的确认

与当期及以前期间直接计入所有者权益的交易或事项相关的当期所得税及递延所得税应当计入所有者权益。直接计入所有者权益的交易或事项主要有：对会计政策变更采用追溯调整法或对前期差错更正采用追溯重述法调整期初留存收益、以公允价值计量且其变动计入其他综合收益的金融资产的公允价值的变动计入其他综合收益、自用房地产转为采用公允价值模式计量的投资性房地产时公允价值大于原账面差额计入其他综合收益等。

【例14-18】甲公司于2×24年4月自公开市场以每股6元的价格取得A公司普通股200万股，作为以公允价值计量且其变动计入其他综合收益的非交易性权益工具核算（假定不考虑交易费用），2×24年12月31日，甲公司该股票投资尚未出售，当日市价为每股9元。按照税法规定，资产在持有期间，公允价值的变动不计入应纳税所得额，待处置时一并计算并计入应纳税所得额。甲公司适用的所得税税率为25%，假定在未来期间不会发生变化。

甲公司在会计期末的账务处理如下。

（1）公允价值变动：

借：其他权益工具投资——公允价值变动　　　　6 000 000

　　贷：其他综合收益　　　　　　　　　　　　　　　　6 000 000

（2）所得税影响：

借：其他综合收益　　　　　　　　　　　　　　　　1 500 000

　　贷：递延所得税负债　　　　　　　　　　　　　　　　1 500 000

假定甲公司以每股 11 元的价格将该股票于 2×25 年对外出售，结转该股票出售损益时：

借：银行存款　　　　　　　　　　　　　　　　　　22 000 000

　　贷：其他权益工具投资——成本　　　　　　　　　12 000 000

　　　　　　　　　　　　——公允价值变动　　　　　6 000 000

　　　　利润分配——未分配利润　　　　　　　　　　4 000 000

借：其他综合收益　　　　　　　　　　　　　　　　4 500 000

　　递延所得税负债　　　　　　　　　　　　　　　　1 500 000

　　贷：利润分配——未分配利润　　　　　　　　　　6 000 000

（四）所得税税率变化对递延所得税资产和递延所得税负债影响的确认与计量

因适用税收法规的变化，在某一会计期间适用的所得税税率发生变化的，企业应对已确认的递延所得税资产和递延所得税负债进行重新计量。递延所得税资产和递延所得税负债的金额代表的是有关可抵扣暂时性差异或应纳税暂时性差异于未来期间转回时，导致的应交所得税金额减少或增加的情况。适用所得税税率的变化必然导致应纳税暂时性差异或可抵扣暂时性差异在未来期间转回时产生增加或减少应交所得税金额的变化，在适用所得税税率变化的情况下应对原已确认的递延所得税资产和递延所得税负债的金额进行调整，反映所得税税率变化带来的影响。

除直接计入所有者权益的交易或事项产生的递延所得税资产和递延所得税负债其相关的调整金额应计入所有者权益以外，其他情况下因所得税税率变化产生的递延所得税资产和递延所得税负债调整金额应确认为变化当期的所得税费用（或收益）。

三、所得税费用的确认和计量

企业核算所得税，主要是为确定当期应交所得税以及利润表中的所得税费用，从而确定各期实现的净利润。确认递延所得税资产和递延所得税负债，最终目的也是解决不同会计期间所得税费用的分配问题。在按照资产负债表债务法进行核算的情况下，利润表中的所得税费用由两个部分组成：当期所得税和递延所得税。

（一）当期所得税

当期所得税是指企业按照税法规定计算确定的针对当期发生的交易和事项，应缴纳给税务机关的所得税金额，即应交所得税。当期所得税应当以适用的税收法规为基础计算确定。企业在确定当期所得税时，对于当期发生的交易或事项，会计处理与税收处理不同的，应在会计利润的基础上，按照适用税收法规的要求进行调整（纳税调整），计算出当期应纳税所得额，按照应纳税所得额与适用所得税税率计算确定当期应交所得税。一般情况下，应纳税所得额可在会计利润的基础上考虑会计准则与税法规定之间的差异，按照以下公式计算确定：

应纳税所得额＝会计利润＋纳税调整增加额－纳税调整减少额＋境外应税所得弥补境内亏损－弥补以前年度亏损

当期所得税＝当期应交所得税＝应纳税所得额 × 适用税率－减免税额－抵免税额

（二）递延所得税

递延所得税是指按照会计准则规定应予确认的递延所得税资产和递延所得税负债在会计期末应有的金额相对于原已确认金额之间的差额，即递延所得税资产和递延所得税负债的当期发生额，但不包括计入所有者权益的交易或事项的所得税影响。其用公式表示为：

递延所得税＝当期递延所得税负债的增加＋当期递延所得税资产的减少－当期递延所得税负债的减少－当期递延所得税资产的增加

值得注意的是，如果某项交易或事项按照会计准则规定应计入所有者权益，由该交易或事项产生的递延所得税资产或递延所得税负债及其变化也应计入所有者权益，不构成利润表中的递延所得税费用（或收益）。

【例 14-19】丙公司 2×24 年 9 月取得的某项以公允价值计量且其变动计入其他综合收益的其他债权投资，成本为 2 000 000 元，2×24 年 12 月 31 日，其公允价值为 2 400 000 元。丙公司适用的所得税税率为 25%。

丙公司在会计期末的账务处理如下。

（1）会计期末在确认 400 000 元（2 400 000－2 000 000）的公允价值变动时：

借：其他债权投资——公允价值变动　　　　　　　400 000

　　　贷：其他综合收益　　　　　　　　　　　　　　400 000

（2）确认应纳税暂时性差异对所得税的影响时：

借：其他综合收益　　　　　　　　　　　　　　　100 000

　　　贷：递延所得税负债　　　　　　　　　　　　　100 000

另外，非同一控制下的企业合并中，因资产、负债的入账价值与其计税基础不同产生的递延所得税资产或递延所得税负债，其确认结果直接影响购买日确认的商誉或计入利润表当期损益的金额，不影响购买日的所得税费用。

（三）所得税费用的计算与列报

计算确定了当期所得税及递延所得税以后，利润表中应予确认的所得税费用为两者之和：

所得税费用＝当期所得税＋递延所得税

【例 14-20】丁公司 2×24 年度利润表中利润总额为 12 000 000 元，该公司适用的所得税税率为 25%。预计未来期间适用的所得税税率不会发生变化，未来期间能够产生足够的应纳税所得额用以抵扣可抵扣暂时性差异。递延所得税资产及递延所得税负债不存在期初余额。

该公司 2×24 年发生的有关交易和事项中，会计处理与税收处理存在差别的有：

（1）2×23 年 12 月 31 日取得的一项固定资产，成本为 6 000 000 元，使用年限为 10 年，预计净残值为 0，会计处理按双倍余额递减法计提折旧，税收处理按直线法计提折旧。假定税法规定的使用年限及预计净残值与会计规定相同。

（2）向关联企业捐赠现金 2 000 000 元。

（3）当年度发生研究开发支出 5 000 000 元，较上年度增长 20%。其中 3 000 000 元予以资本化；截至 2×24 年 12 月 31 日，该研发项目仍在开发过程中。税法规定，企业费用化的研究开发支出按 175% 税前扣除，资本化的研究开发支出按资本化金额的 175% 确定应予摊销的金额。

（4）应付违反环保法规定罚款 1 000 000 元。

（5）期末对持有的存货计提了 300 000 元的存货跌价准备。

分析：

（1）2×24 年度当期应交所得税。

应纳税所得额 =12 000 000+（6 000 000÷10×2−6 000 000÷10）+2 000 000−（5 000 000−3 000 000）×75%+1 000 000+300 000=14 400 000（元）

应交所得税 =14 400 000×25%=3 600 000（元）

（2）2×24 年度递延所得税。

该公司 2×24 年 12 月 31 日有关资产、负债的账面价值、计税基础及相应的暂时性差异如表 14-2 所示。

表 14-2 丁公司有关资产、负债的账面价值、计税基础及相应的暂时性差异

单位：元

项目	账面价值	计税基础	差异	
			应纳税暂时性差异	可抵扣暂时性差异
存货	8 000 000	8 300 000		300 000
固定资产	25 400 000	26 000 000		600 000
开发支出	3 000 000	5 250 000		2 250 000
其他应付款	1 000 000	1 000 000		
合计				3 150 000

本例中，由于存货、固定资产的账面价值和其计税基础不同，产生可抵扣暂时性差异 900 000 元，确认了递延所得税收益 225 000 元；对于资本化的开发支出 3 000 000 元，其计税基础为 5 250 000 元（3 000 000×175%），该开发支出及所形成的无形资产

在初始确认时其账面价值与计税基础即存在差异，因该差异并非产生于企业合并，同时在产生时既不影响会计利润也不影响应纳税所得额，按照《企业会计准则第18号——所得税》规定，不确认与该暂时性差异相关的所得税影响。所以，递延所得税收益＝900 000×25%=225 000（元）。

（3）利润表中应确认的所得税费用。

所得税费用=3 600 000－225 000=3 375 000（元）。

借：所得税费用   3 375 000

  递延所得税资产   225 000

   贷：应交税费——应交所得税   3 600 000

【例14-21】丁公司2×24年初的递延所得税资产借方余额为1 900 000元，递延所得税负债贷方余额为100 000元，具体构成项目如表14-3所示。

表14-3 丁公司递延所得税资产和递延所得税负债

单位：元

项目	可抵扣暂时性差异	递延所得税资产	应纳税暂时性差异	递延所得税负债
应收账款	600 000	150 000		
交易性金融资产			400 000	100 000
其他债权投资	2 000 000	500 000		
预计负债	800 000	200 000		
可税前抵扣的经营亏损	4 200 000	1 050 000		

该公司2×24年度利润表中，利润总额为16 100 000元，适用的所得税税率为25%，预计未来期间适用的所得税税率不会发生变化，未来期间能够产生足够的应纳税所得额用以抵扣可抵扣暂时性差异。

该公司2×24年发生的有关交易和事项中，会计处理与税收处理存在差别的有：

（1）年末转回应收账款坏账准备200 000元。假定税法规定，转回的坏账损失不计入应纳税所得额。

（2）年末根据交易性金融资产公允价值变动确认公允价值变动收益200 000元。假定税法规定，交易性金融资产公允价值变动收益不计入应纳税所得额。

（3）年末根据其他债权投资公允价值变动增加其他综合收益400 000元。假定税法规定，其他债权投资公允价值变动金额不计入应纳税所得额。

（4）当年实际支付产品保修费用500 000元，冲减前期确认的相关预计负债；当年确认产品保修费用100 000元，增加相关预计负债。假定税法规定，实际支付的产品保修费用允许税前扣除。但预计的产品保修费用不允许税前扣除。

（5）当年发生业务宣传费 8 000 000 元，至年末尚未支付。该公司当年实现销售收入 50 000 000 元。假定税法规定，企业发生的业务宣传费支出，不超过当年销售收入 15% 的部分，准予税前扣除；超过部分，准予结转以后年度税前扣除。

分析：

（1）2×24 年度当期应交所得税。

应纳税所得额 =16 100 000−4 200 000−200 000−200 000−500 000+100 000+（8 000 000
   −50 000 000×15%）
   =11 600 000（元）。

应交所得税 =11 600 000×25%=2 900 000（元）。

（2）2×24 年度递延所得税。

该公司 2×24 年 12 月 31 日有关资产、负债的账面价值、计税基础及相应的暂时性差异如表 14-4 所示。

表 14-4　丁公司有关资产、负债的账面价值、计税基础、暂时性差异

单位：元

项目	账面价值	计税基础	应纳税暂时性差异	可抵扣暂时性差异
应收账款	3 600 000	4 000 000		400 000
交易性金融资产	4 200 000	3 600 000	600 000	
其他债权投资	4 000 000	5 600 000		1 600 000
预计负债	400 000	0		400 000
其他应付款	8 000 000	7 500 000		500 000

递延所得税费用 =（600 000×25%−100 000）−[（400 000+400 000+500 000）
   ×25%−（150 000+200 000+1 050 000）]=1 125 000（元）。

（3）利润表中应确认的所得税费用。

所得税费用 =2 900 000+1 125 000=4 025 000（元）

递延所得税资产 =（150 000+200 000+1 050 000）−（400 000+400 000+500 000）
   ×25%=1 075 000（元）

递延所得税负债 =600 000×25%−100 000=50 000（元）

借：所得税费用　　　　　　　　　　　　　　　　4 025 000
　　贷：应交税费——应交所得税　　　　　　　　　2 900 000
　　　　递延所得税资产　　　　　　　　　　　　　1 075 000
　　　　递延所得税负债　　　　　　　　　　　　　　 50 000

递延所得税资产 =400 000×25%=100 000（元）

借：其他综合收益   100 000

  贷：递延所得税资产   100 000

（四）合并财务报表中因抵销未实现内部交易损益产生的递延所得税

企业在编制合并财务报表时，抵销未实现内部销售损益导致的合并资产负债表中，资产、负债的账面价值与其在纳入合并范围的企业按照适用税法规定确定的计税基础之间产生暂时性差异的，在合并资产负债表中应当确认递延所得税资产或递延所得税负债，同时调整合并利润表中的所得税费用，但与直接计入所有者权益的交易或事项及企业合并相关的递延所得税除外。

企业在编制合并财务报表时，应将纳入合并范围的企业之间发生的未实现内部交易损益予以抵消。因此，对于所涉及的资产负债项目在合并资产负债表中列示的账面价值与其在所属的企业个别资产负债表中的价值会不同，进而可能产生与有关资产、负债所属纳税主体计税基础的不同，从合并财务报表作为一个完整经济主体的角度看，应当确认该暂时性差异的所得税影响。

模块 三

财务报表

项目十五 财务报告

📖 学习目标

◆ 知识目标 ◆

1. 了解财务报告的定义、财务报表的分类和财务报表编制的基本要求；
2. 熟悉财务报告的构成、附注的主要内容；
3. 掌握资产负债表、利润表、现金流量表和所有者权益变动表的格式和编制方法；
4. 理解资产负债表、利润表、现金流量表和所有者权益变动表之间的关系。

◆ 技能目标 ◆

1. 能进行资产负债表的编制；
2. 能进行利润表的编制；
3. 能进行现金流量表的编制。

◆ 素养目标 ◆

1. 培养学生具有劳模精神、工匠精神和诚实守信的职业素养；
2. 能严格按照《企业会计准则第 30 号——财务报表列报》《企业会计准则第 32 号——中期财务报告》等政策法规要求规范操作；
3. 初步具有相应的会计职业判断能力；
4. 具有一定的口语和书面表达能力、分析问题和解决问题能力、信息技术应用能力。

项目十五 课程思政教学案例

📖 案例导入

2015 年 1 月至 2018 年 12 月，康得新通过虚构销售业务、虚构采购、生产、研发、产品运输费用等方式，虚增营业收入、营业成本、研发费用和销售费用，导致 2015 年至 2018 年度报告虚增利润总额分别为 2 242 745 642.37 元、2 943 420 778.01 元、3 908 205 906.90 元、2 436 193 525.40 元，分别占各年度报告披露利润总额的 136.22%、127.85%、134.19%、711.29%，康得新 2015 年至 2018 年度报告中披露的利润总额存在虚假记载。

资料来源：肖玮.证监会重发康得新处罚：虚增利润减少、资金占用被删[EB/OL].（2020-
06-29）[2024-07-20]. https://www.bjnews.com.cn/finance/2020/06/29/743314.html.

思考：康得新是如何进行财务舞弊的，利润的造假行为会对企业的报表产生什么样
的影响？会计人员又该如何正确合理编制利润表、合理反映企业的经营成果？

📖 项目导图

本项目的内容结构如图 15-1 所示。

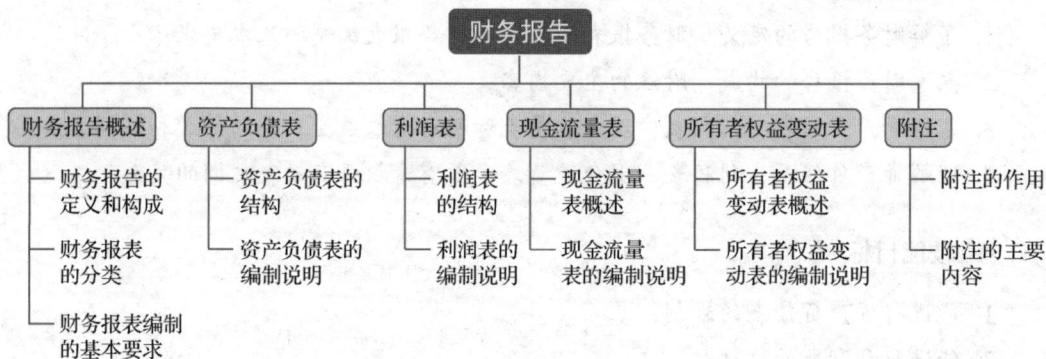

图 15-1　项目十五的内容结构

📖 项目实施

任务一　财务报告概述

一、财务报告的定义和构成

财务报告是指企业对外提供的反映某一特定日期的财务状况和某一会计期间的经营
成果、现金流量等会计信息的文件。财务报告是财务会计确认和计量的最终成果，是沟
通企业管理层与外部信息使用者之间的桥梁和纽带。

财务报告包括财务报表和其他应当在财务报告中披露的相关信息与资料。财务报表
是对企业财务状况、经营成果和现金流量的结构性表述。财务报表至少应当包括资产负
债表、利润表、现金流量表、所有者权益变动表及其附注。财务报表的这些组成部分具
有同等的重要程度。

二、财务报表的分类

财务报表可以按照编报时间、编报单位、报表项目所反映的数字内容等不同的标准
进行分类，如表 15-1 所示。

表 15-1 财务报表的分类

财务报表	按编报时间	中期财务报表（月报、季报、半年报等）
		年度财务报表
	按编报单位	单位财务报表
		汇总财务报表
	按报表项目所反映的数字内容	个别财务报表
		合并财务报表

✐ **知识拓展**

合并财务报表是以母公司和子公司组成的企业集团为会计主体，根据母公司和所属子公司的财务报表，由母公司编制的综合反映企业集团财务状况、经营成果及现金流量的财务报表。

三、财务报表编制的基本要求

（一）以持续经营为基础编制

持续经营是会计的基本前提，也是会计确认、计量及编制财务报表的基础。如企业以持续经营为基础编制财务报表不再合理，应当采用其他基础编制财务报表，并在附注中作相关说明。

（二）按正确的会计基础编制

除现金流量表按照收付实现制编制外，其他财务报表应当按照权责发生制编制。

（三）保持各个会计期间财务报表项目列报的一致性

财务报表项目的列报应当在各个会计期间保持一致，不得随意变更，除非会计准则要求改变或企业经营业务的性质发生重大变化，变更后的列报能够提供更可靠、更相关的信息。

（四）项目列报遵守重要性原则

在合理预期的情况下，若财务报表某项目的省略或错报会影响使用者据此做出经济决策，则该项目具有重要性。重要性应当根据企业所处的具体环境，从项目的性质和金额两方面予以判断。具体来说，判断项目性质的重要性，应当考虑该项目在性质上是否属于企业日常活动，是否显著影响企业的财务状况、经营成果、现金流量等因素；判断项目金额大小的重要性，应当考虑该项目金额占资产总额、负债总额、所有者权益总额、营业收入总额、营业成本总额、净利润、综合收益总额等直接相关项目金额的比重或所属报表单列项目金额的比重。

（五）各项目之间的金额不得相互抵消

财务报表中的资产项目和负债项目的金额、收入项目和费用项目的金额、直接计入当期利润的利得项目和损失项目的金额不得相互抵消，但其他会计准则另有规定的除外。

（六）至少应当提供所有列报项目上一个可比会计期间的比较数据

当期财务报表的列报，至少应当提供所有列报项目上一个可比会计期间的比较数据，以及与理解当期财务报表相关的说明，但其他会计准则另有规定的除外。

（七）应当在财务报表的显著位置披露编报企业的名称等重要信息

企业应当在财务报表的显著位置（如表头）至少披露下列各项信息：①编报企业的名称；②资产负债表日或财务报表涵盖的会计期间；③人民币金额单位；④财务报表是合并财务报表的，应当予以标明。

（八）至少按年编制财务报表

企业应当至少按年编制财务报表。年度财务报表涵盖的期间短于一年的，应当披露年度财务报表的涵盖期间、短于一年的原因以及财务报表不具可比性的事实。

任务二 资产负债表

资产负债表是反映企业在某一特定日期的财务状况的报表，是企业经营活动的静态反映。资产负债表是根据"资产＝负债＋所有者权益"这一平衡公式，依照一定的分类标准和一定的次序，将某一特定日期的资产、负债和所有者权益的具体项目予以适当地排列编制而成的。资产负债表主要反映资产、负债和所有者权益三方面的内容。具体来说，资产负债表可以反映企业在某一特定日期所拥有或控制的经济资源、所承担的现时义务和所有者对净资产的要求权，帮助财务报表使用者全面了解企业的财务状况、分析企业的偿债能力等情况，从而为其作出经济决策提供依据。

编制资产负债表

一、资产负债表的结构

资产负债表一般由表头、表体两部分组成。表头部分应列明报表名称、编制单位名称、资产负债表日、报表编号和计量单位；表体部分是资产负债表的主体，列示了用以说明企业财务状况的各个项目。资产负债表的表体格式一般有两种：报告式资产负债表和账户式资产负债表。报告式资产负债表是上下结构，上半部分列示资产各项目，下半部分列示负债和所有者权益各项目。账户式资产负债表是左右结构，左边列示资产各项目，反映全部资产的分布及存在状态；右边列示负债和所有者权益各项目，反映全部负债和所有者权益的内容及构成情况。不管采取什么格式，资产各项目的合计一定等于负债和所有者权益各项目的合计。

我国企业的资产负债表采用账户式结构，分为左右两方，左方为资产项目，大体按资产的流动性大小排列，流动性大的资产，如"货币资金""交易性金融资产"等排在前面；流动性小的资产，如"长期股权投资""固定资产"等排在后面。右方为负债及所有者权益项目，一般按要求清偿时间的先后顺序排列，"短期借款""应付票据"及"应付账款"等需要在一年以内或者长于一年的一个正常营业周期内偿还的流动负债排在前面，"长期借款"等在一年以上才需偿还的非流动负债排在中间，在企业清算之前不需要偿还的所有者权益项目排在后面。

账户式资产负债表中的资产各项目的合计等于负债和所有者权益各项目的合计，即资产负债表左方和右方平衡。通过账户式资产负债表，可以反映资产、负债、所有者权益之间的内在关系，即"资产＝负债＋所有者权益"。我国一般企业资产负债表格式如表15-2 所示。

表 15-2　资产负债表

会企 01 表

编制单位：　　　　　　　　　　　____ 年 __ 月 __ 日　　　　　　　　　单位：元

资产	期末余额	年初余额	负债和所有者权益	期末余额	年初余额
流动资产：			流动负债：		
货币资金			短期借款		
交易性金融资产			交易性金融负债		
衍生金融资产			衍生金融负债		
应收票据			应付票据		
应收账款			应付账款		
应收款项融资			预收款项		
预付款项			合同负债		
其他应收款			应付职工薪酬		
存货			应交税费		
合同资产			其他应付款		
持有待售资产			持有待售负债		
一年内到期的非流动资产			一年内到期的非流动负债		
其他流动资产			其他流动负债		
流动资产合计			流动负债合计		
非流动资产：			非流动负债：		
债权投资			长期借款		
其他债权投资			应付债券		
长期应收款			其中：优先股		

资产	期末余额	年初余额	负债和所有者权益	期末余额	年初余额
长期股权投资			永续债		
其他权益工具投资			租赁负债		
其他非流动金融资产			长期应付款		
投资性房地产			预计负债		
固定资产			递延收益		
在建工程			递延所得税负债		
生产线生物资产			其他非流动负债		
油气资产			非流动负债合计		
使用权资产			负债合计		
无形资产			所有者权益（或股东权益）：		
开发支出			实收资本（或股本）		
商誉			其他权益工具		
长期待摊费用			其中：优先股		
递延所得税资产			永续债		
其他非流动资产			资本公积		
非流动资产合计			减：库存股		
			其他综合收益		
			专项储备		
			盈余公积		
			未分配利润		
			所有者权益（或股东权益合计）		
资产总计			负债和所有者权益（或股东权益）总计		

二、资产负债表的编制说明

（一）资产负债表项目的填列方法

资产负债表各项目均需填列"期末余额"和"年初余额"两栏。

资产负债表的"年初余额"栏内各项数字，应根据上年末资产负债表的"期末余额"栏内所列数字填列。如果上年度资产负债表规定的各个项目的名称和内容与本年度不一致，应按照本年度的规定对上年末资产负债表各项目的名称和内容进行调整，填入本表"年初余额"栏。

资产负债表"期末余额"栏各项目填列方法，如表 15-3 所示。

表 15-3　资产负债表"期末余额"栏各项目填列方法

填列方法	资产负债表项目
根据总账账户余额直接填列	"交易性金融资产""投资性房地产"（公允价值计量模式）"递延所得税资产""短期借款""交易性金融负债""应付票据""应付职工薪酬""预计负债""递延所得税负债""实收资本"（股本）"资本公积""库存股""盈余公积""持有待售负债""递延收益""其他综合收益"等项目
根据几个总账账户余额计算填列	"货币资金""未分配利润""其他应付款"等项目
根据有关明细账户余额计算填列	"预收账款""应付账款""开发支出""一年内到期的非流动资产""一年内到期的非流动负债""合同资产""合同负债""应交税费"等项目
根据总账账户和明细账户余额分析计算填列	"长期待摊费用""长期借款""应付债券""长期应付款""应交税费""租赁负债"等项目
根据有关账户余额减去其备抵账户余额后的净额填列	"应收票据""长期股权投资""无形资产""持有待售资产""使用权资产"等项目
综合运用以上方法分析填列	"存货""应收账款""预付账款""长期应收款""长期应付款""其他应收款""债权投资""其他债权投资""固定资产""在建工程"等项目

（二）资产负债表项目的填列说明

1. 资产项目的填列说明

（1）"货币资金"项目反映企业库存现金、银行结算户存款、外埠存款、银行汇票存款、银行本票存款、信用卡存款、信用证保证金存款等的合计数。本项目应根据"库存现金""银行存款""其他货币资金"科目的期末余额合计数填列。

【例 15-1】2×24 年 12 月 31 日，顺达公司"库存现金"账户余额为 5 000 元，"银行存款"账户余额为 500 000 元，"其他货币资金"账户余额为 200 000 元。

顺达公司 2×24 年 12 月 31 日资产负债表中的"货币资金"项目金额为 5 000+500 000+200 000=705 000（元）。

（2）"交易性金融资产"项目反映资产负债表日企业分类为以公允价值计量且其变动计入当期损益的金融资产，以及企业持有的指定为以公允价值计量且其变动计入当期损益的金融资产的期末账面价值。该项目应根据"交易性金融资产"账户的相关明细账户期末余额分析填列。自资产负债表日起超过一年到期且预期持有超过一年的以公允价值计量且其变动计入当期损益的非流动金融资产的期末账面价值，在"其他非流动资产"项目反映。

【例15-2】顺达公司2×24年12月31日"交易性金融资产"账户余额为20 000元。

顺达公司2×24年12月31日资产负债表中的"交易性金融资产"项目金额为20 000元。

（3）"应收票据"项目反映资产负债表日以摊余成本计量的、企业因销售商品、提供劳务等收到的商业汇票，包括银行承兑汇票和商业承兑汇票。该项目应根据"应收票据"总账账户期末余额减去"坏账准备"账户中有关应收票据计提的坏账准备期末余额后的金额填列。

【例15-3】顺达公司2×24年12月31日"应收票据"账户的期末余额为1 250 000元，"坏账准备"中有关应收票据计提的坏账准备余额为250 000元。

顺达公司2×24年12月31日资产负债表中"应收票据"项目金额为1 250 000－250 000=1 000 000（元）。

（4）"应收账款"项目反映资产负债表日以摊余成本计量的、企业因销售商品、提供劳务等经营活动应收取的款项。该项目应根据"应收账款"和"预收账款"两个账户所属各明细账户的期末借方余额合计数，减去"坏账准备"账户中有关应收账款计提的坏账准备期末余额后的金额填列。例如，"应收账款"账户所属明细账户期末有贷方余额，应在"预收款项"项目内填列。其用计算公式表示如下。

$$\text{"应收账款"项目} = \sum \text{"应收账款"账户所属各有关明细账户的期末借方余额}$$
$$+ \sum \text{"预收账款"账户所属各有关明细账户的期末借方余额}$$
$$- \text{"坏账准备"账户中有关应收账款计提部分期末余额}$$

【例15-4】顺达公司2×24年12月31日"应收账款"账户所属各有关明细账户的期末借方余额合计为1 200 000元，贷方余额合计为1 150 000元，对应收账款计提坏账准备为300 000元，假定"预收账款"账户所属明细账户期末借方余额为400 000元。

顺达公司2×24年12月31日资产负债表中的"应收账款"项目金额为1 200 000+400 000－3 000 000=1 300 000（元）。

（5）"应收款项融资"项目反映资产负债表日以公允价值计量且其变动计入其他综合收益的应收票据和应收账款等。

（6）"预付款项"项目反映企业按照购货合同规定预付给供应单位的款项等。本项目应根据"预付账款"和"应付账款"账户所属各明细账户的期末借方余额合计数，减去"坏账准备"账户中有关预付账款计提的坏账准备期末余额后的净额填列。例如，"预付账款"账户所属有关明细账户期末有贷方余额的，应在本表"应付账款"项目内填列。

（7）"其他应收款"项目反映企业除应收票据、应收账款、预付款项等经营活动以外的其他各种应收、暂付的款项。本项目应根据"应收利息""应收股利""其他应收款"账户的期末余额合计数，减去"坏账准备"账户中有关其他应收款计提的坏账准备期末余额后的金额填列。其中的"应收利息"仅反映相关金融工具已到期可收取但于资产负债表日尚未收到的利息。基于实际利率法计提的金融工具的利息应包含在相应金融工具的账面余额中。

（8）"存货"项目反映企业期末在库、在途和在加工中的各种存货的可变现净值或成本（成本与可变现净值孰低法）。存货包括各种材料、商品、在产品、半成品、包装物、低值易耗品、发出商品等。本项目应根据"材料采购"（或"在途物资"）、"原材料"、"生产成本"、"库存商品"、"周转材料"、"发出商品"、"委托加工物资"、"受托代销商品"等科目的期末余额合计数，减去"受托代销商品款""存货跌价准备"账户期末余额后的净额填列。材料采用计划成本核算，以及库存商品采用计划成本核算或售价核算的企业，还应按加或减商品进销差价、材料成本差异后的金额填列。

【例 15-5】顺达公司采用计划成本核算材料，2×24 年 12 月 31 日，有关账户的期末余额如下："材料采购"账户借方余额为 120 000 元，"原材料"账户借方余额为 860 000 元，"周转材料"账户借方余额为 80 000 元，"发出商品"账户借方余额为 14 000 元，"库存商品"账户借方余额为 50 800 元，"生产成本"账户借方余额为 78 000 元，"委托加工物资"账户借方余额为 8 500 元，"材料成本差异"账户贷方余额为 120 000 元，"存货跌价准备"账户贷方余额为 4 700 元，"受托代销商品"账户借方余额为 38 000 元，"受托代销商品款"账户贷方余额为 38 000 元。

顺达公司 2×24 年 12 月 31 日资产负债表中的"存货"项目金额为 120 000+860 000+80 000+14 000+50 800+78 000+8 500−120 000−4 700+38 000−38 000=1 086 600（元）。

（9）"合同资产"项目反映企业按照《企业会计准则第 14 号——收入》的相关规定，根据本企业履行履约义务与客户付款之间的关系在资产负债表中列示的合同资产。本项目应根据"合同资产"账户的相关明细账户期末余额分析填列，同一合同下的合同资产和合同负债应当以净额列示，其中净额为借方余额的，应当根据其流动性在"合同资产"或"其他非流动资产"项目中填列，已计提减值准备的，还应以减去"合同资产减值准备"账户中相关的期末余额后的金额填列。其中，净额为贷方余额的，应当根据其流动性在"合同负债"或"其他非流动负债"项目中填列。

（10）"持有待售资产"项目反映资产负债表日划分为持有待售类别的非流动资产及划分为持有待售类别的处置组中的流动资产和非流动资产的期末账面价值。该项目应根据"持有待售资产"账户的期末余额，减去"持有待售资产减值准备"账户的期末余额后的金额填列。

【例 15-6】顺达公司计划出售一项固定资产，该固定资产于 2×24 年 12 月 31 日被划分为持有待售固定资产，其账面价值为 760 000 元，从划归为持有待售固定资产的下个月起停止计提折旧，不考虑其他因素。

顺达公司 2×24 年 12 月 31 日，资产负债表中"持有待售资产"项目金额为 760 000 元。

（11）"一年内到期的非流动资产"项目反映企业预计自资产负债表日起一年内变现的非流动资产。本项目应根据有关账户的期末余额分析填列。

（12）"其他流动资产"项目反映企业除以上流动资产项目外的其他流动资产，本项目应根据有关账户的期末余额填列。其他流动资产价值较大的，应在财务报表附注中披露其内容和金额。

（13）"债权投资"项目反映资产负债表日企业以摊余成本计量的长期债权投资的期末账面价值。该项目应根据"债权投资"账户的相关明细账户期末余额减去"债权投资减值准备"账户中相关减值准备的期末余额后的金额分析填列。自资产负债表日起一年内到期的长期债权投资的期末账面价值，在"一年内到期的非流动资产"项目中反映。企业购入的以摊余成本计量的一年内到期的债权投资的期末账面价值，在"其他流动资产"项目中反映。

（14）"其他债权投资"项目反映资产负债表日企业分类为以公允价值计量且其变动计入其他综合收益的长期债权投资的期末账面价值。该项目应根据"其他债权投资"账户的相关明细账户期末余额分析填列。自资产负债表日起一年内到期的长期债权投资的期末账面价值，在"一年内到期的非流动资产"项目中反映。企业购入的以公允价值计量且其变动计入其他综合收益的一年内到期的债权投资的期末账面价值，在"其他流动资产"项目中反映。

（15）"长期应收款"项目反映企业持有的长期应收款的可收回金额。本项目应根据"长期应收款"账户的期末余额，减去"坏账准备"账户所属相关明细账户期末余额，再减去一年内可收回的部分、"未确认融资收益"账户期末余额后的金额分析计算填列。

（16）"长期股权投资"项目反映投资方对被投资单位实施控制、重大影响的权益性投资以及对其合营企业的权益性投资。本项目应根据"长期股权投资"账户的期末余额，减去"长期股权投资减值准备"账户的期末余额后的金额填列。

（17）"其他权益工具投资"项目反映资产负债表日企业指定为以公允价值计量且其变动计入其他综合收益的非交易性权益工具投资的期末账面价值。该项目应根据"其他权益工具投资"账户的期末余额填列。

（18）"投资性房地产"项目反映企业以投资为目的而拥有的土地使用权及房屋建筑物以及房地产开发企业出租的开发产品的净值。成本计量模式下本项目应根据"投资性房地产"账户的期末余额，减去"投资性房地产累计折旧""投资性房地产减值准备"所属相关明细账户期末余额后的金额填列；公允价值计量模式下，本项目应根据"投资性房地产"账户的期末余额直接填列。

（19）"固定资产"项目反映资产负债表日企业固定资产的期末账面价值和企业尚未清理完毕的固定资产清理净损益。本项目应根据"固定资产"账户的期末余额，减去"累计折旧"和"固定资产减值准备"账户的期末余额后的金额，以及"固定资产清理"账户的期末余额填列。

【例15-7】2×24 年 12 月 31 日，顺达公司"固定资产"账户借方余额为 2 000 000 元，"累计折旧"账户贷方余额为 500 000 元，"固定资产减值准备"账户贷方余额为 300 000 元，"固定资产清理"账户借方余额为 150 000 元。

顺达公司 2×24 年 12 月 31 日资产负债表中"固定资产"项目金额为 2 000 000－500 000－300 000+150 000=1 350 000（元）。

（20）"在建工程"项目反映资产负债表日企业尚未达到预定可使用状态的在建工程的期末账面价值和企业为在建工程准备的各种物资的期末账面价值。本项目应根据"在建工程"账户的期末余额，减去"在建工程减值准备"账户的期末余额后的金额，以及"工程物资"账户的期末余额，减去"工程物资减值准备"账户的期末余额后的金额填列。

（21）"使用权资产"项目反映资产负债表日承租人企业持有的使用权资产的期末账面价值。本项目应根据"使用权资产"账户的期末余额，减去"使用权资产累计折旧"和"使用权资产减值准备"账户的期末余额后的金额填列。

（22）"无形资产"项目反映企业持有的专利权、非专利技术、商标权、著作权、土地使用权等无形资产的成本减去累计摊销和减值准备后的净值。本项目应根据"无形资产"账户的期末余额，减去"累计摊销"和"无形资产减值准备"账户期末余额后的金额填列。

【例15-8】顺达公司 2×24 年 12 月 31 日"无形资产"账户借方余额为 490 000 元，"累计摊销"账户贷方余额为 130 000 元，"无形资产减值准备"账户贷方余额为 180 000 元。

顺达公司 2×24 年 12 月 31 日资产负债表中"无形资产"项目金额为 490 000－130 000－180 000=180 000（元）。

（23）"开发支出"项目反映企业开发无形资产过程中能够资本化，形成无形资产成本的支出部分。本项目应根据"研发支出"账户中所属的"资本化支出"明细账户期末余额填列。

（24）"长期待摊费用"项目反映企业尚未摊销的摊销期限在 1 年以上（不含 1 年）的各种费用，如租入固定资产改良支出、大修理支出以及摊销期限在 1 年以上（不含 1 年）的其他待摊费用。长期待摊费用中在 1 年内（含 1 年）摊销的部分，应在本表"一年内到期的非流动资产"项目中填列。本项目应根据"长期待摊费用"账户的期末余额减去将于 1 年内（含 1 年）摊销的数额后的金额填列。

（25）"递延所得税资产"项目反映企业确认的递延所得税资产。本项目应根据"递延所得税资产"科目期末余额分析填列。

（26）"其他非流动资产"项目反映企业除以上资产以外的其他长期资产。本项目应根据有关账户的期末余额填列。其他长期资产价值较大的，应在财务报表附注中披露其内容和金额。

2. 负债项目的填列说明

（1）"短期借款"项目反映企业向银行或其他金融机构等借入尚未归还的 1 年期以下（含 1 年）的借款。本项目应根据"短期借款"账户的期末余额填列。

【例 15-9】顺达公司 2×24 年 12 月 31 日"短期借款"账户的余额如下：银行质押借款 150 000 元，信用借款 580 000 元。

顺达公司 2×24 年 12 月 31 日资产负债表中"短期借款"项目金额为 150 000+580 000=730 000（元）。

（2）"交易性金融负债"项目反映企业短期债券等所形成的交易性金融负债的公允价值。本项目应根据"交易性金融负债"账户的相关明细账户期末余额填列。

（3）"应付票据"项目反映资产负债表日以摊余成本计量的、企业因购买材料、商品和接受服务等开出、承担的商业汇票，包括银行承兑汇票和商业承兑汇票。本项目应根据"应付票据"账户的期末余额填列。

【例 15-10】顺达公司 2×24 年 12 月 31 日"应付票据"账户的余额如下：商业承兑汇票 480 000 元，银行承兑汇票 110 000 元。

顺达公司 2×24 年 12 月 31 日资产负债表中"应付票据"项目金额为 480 000+110 000=590 000（元）。

（4）"应付账款"项目反映资产负债表日以摊余成本计量的、企业因购买材料、商品和接受服务等经营活动应支付的款项。本项目应根据"应付账款"和"预付账款"账户所属各有关明细账户的期末贷方余额合计填列。例如，"应付账款"账户所属各明细账户期末有借方余额，应在本表"预付款项"项目内填列。其用计算公式表示如下。

"应付账款"项目 = $\sum$ "应付账款"账户所属各有关明细账户的期末贷方余额 + $\sum$ "预付账款"账户所属各有关明细账户的期末贷方余额

（5）"预收款项"项目反映企业按照购货合同规定预收供应单位的款项。本项目应根据"预收账款"和"应收账款"账户所属各明细账户的期末贷方余额合计数填列。例如，"预收账款"账户所属明细账户期末为借方余额的，应在本表"应收账款"项目内填列。

（6）"合同负债"项目反映企业按照《企业会计准则第 14 号——收入》的相关规定，根据本企业履行履约义务与客户付款之间的关系在资产负债表中列示的合同负债。本项目应根据"合同负债"的相关明细账户期末余额分析填列。

（7）"应付职工薪酬"项目反映企业为获得职工提供的服务或解除劳动关系而给予的各种形式的报酬或补偿。企业提供给职工配偶、子女、受赡养人、已故员工遗属及其他受益人等的福利，也属于职工薪酬。职工薪酬主要包括短期薪酬、离职后福利、辞退福利和其他长期职工福利。本项目应根据"应付职工薪酬"账户所属各明细账户的期末贷方余额分析填列。外商投资企业按规定从净利润中提取的职工奖励及福利基金，也在本项目列示。例如，"应付职工薪酬"账户期末为借方余额，以"-"号填列。

【例 15-11】顺达公司 2×24 年 12 月 31 日"应付职工薪酬"账户的明细余额如下：工资、奖金、津贴和补贴 400 000 元，社会保险费（含医疗保险、工伤保险）240 000 元，设定提存计划（含基本养老保险）90 000 元，住房公积金 60 000 元，工会经费和职工教育经费 20 000 元。

顺达公司 2×24 年 12 月 31 日资产负债表中"应付职工薪酬"项目金额为 400 000+240 000+90 000+60 000+20 000=810 000（元）。

（8）"应交税费"项目反映企业按照税法规定计算应缴纳的各种税费，包括增值税、消费税、城市维护建设税、教育费附加、企业所得税、资源税、土地增值税、房产税、城镇土地使用税、车船税、矿产资源补偿费等。企业代扣代缴的个人所得税也通过本项目列示。企业所交纳的税金不需要预计应交数的，如印花税、耕地占用税等，不在本项目列示。本项目应根据"应交税费"账户的期末贷方余额填列，如"应交税费"账户期末为借方余额，以"-"号填列。需要说明的是，"应交税费"账户下的"应交增值税""未交增值税""待抵扣进项税额""待认证进项税额""增值税留抵税额"等明细账户期末借方余额应根据情况，在资产负债表中的"其他流动资产"或"其他非流动资产"项目列示；"应交税费——待转销项税额"等账户期末贷方余额应根据情况，在资产负债表中的"其他流动负债"或"其他非流动负债"项目列示；"应交税费"账户下的"未交增值税""简易计税""转让金融商品应交增值税""代扣代交增值税"等账户期末贷方余额应在资产负债表中的"应交税费"项目列示。

（9）"其他应付款"项目反映企业除应付票据、应付账款、预收账款、应付职工薪酬、应交税费等经营活动以外的其他各项应付、暂收的款项。本项目应根据"应付利息""应付股利""其他应付款"账户的期末余额合计数填列。其中，"应付利息"账户仅反映相关金融工具已到期应支付但于资产负债表日尚未支付的利息，基于实际利率法计提的金融工具的利息应包含在相应金融工具的账面余额中。

（10）"持有待售负债"项目反映资产负债表日处置组中与划分为持有待售类别的资产直接相关的负债的期末账面价值。本项目应根据"持有待售负债"账户的期末余额填列。

（11）"一年内到期的非流动负债"项目反映企业非流动负债中将于一年内到期的那部分金额。本项目应根据有关非流动负债账户的期末余额分析计算填列。

（12）"其他流动负债"项目反映企业除以上流动负债以外的其他流动负债。本项目应根据有关账户的期末余额填列。如其他流动负债价值较大的，应在财务报表附注中披露其内容及金额。

（13）"长期借款"项目反映企业借入尚未归还的 1 年期以上（不含 1 年）的各期借款。本项目应根据"长期借款"账户的期末余额，减去一年内到期部分的金额填列。

【例 15-12】顺达公司 2×24 年 12 月 31 日"长期借款"账户余额为 750 000 元，其中自中国工商银行借入的 300 000 元将于一年内到期，顺达公司不具有自主展期清偿的权利。

顺达公司 2×24 年 12 月 31 日资产负债表中"长期借款"项目金额为 750 000－300 000=450 000（元）。

一年内到期的 300 000 元应当填列在流动负债下"一年内到期的非流动负债"项目中。

（14）"应付债券"项目反映企业发行的尚未偿还的各种长期债券的本息。本项目应根据"应付债券"账户的期末余额，减去一年内到期的应付债券部分后的金额填列。

（15）"租赁负债"项目反映资产负债表日承租人企业尚未支付的租赁付款额的期末账面价值。该项目应根据"租赁负债"账户的期末余额填列。自资产负债表日起一年内到期应予以清偿的租赁负债的期末账面价值，在"一年内到期的非流动负债"项目中反映。

（16）"长期应付款"项目反映企业除长期借款和应付债券以外的其他各种长期应付款。本项目应根据"长期应付款"账户的期末余额减去"未确认融资费用"账户期末余额和一年内到期的长期应付款部分后的金额填列。

（17）"预计负债"项目反映企业根据或有事项预计负债的期末余额。本项目应根据"预计负债"科目的期末余额填列。

（18）"递延收益"项目反映尚待确认的收入或收益。本项目应根据"递延收益"账户的期末余额填列。本项目摊销期限只剩一年或不足一年或预计在一年内（含一年）进行摊销的部分，不得归类为流动负债，仍在本项目中填列，不转入"一年内到期的非流动负债"项目。

（19）"递延所得税负债"项目。"递延所得税负债"项目反映企业根据所得税准则确认的应纳税暂时性差异产生的所得税负债。本项目应根据"递延所得税负债"账户的期末余额填列。

（20）"其他非流动负债"项目反映企业除以上非流动负债以外的其他非流动负债。本项目应根据有关账户期末余额，减去将于一年内（含一年）到期偿还后的余额分析填列。非流动负债各项目中将于一年内（含一年）到期的非流动负债，应在"一年内到期的非流动负债"项目内反映。

3. 所有者权益项目的填列说明

（1）"实收资本"（或"股本"）项目反映企业各投资者实际投入的资本（或股本）总额。本项目应根据"实收资本（或股本）"科目的期末余额填列。

（2）"其他权益工具"项目反映资产负债表日企业发行在外的除普通股以外分类为权益工具的金融工具的期末账面价值，并下设"优先股"和"永续债"两个项目，分别反映企业发行的分类为权益工具的优先股和永续债的账面价值。

（3）"资本公积"项目反映企业资本公积的期末余额。本项目应根据"资本公积"账户的期末余额填列。其中，"库存股"项目按"库存股"账户余额填列。

（4）"其他综合收益"项目反映企业其他综合收益的期末余额。本项目应根据"其他综合收益"账户的期末余额填列。

（5）"专项储备"项目反映高危行业企业按国家规定提取的安全生产费的期末账面价值。本项目应根据"专项储备"账户的期末余额填列。

（6）"盈余公积"项目反映企业盈余公积的期末余额。本项目应根据"盈余公积"账户的期末余额填列。

（7）"未分配利润"项目反映企业尚未分配的利润。本项目应根据"本年利润"账户和"利润分配"账户的余额计算填列。未弥补的亏损在本项目内以"－"号填列。

<h2 style="text-align:center">任务三　利润表</h2>

利润表，又称损益表，是反映企业在一定会计期间（月份、季度、年度）经营成果的报表。利润表可以反映企业在一定会计期间收入、费用、利润（或亏损）的金额和构成情况，为财务报表使用者全面了解企业的经营成果、分析企业的获利能力及盈利增长趋势、作出经济决策提供依据。

一、利润表的结构

利润表一般包括表首和正表两部分。其中，表首概括说明报表名称、编制单位、编制日期、报表编号、货币名称、计量单位；正表是利润表的主体，反映形成经营成果的各个项目和计算过程。正表的格式一般有两种：单步式利润表和多步式利润表。单步式利润表是将当期所有的收入列在一起，然后将所有的费用列在一起，两者相减得出当期净损益。多步式利润表是通过对当期的收入、费用、支出项目按性质进行归类，按利润形成的主要环节列示一些中间性的利润指标，如营业利润、利润总额、净利润，分步计算当期净损益。

普通股或潜在普通股已公开交易的企业，以及正处于公开发行普通股或潜在普通股过程中的企业，还应当在利润表中列示每股收益信息。

在我国，利润表采用多步式结构，以"综合收益＝（收入－费用）＋（利得－损失）"为基础，因此又称综合收益表，如表 15-4 所示。

表 15-4　利润表

会企 02 表

编制单位：　　　　　　　　　　××年度　　　　　　　　　　单位：元

项目	本期金额	上期金额
一、营业收入		
减：营业成本		
税金及附加		

项目	本期金额	上期金额
销售费用		
管理费用		
研发费用		
财务费用		
其中：利息费用		
利息收入		
加：其他收益		
投资收益（损失以"-"号填列）		
其中：对联营企业和合营企业的投资收益		
以摊余成本计量的金融资产终止确认收益（损失以"-"号填列）		
净敞口套期收益（损失以"-"号填列）		
公允价值变动收益（损失以"-"号填列）		
信用减值损失（损失以"-"号填列）		
资产减值损失（损失以"-"号填列）		
资产处置收益（损失以"-"号填列）		
二、营业利润（亏损以"-"号填列）		
加：营业外收入		
减：营业外支出		
三、利润总额（亏损总额以"-"号填列）		
减：所得税费用		
四、净利润（净亏损以"-"号填列）		
（一）持续经营净利润（净亏损以"-"号填列）		
（二）终止经营净利润（净亏损以"-"号填列）		
五、其他综合收益的税后净额		
（一）不能重分类进损益的其他综合收益		
1. 重新计量设定受益计划变动额		
2. 权益法下不能转损益的其他综合收益		
3. 其他权益工具投资公允价值变动		

续表

项目	本期金额	上期金额
4. 企业自身信用风险公允价值变动		
……		
（二）将重分类进损益的其他综合收益		
1. 权益法下可转损益的其他综合收益		
2. 其他债权投资公允价值变动		
3. 金融资产重分类计入其他综合收益的金额		
4. 其他债权投资信用减值准备		
5. 现金流量套期储备		
6. 外币财务报表折算差额		
……		
六、综合收益总额		
七、每股收益		
（一）基本每股收益		
（二）稀释每股收益		

二、利润表的编制说明

（一）"上期金额"栏填列

利润表中"上期金额"栏内各项数字，应根据上期利润表"本期金额"栏内所列数字填列，如果上期利润表与本期利润表规定的项目名称和内容不一致，应对上期利润表各项目的名称和数字按本期的规定进行调整，填入本表"上期金额"栏。

（二）"本期金额"栏填列

利润表中"本期金额"栏反映各项目的本期实际发生数，主要有直接填列和间接填列等方法。直接填列，根据各损益类账户的本期发生额填列；间接填列，根据相关项目计算分析填列，如"营业收入""营业成本""营业利润""利润总额"和"净利润"等项目。

1. "营业收入"项目

"营业收入"项目反映企业经营活动所取得的收入总额。本项目应根据"主营业务收入"和"其他业务收入"账户的发生额分析填列。

【例 15-13】顺达公司 2×24 年度"主营业务收入"账户发生额合计为 12 600 000元，"其他业务收入"账户发生额合计为 1 400 000 元。

顺达公司2×24年度利润表中"营业收入"项目"本期金额"栏的列报金额 =
12 600 000+1 400 000=14 000 000（元）。

2. "营业成本"项目

"营业成本"项目反映企业经营活动发生的实际成本。本项目应根据"主营业务成本"和"其他业务成本"账户的发生额分析填列。

【例15-14】顺达公司2×24年度"主营业务成本"账户发生额合计为8 442 000元，"其他业务成本"账户发生额合计为980 000元。

顺达公司2×24年度利润表中"营业成本"项目"本期金额"栏的列报金额 =
8 442 000+980 000=9 422 000（元）。

3. "税金及附加"项目

"税金及附加"项目反映企业经营活动应负担的消费税、城市维护建设税、教育费附加、资源税、土地增值税、房产税、车船税、城镇土地使用税、印花税等相关税费。本项目应根据"税金及附加"账户的发生额分析填列。

【例15-15】顺达公司2×24年度"税金及附加"账户发生额如下：城市维护建设税56 000元，教育费附加24 000元，房产税12 000元，车船税8 000元，城镇土地使用税11 000元。

顺达公司2×24年度利润表中"税金及附加"项目"本期金额"栏的列报金额 =
56 000+24 000+12 000+8 000+11 000=111 000（元）。

4. "销售费用"项目

"销售费用"项目反映企业在销售商品过程中发生的包装费、广告费等费用和为销售本企业商品而专设的销售机构的职工薪酬、业务费等经营费用。本项目应根据"销售费用"账户的发生额分析填列。

5. "管理费用"项目

"管理费用"项目反映企业为组织和管理生产经营发生的管理费用。本项目应根据"管理费用"账户的发生额分析填列。

6. "研发费用"项目

"研发费用"项目反映企业进行研究与开发过程中发生的费用化支出以及计入管理费用的自行开发无形资产的摊销。本项目应根据"管理费用"账户下的"研发费用"明细账户的发生额以及"管理费用"账户下"无形资产摊销"明细账户的发生额分析填列。

7. "财务费用"项目

"财务费用"项目反映企业为筹集生产经营所需资金等而发生的应予费用化的利息支出。本项目应根据"财务费用"账户的相关明细账户发生额分析填列。其中，"利息费用"项目反映企业为筹集生产经营所需资金等而发生的应予费用化的利息支出，本项目应根据"财务费用"账户的相关明细账户的发生额分析填列。"利息收入"项目反映企业应冲减财务费用的利息收入，本项目应根据"财务费用"账户的相关明细账户的发生额分析填列。

【例15-16】顺达公司2×24年度"财务费用"账户发生额如下：长期借款利息费用合计165 000元，短期借款利息费用124 000元，银行存款利息收入230 000元，银行手续费支出9 000元。

顺达公司2×24年度利润表中"财务费用"项目"本期金额"栏的列报金额=165 000+124 000−230 000+9 000=68 000（元）。

8."其他收益"项目

"其他收益"项目反映计入其他收益的政府补助，以及其他与日常活动相关且计入其他收益的项目。本项目应根据"其他收益"账户的发生额分析填列。企业作为个人所得税的扣缴义务人，根据《中华人民共和国个人所得税法》收到的扣缴税款手续费，应作为其他与日常活动相关的收益在本项目中填列。

9."投资收益"项目

"投资收益"项目反映企业以各种方式对外投资所取得的收益。本项目应根据"投资收益"账户的发生额分析填列；如为投资损失，以"−"号填列。

【例15-17】顺达公司2×24年度"投资收益"账户发生额如下：债权投资收益合计为55 000元，按成本法核算的长期股权投资收益34 000元，处置长期股权投资发生的投资损失合计为5 000元。

顺达公司2×24年度利润表中"投资收益"项目"本期金额"栏的列报金额=55 000+34 000−5 000=84 000（元）。

10."净敞口套期收益"项目

"净敞口套期收益"项目反映净敞口套期下被套期项目累计公允价值变动转入当期损益的金额或现金流量套期储备转入当期损益的金额。本项目应根据"净敞口套期损益"账户的发生额分析填列；如为套期损失，本项目以"−"号填列。

11."公允价值变动收益"项目

"公允价值变动收益"项目反映企业应当计入当期损益的资产或负债公允价值变动收益。本项目应根据"公允价值变动损益"账户的发生额分析填列，如为净损失，本项目以"−"号填列。

12."信用减值损失"项目

"信用减值损失"项目反映企业按照《企业会计准则第22号——金融工具确认和计量》的要求计提的各项金融工具信用减值准备所确认的信用损失。本项目应根据"信用减值损失"账户的发生额分析填列。

13."资产减值损失"项目

"资产减值损失"项目反映企业有关资产发生的减值损失。本项目应根据"资产减值损失"账户的发生额分析填列。

【例15-18】顺达公司2×24年度"资产减值损失"账户发生额如下：存货减值损失合计15 000元，固定资产减值损失合计54 000元，无形资产减值损失合计为11 000元。

顺达公司2×24年度利润表中"资产减值损失"项目"本期金额"栏的列报金额＝15 000+54 000+11 000=80 000（元）。

14."资产处置收益"项目

"资产处置收益"项目反映企业出售划分为持有待售的非流动资产（金融工具、长期股权投资和投资性房地产除外）或处置组（子公司和业务除外）时确认的处置利得或损失，以及处置未划分为持有待售的固定资产、在建工程、生产性生物资产及无形资产而产生的处置利得或损失。债务重组中因处置非流动资产（金融工具、长期股权投资和投资性房地产除外）产生的利得或损失和非货币性资产交换中换出非流动资产（金融工具、长期股权投资和投资性房地产除外）产生的利得或损失也包括在本项目内。本项目应根据"资产处置损益"账户的发生额分析填列；如为处置损失，本项目以"－"号填列。

15."营业利润"项目

"营业利润"项目反映企业实现的营业利润。如为亏损，本项目以"－"号填列。

16."营业外收入"项目

"营业外收入"项目反映企业发生的除营业利润以外的收益，主要包括与企业日常活动无关的政府补助、盘盈利得、捐赠利得等。本项目应根据"营业外收入"账户的发生额分析填列。

【例15-19】顺达公司2×24年度"营业外收入"账户发生额如下：接受无偿捐赠利得35 000元，罚没利得4 000元，确实无法支付的应付款23 000元。

顺达公司2×24年度利润表中"营业外收入"项目"本期金额"栏的列报金额＝35 000+4 000+23 000=62 000（元）。

17."营业外支出"项目

"营业外支出"项目反映企业发生的除营业利润以外的支出，主要包括公益性捐赠支出、非常损失、盈亏损失、非流动资产毁损报废损失等。本项目应根据"营业外支出"账户的发生额分析填列。

【例15-20】顺达公司2×24年度"营业外支出"账户发生额如下：固定资产盘亏损失30 000元，罚没支出3 000元，捐赠支出16 000元。

顺达公司2×24年度利润表中"营业外支出"项目"本期金额"栏的列报金额＝30 000+3 000+16 000=49 000（元）。

18."利润总额"项目

"利润总额"项目反映企业实现的利润总额。如为亏损总额，本项目以"－"号填列。

19."所得税费用"项目

"所得税费用"项目反映企业应当从当期利润总额中扣除的所得税费用。本项目应根据"所得税费用"账户的发生额分析填列。

20."净利润"项目

"净利润"项目反映企业实现的净利润。如为净亏损，本项目以"-"号填列。

21."其他综合收益的税后净额"项目

"其他综合收益的税后净额"项目反映企业根据企业会计准则规定未在损益中确认的各项利得和损失扣除所得税影响后的净额。

22."综合收益总额"项目

"综合收益总额"项目反映企业净利润和其他综合收益（税后净额）的合计金额。

23."每股收益"项目

"每股收益"项目包括基本每股收益和稀释每股收益两项指标，反映普通股或潜在普通股已公开交易的企业，以及正处在公开发行普通股或潜在普通股过程中的企业的每股收益信息。

任务四 现金流量表

一、现金流量表概述

（一）现金流量表的定义

现金流量表，是指反映企业在一定会计期间经营活动、投资活动和筹资活动对现金及现金等价物产生影响的财务报表。编制现金流量表的主要目的是为报表使用者提供企业一定会计期间内现金流入和流出的有关信息，揭示企业的偿债能力和变现能力。为更好地理解和运用现金流量表，必须正确界定如下概念。

1. 现金

现金指企业库存现金及可随时用于支付的存款。应注意的是，银行存款和其他货币资金中有些不能随时用于支付的存款，如不能随时支取的定期存款等，不应作为现金，而应列作投资；提前通知金融企业便可支取的定期存款，则应包括在现金范围内。

2. 现金等价物

现金等价物指企业持有的期限短、流动性强、易于转化为已知金额现金、价值变动风险很小的投资。一项投资被确认为现金等价物必须同时具备四个条件：期限短、流动性强、易于转化为已知金额现金、价值变动风险很小。其中，期限较短一般是指从购买日起三个月内到期，如可在证券市场上流通的三个月到期的短期债券投资等。

3. 现金流量

现金流量指企业现金和现金等价物的流入和流出。应该注意的是，企业现金形式的转换不会产生现金的流入和流出，如企业从银行提取现金，是企业现金存放形式的转换，并未流出企业，不构成现金流量；同样，现金和现金等价物之间的转换也不属于现金流量，如企业用现金购买将于三个月到期的国库券。

（二）现金流量的分类

1. 经营活动的现金流量

经营活动的现金流量是指企业投资活动和筹资活动以外的所有交易和事项所导致的现金流入和流出。

（1）经营活动所产生的现金流入，包括出售产品、商品、提供劳务等取得的现金流入。

（2）经营活动所产生的现金流出，包括购买材料、商品及支付职工劳动报酬发生的现金流出、各项制造费用、期间费用支出、税款等流出。

2. 投资活动的现金流量

投资活动的现金流量是指企业在投资活动中所导致的现金流入和流出。投资活动是指企业长期资产的购建和不包括在现金等价物范围内的投资及其处置活动。

（1）投资活动所产生的现金流入，包括收回投资、出售固定资产净收入等。

（2）投资活动所产生的现金流出，包括对外投资、购买固定资产等。

3. 筹资活动的现金流量

筹资活动的现金流量是指企业在筹资活动中所导致的现金流入和流出。筹资活动是指导致企业资本及债务规模和构成发生变化的活动。

（1）筹资活动所产生的现金流入，包括发行债券、取得借款、增发股票等。

（2）筹资活动中所产生的现金流出，包括偿还借款、清偿债务、支付现金股利等。

（三）现金流量表的结构

现金流量表一般包括表首、正表和补充资料三部分。其中，表首部分列示报表名称、编制单位、编制日期、报表编号、货币名称、计量单位等内容；正表是现金流量表的基本部分，主要反映现金流量的分类和每一类现金流量的流入量和流出量；补充资料是对正表部分的补充，可以起到与主表进行核对，全面揭示企业的理财活动的作用。

现金流量表采用报告式结构，以"现金流入－现金流出＝现金流量净额"为基础，采取多步式，分别经营活动、投资活动和筹资活动，分项报告企业的现金流入量和流出量，最后汇总反映企业在某一期间现金及现金等价物的净增加额。我国企业现金流量表的格式如表 15-5 所示。

表 15-5　现金流量表

会企 03 表

编制单位：　　　　　　　　　　　　　××年度　　　　　　　　　　　　　单位：元

项目	本期金额	上期金额
一、经营活动产生的现金流量		
销售商品、提供劳务收到的现金		
收到的税费返还		

项目	本期金额	上期金额
收到的其他与经营活动有关的现金		
经营活动现金流入小计		
购买商品、接受劳务支付的现金		
支付给职工以及为职工支付的现金		
支付的各项税费		
支付的其他与经营活动有关的现金		
经营活动现金流出小计		
经营活动产生的现金流量净额		
二、投资活动产生的现金流量		
收回投资收到的现金		
取得投资收益收到的现金		
处置固定资产、无形资产和其他长期资产收回的现金净额		
处置子公司及其他营业单位收到的现金净额		
收到的其他与投资活动有关的现金		
投资活动现金流入小计		
购建固定资产、无形资产和其他长期资产支付的现金		
投资支付的现金		
取得子公司及其他营业单位支付的现金净额		
支付的其他与投资活动有关的现金		
投资活动现金流出小计		
投资活动产生的现金流量净额		
三、筹资活动产生的现金流量		
吸收投资收到的现金		
取得借款收到的现金		
收到的其他与筹资活动有关的现金		
筹资活动现金流入小计		
偿还债务所支付的现金		
分配股利、利润或偿付利息支付的现金		
支付其他与筹资活动有关的现金		
筹资活动现金流出小计		
筹资活动产生的现金流量净额		
四、汇率变动对现金及现金等价物的影响		

续表

项目	本期金额	上期金额
五、现金及现金等价物净增加额		
加：期初现金及现金等价物余额		
六、期末现金及现金等价物余额		
补充资料：		
1. 将净利润调节为经营活动现金流量：		
净利润 加：资产减值准备		
固定资产折旧、油气资产折耗、生产性生物资产折旧		
无形资产摊销		
长期待摊费用摊销		
处置固定资产、无形资产和其他长期资产的损失（减：收益）		
固定资产报废损失（减：收益）		
公允价值变动损失（减：收益）		
财务费用（减：收益）		
投资损失（减：收益）		
递延所得税资产减少（减：增加）		
递延所得税负债增加（减：减少）		
存货的减少（减：增加）		
经营性应收项目的减少（减：增加） 经营性应付项目的增加（减：减少）		
其他		
经营活动产生的现金流量净额		
2. 不涉及现金收支的重大投资和筹资活动：		
债务转为资本		
一年内到期的可转换公司债券		
使用权资产		
3. 现金及现金等价物净增加情况：		
现金的期末余额		
减：现金的期初余额		
加：现金等价物的期末余额		
减：现金等价物的期初余额		
现金及现金等价物净增加额		

二、现金流量表的编制说明

（一）现金流量表的编制方法

现金流量表的编制依据主要是资产负债表、利润表及有关账户的记录资料。企业编制的资产负债表、利润表及有关账户的记录资料反映的会计信息都是按照权责发生制基础记录和报告的，而现金流量表要求按收付实现制反映报告期的现金流量信息，编制现金流量表的过程就是将权责发生制下的会计信息转换为按收付实现制表示的现金流量信息。

现金流量表的编制方法常见的有直接法和间接法。直接法是指通过现金收入和现金支出的主要类别列示经营活动的现金流量。企业应当采用直接法反映经营活动产生的现金流量。采用直接法编制经营活动的现金流量时，一般以利润表中的营业收入为起算点，调整与经营活动有关的项目增减变动，然后计算出经营活动的现金流量。现金流量表补充资料采用间接法反映经营活动产生的现金流量情况，是对现金流量表中采用直接法反映的经营活动现金流量进行核对和补充说明。采用直接法具体编制现金流量表时，可以采用工作底稿法和T形账户法，也可以根据有关账户记录分析填列。间接法是指以净利润为起算点，调整不涉及现金的收入、费用、营业外收支等有关项目，据此计算并列报经营活动产生现金流量的方法。

（二）现金流量表主要项目的填列说明

1. 经营活动产生的现金流量

（1）"销售商品、提供劳务收到的现金"项目一般包括当期销售商品或提供劳务所收到的现金收入（包括增值税销项税额，下同）；当期收到前期销售商品、提供劳务的应收款项；当期预收的销货款；同时，当期因销货退回而支付的现金或收回前期核销的坏账损失也列入该项目，做相应调整。

本项目可以根据"库存现金""银行存款""应收账款""应收票据""预收账款""主营业务收入""其他业务收入"等账户的记录分析填列。

【例15-21】顺达公司报告期营业收入为19 400 890元，经营活动销项税额为2 522 115.7元，应收账款期初、期末余额分别为636 000元、567 000元，应收票据期初、期末余额分别为145 000元、134 000元，预收账款期初、期末余额分别为150 000元、240 000元，报告期计提的坏账准备为3 500元，票据贴现息1 200元。

顺达公司本期"销售商品、提供劳务收到的现金"=19 400 890+2 522 115.7+（636 000−567 000）+（145 000−134 000）+（240 000−150 000）−3 500−1 200=22 088 305.70（元）。

（2）"收到的税费返还"项目包括收到的增值税、消费税、所得税、关税和教育费附加等各种税费返还款。本项目可以根据"库存现金""银行存款""营业外收入""其他应收款"等账户的记录分析填列。

（3）"收到其他与经营活动有关的现金"项目反映企业除了上述各项以外收到的其他与经营活动有关的现金流入，如罚款收入、经营租赁收到的租金、流动资产损失中由个人赔偿的现金等。若某项金额较大，应单独列示。本项目可以根据"库存现金""银行存款""营业外收入"等账户的记录分析填列。

（4）"购买商品、接受劳务支付的现金"项目一般包括当期购买商品、接受劳务支付的现金，当期支付前期的购货应付账款或应付票据（均包括增值税进项税额），当期预付的账款，以及购货退回所收到的现金。本项目可以根据"库存现金""银行存款""应付账款""应付票据""预付账款""主营业务成本""其他业务成本"等账户的记录分析填列。

（5）"支付给职工以及为职工支付的现金"项目反映企业实际支付给职工以及为职工支付的现金，包括工资、奖金、各种津贴和补贴等职工薪酬以及为职工支付的其他费用。企业代扣代缴的职工个人所得税也在本项目反映。本项目不包括支付给离退休人员的各项费用及支付给在建工程人员的工资及其他费用。本项目可以根据"应付职工薪酬""库存现金""银行存款"等账户的记录分析填列。

（6）"支付的各项税费"项目反映企业按规定支付的各项税费，包括本期发生并支付的税费，以及本期支付以前各期发生的税费和预交的税费，但不包括计入固定资产价值、实际支付的耕地占用税，也不包括本期退回的增值税、所得税。本项目可以根据"应交税费""库存现金""银行存款"等账户的记录分析填列。

（7）"支付的其他与经营活动有关的现金"项目反映企业除了上述各项以外的其他与经营活动有关的现金流出。本项目可以根据"库存现金""银行存款""管理费用""营业外支出"等账户的记录分析填列。

2. 投资活动产生的现金流量

（1）"收回投资所收到的现金"项目反映企业出售、转让或到期收回除现金等价物以外的对其他企业的权益工具、债务工具和合营中的权益等投资收到的现金，不包括债权性投资收回的利息、处置子公司及其他营业单位收到的现金净额。本项目可以根据"债权投资""其他债权投资""其他权益工具投资""长期股权投资""库存现金""银行存款"等账户的记录分析填列。

（2）"取得投资收益所收到的现金"项目反映企业因股权性投资和债权性投资而取得的现金股利、利息，以及从子公司、联营企业或合营企业分回利润而收到的现金。到期收回的本金应在"收回投资所收到的现金"项目中反映。本项目可以根据"库存现金""银行存款""投资收益"等账户的记录分析填列。

（3）"处置固定资产、无形资产和其他长期资产收回的现金净额"项目反映企业处置这些资产所得的现金，扣除为处置这些资产而支付的有关费用后的净额。例如，收回的现金净额为负数，则应在"支付其他与投资活动有关的现金"项目反映。本项目可以根据"固定资产清理""库存现金""银行存款"等账户的记录分析填列。

（4）"处置子公司及其他营业单位收到的现金净额"项目反映企业处置子公司及其他营业单位所得的现金，减去相关处置费用以及子公司及其他营业单位持有的现金和现金等价物后的净额。本项目可以根据"长期股权投资""库存现金""银行存款"等账户的记录分析填列。

（5）"收到的其他与投资活动有关的现金"项目反映企业除了上述各项目外，收到的其他与投资活动有关的现金流入。本项目可以根据"应收股利""应收利息""库存现金""银行存款"等账户的记录分析填列。

（6）"购建固定资产、无形资产和其他长期资产所支付的现金"项目包括企业购买、建造固定资产，取得无形资产和其他长期资产所支付的现金，不包括为购建固定资产而发生的借款利息资本化的部分以及融资租入固定资产支付的租赁费。本项目可以根据"固定资产""在建工程""无形资产""库存现金""银行存款"等账户的记录分析填列。

（7）"投资所支付的现金"项目反映企业取得除现金等价物以外的对其他企业的权益工具、债务工具和合营中的权益投资所支付的现金以及支付的佣金、手续费等附加费用。本项目可以根据"债权投资""其他债权投资""长期股权投资""库存现金""银行存款"等账户的记录分析填列。

（8）"取得子公司及其他营业单位支付的现金净额"项目反映企业购买子公司及其他营业单位购买出价中以现金支付的部分，减去子公司及其他营业单位持有的现金和现金等价物后的净额。本项目可以根据"长期股权投资""库存现金""银行存款"等账户的记录分析填列。

（9）"支付的其他与投资活动有关的现金"项目反映企业除上述各项以外所支付的其他与投资活动有关的现金流出。本项目可以根据"应收股利""应收利息""库存现金""银行存款"等账户的记录分析填列。

3. 筹资活动产生的现金流量

（1）"吸收投资所收到的现金"项目反映企业收到的投资者投入的资金，包括发行股票、债券所实际收到的款项净额（发行收入减去支付的佣金等发行费用后的净额）。本项目可以根据"实收资本（或股本）""库存现金""银行存款"等账户的记录分析填列。

（2）"取得借款收到的现金"项目反映企业举借各种短期、长期借款所收到的现金，企业因借款而发生的利息列入"分配股利、利润或偿付利息所支付的现金"。本项目可以根据"短期借款""长期借款""库存现金""银行存款"等账户的记录分析填列。

（3）"收到的其他与筹资活动有关的现金"项目反映企业除上述各项目外收到的其他与筹资活动有关的现金流入，如接受现金捐赠等。如某项流入金额较大，应单独列示。本项目可以根据"营业外收入""库存现金""银行存款"等账户的记录分析填列。

（4）"偿还债务所支付的现金"项目反映企业偿还债务本金所支付的现金，包括偿还金融企业的借款本金、偿付企业到期的债券本金等，不包括企业支付的借款利息和债券利息。本项目可以根据"短期借款""长期借款""应付债券""库存现金""银行存款"等账户的记录分析填列。

（5）"分配股利、利润或偿付利息所支付的现金"项目反映企业实际支付的现金股利和付给其他投资单位的利润以及支付的债券利息、借款利息等。本项目可以根据"应付股利""应付利息""财务费用""库存现金""银行存款"等账户的记录分析填列。

（6）"支付其他与筹资活动有关的现金"项目反映企业除上述各项外支付的其他与筹资活动有关的现金流出，如捐赠现金支出、融资租入固定资产支付的租赁费等。若某项流出金额较大，应单独列示。本项目可以根据"营业外支出""长期应付款""库存现金""银行存款"等账户的记录分析填列。

4. 汇率变动对现金及现金等价物的影响

汇率变动对现金及现金等价物的影响反映企业的外币现金流量以及境外子公司的现金流量折算为人民币时，所采用的现金流量发生日的即期汇率或按照系统合理的方法确定的、与现金流量发生日即期汇率近似的汇率折算的金额与"现金及现金等价物净增加额"中外币现金净增加额按期末汇率折算的人民币金额之间的差额。

该项目金额可采用简化方法倒挤得出，即通过现金流量表补充资料中"现金及现金等价物净增加额"数额与现金流量表中"经营活动产生的现金流量净额""投资活动产生的现金流量净额""筹资活动产生的现金流量净额"三项之和比较，其差额即为"汇率变动对现金及现金等价物的影响"项目的金额。

5. 现金及现金等价物净增加额

现金及现金等价物净增加额反映经营活动产生的现金流量净额、投资活动产生的现金流量净额、筹资活动产生的现金流量净额三项之和。

（三）现金流量表补充资料的填列说明

在我国，企业还应采用间接法反映企业经济活动产生的现金流量情况，在补充资料中披露将净利润调节为经营活动现金流量、不涉及现金收支的重大投资和筹资活动、现金及现金等价物净变动等信息，以对现金流量表中采用直接法反映的企业经营活动产生的现金流量进行核对和补充说明。

1. 将净利润调节为经营活动现金流量

采用间接法列报经营活动产生的现金流量时，需要对四大类项目进行调整：一是实际没有支付现金的费用，二是实际没有收到现金的收益，三是不属于经营活动的损益，四是经营性应收应付项目的增减变动。

（1）"资产减值准备"项目根据"资产减值损失""信用减值损失"等账户的记录分析填列。

【例15-22】顺达公司报告期"资产减值损失"和"信用减值损失"账户各明细账户累计发生额分别为：计提的坏账准备141 000元，计提的存货跌价准备13 000元，计提的固定资产减值准备54 000元。

顺达公司"资产减值准备"项目金额 =141 000+13 000+54 000=208 000（元）。

（2）"固定资产折旧"等项目根据"累计折旧"等账户的贷方发生额分析填列。

（3）"无形资产摊销"项目根据"累计摊销"账户的贷方发生额分析填列。

（4）"长期待摊费用摊销"项目根据"长期待摊费用"账户的贷方发生额分析填列。

（5）"处置固定资产、无形资产和其他长期资产的损失（减：收益）"项目根据"营业外收入""营业外支出"等账户所属有关明细账户的记录分析填列；如为净收益，以"−"号填列。

（6）"固定资产报废损失（减：收益）"项目根据"营业外收入""营业外支出"等账户所属有关明细账户的记录分析填列。

（7）"公允价值变动损失（减：收益）"项目根据"公允价值变动损益"账户的发生额分析填列。如为持有损失，在将净利润调节为经营活动现金流量时，应当加回；如为持有利得，在将净利润调节为经营活动现金流量时，应当扣除。

（8）"财务费用（减：收益）"项目根据"财务费用"账户的借方发生额分析填列；如为收益，以"−"号填列。

（9）"投资损失（减：收益）"项目根据利润表中"投资收益"项目的数字填列；如为投资损失，以"−"号填列。

（10）"递延所得税资产减少（减：增加）"项目根据资产负债表"递延所得税资产"项目期初、期末余额分析填列。

（11）"递延所得税负债增加（减：减少）"项目根据资产负债表"递延所得税负债"项目期初、期末余额分析填列。

（12）"存货的减少（减：增加）"项目根据资产负债表"存货"项目的期初数、期末数之间的差额填列；期末数大于期初数的差额，以"−"号填列。如果存货的增减变化过程属于投资活动的，如在建工程领用存货，应当将这一因素剔除。

【例 15-23】顺达公司报告期资产负债表中列示"存货"项目期末余额为 654 000 元，期初余额为 386 000 元，其中本期因厂房改建工程领用本企业产品 30 000 元。

顺达公司"存货的减少（减：增加）"项目金额 =654 000−386 000−30 000=238 000（元）。

（13）"经营性应收项目的减少（减：增加）"项目根据"应收账款""应收票据""其他应收款""坏账准备"等有关账户的期初、期末余额分析填列；如为增加，以"−"号填列。

（14）"经营性应付项目的增加（减：减少）"项目根据"应付账款""应付票据""其他应付款""预收账款""应付职工薪酬""应交税费"等有关账户的期初、期末余额分析填列；如为减少，以"−"号填列。

2. 不涉及现金收支的重大投资和筹资活动

该项目反映企业一定期间内影响资产或负债但不形成该期现金收支的所有投资和筹

资活动的信息。企业应当在补充资料中披露不涉及当期现金收支但影响企业财务状况或在未来可能影响企业现金流量的重大投资和筹资活动，主要包括以下内容：一是债务转为资本，反映企业本期转为资本的债务金额；二是一年内到期的可转换公司债券，反映企业一年内到期的可转换公司债券的本息；三是使用权资产的增加。

3. 现金及现金等价物净增加情况

该项目反映企业在一定会计期间现金及现金等价物的期末余额减去期初余额后的净增加额（或净减少额），是对现金流量表中"现金及现金等价物净增加额"项目的补充说明。该项目的金额应与现金流量表"现金及现金等价物净增加额"项目的金额核对相符。

任务五　所有者权益变动表

一、所有者权益变动表概述

（一）所有者权益变动表的概念

所有者权益变动表是反映构成所有者权益的各组成部分当期增减变动情况的财务报表。所有者权益变动表是动态报表，可以为报表使用者提供所有者权益总量增减变动的信息，提供所有者权益增减变动的结构性信息，特别是能够让报表使用者理解所有者权益增减变动的根源。

（二）所有者权益变动表的结构

所有者权益变动表至少应当单独列示反映下列信息的项目：

（1）上年末余额及会计政策变更和前期差错更正的累计影响金额。

（2）本年初余额。

（3）本年增减变动金额。

①综合收益总额（净利润、其他综合收益）；

②所有者投入资本和减少资本；

③利润分配（如提取盈余公积、对所有者分配利润等）；

④所有者权益内部结转（如资本公积转增资本、盈余公积弥补亏损等）。

（4）本年末余额。

所有者权益变动表以矩阵的形式列示。一方面列示引起所有者权益变动的相关交易或事项，全面反映某一会计期间所有者权益的变动情况；另一方面按照所有者权益的各组成部分分别填列金额，通过本期与上期相关金额的比较，反映各交易或事项对所有者权益的影响金额。

所有者权益变动表的格式如表 15-6 所示。

表 15-6　所有者权益变动表

会企 04 表

编制单位：　　　　　　　　　　×× 年度　　　　　　　　　单位：元

项目	本年金额										上年金额									
	实收资本或股本	其他权益工具			资本公积	减：库存股	其他综合收益	盈余公积	未分配利润	所有者权益合计	实收资本或股本	其他权益工具			资本公积	减：库存股	其他综合收益	盈余公积	未分配利润	所有者权益合计
		优先股	永续股	其他								优先股	永续股	其他						
一、上年末余额																				
加：会计政策变更																				
前期差错更正																				
其他																				
二、本年初余额																				
三、本年增减变动金额（减少以"－"号填列）																				
（一）综合收益总额																				
（二）所有者投入和减少资本																				
1. 所有者投入的普通股																				
2. 其他权益工具持有者投入资本																				
3. 股份支付计入所有者权益的金额																				
4. 其他																				
（三）利润分配																				
1. 提取盈余公积																				
2. 对所有者（或股东）的分配																				
3. 其他																				
（四）所有者权益内部结转																				

项目	本年金额									上年金额								
	实收资本或股本	其他权益工具			资本公积	减：库存股	其他综合收益	盈余公积	未分配利润	所有者权益合计	实收资本或股本	其他权益工具			资本公积	减：库存股	其他综合收益	盈余公积	未分配利润	所有者权益合计
		优先股	永续股	其他								优先股	永续股	其他						
1. 资本公积转增资本（或股本）																				
2. 盈余公积转增资本（或股本）																				
3. 盈余公积弥补亏损																				
4. 设定受益计划变动额结转留存收益																				
5. 其他综合收益结转留存收益																				
6. 其他																				
四、本年末余额																				

二、所有者权益变动表的编制说明

（一）"上年金额"栏的填列说明

所有者权益变动表"上年金额"栏内各项数字，应根据上年度所有者权益变动表"本年金额"栏内所列数字填列。如果上年度所有者权益变动表规定的各个项目的名称和内容与本年度不一致，应对上年度所有者权益变动表各项目的名称和数字按照本年度的规定进行调整，填入所有者权益变动表的"上年金额"栏。

（二）"本年金额"栏的填列说明

所有者权益变动表"本年金额"栏内各项数字一般应根据"实收资本（或股本）""资本公积""盈余公积""利润分配""库存股""以前年度损益调整"等账户的发生额分析填列。

（三）所有者权益变动表各项目的填列说明

1. "上年末余额"项目

"上年末余额"项目反映企业上年资产负债表中实收资本（或股本）、资本公积、盈余公积、未分配利润的年末余额。

2."会计政策变更"和"前期差错更正"项目

"会计政策变更"和"前期差错更正"项目分别反映企业采用追溯调整方法处理的会计政策变更的累积影响金额和采用追溯重述法处理的会计差错更正的累积影响数。企业应当在上期末所有者权益余额的基础上进行调整，得出本期初所有者权益，根据"盈余公积""利润分配""以前年度损益调整"等账户的发生额分析填列。

3."本年增减变动额"项目

（1）"综合收益总额"项目反映净利润和其他综合收益扣除所得税影响后的净额相加后的合计金额。

（2）"所有者投入和减少资本"项目反映企业当年所有者投入和减少的资本，其中：

①"所有者投入的普通股"项目反映企业接受投资者投入形成的实收资本（或股本）和资本溢价或股本溢价。

②"其他权益工具持有者投入资本"项目反映企业发行的除普通股以外分类为权益工具的金融工具的持有者投入资本的金额。

③"股份支付计入所有者权益的金额"项目反映企业处于等待期中的权益结算的股份支付当年计入资本公积的金额。

（3）"利润分配"项目反映当年对所有者（或股东）分配的利润（或股利）金额和按照规定提取的盈余公积金额，并对应列在"未分配利润"和"盈余公积"栏。

（4）"所有者权益内部结转"下各项目反映不影响当年所有者权益总额的所有者权益各组成部分之间当年的增减变动，其中：

①"资本公积转增资本（或股本）"项目反映企业以资本公积转增资本（或股本）的金额。

②"盈余公积转增资本（或股本）"项目反映企业以盈余公积转增资本（或股本）的金额。

③"盈余公积弥补亏损"项目反映企业以盈余公积弥补亏损的金额。

④"设定受益计划变动额结转留存收益"项目反映企业因重新设定受益计划净负债或净资产所产生的变动计入其他综合收益，结转至留存收益的金额。

⑤"其他综合收益结转留存收益"项目主要反映：第一，企业指定为以公允价值计量且其变动计入其他综合收益的非交易性权益工具投资终止确认时，之前计入其他综合收益的累计利得或损失从其他综合收益转入留存收益的金额；第二，企业指定为以公允价值计量且其变动计入当期损益的金融负债终止确认时，之前由企业自身信用风险变动引起其他综合收益的累计利得或损失从其他综合收益中转入留存收益的金额等。

任务六　附注

一、附注的作用

附注是指对资产负债表、利润表、现金流量表和所有者权益变动表等报表中列示项目的文字描述或明细资料以及对未来能在这些报表中列示项目的说明等。

附注是财务会计报告的重要组成部分，是对会计报表的补充说明。有助于企业财务报表使用者理解和使用会计信息。首先，附注拓展了企业财务信息的内容，打破了财务报表内容所受限制。例如，提供报表数据的形成来源及结构的分析性信息等；其次，附注突破了揭示项目必须用货币加以计量的局限性；再次，附注充分满足了企业财务会计报告使用者的要求，增进了会计信息的可理解性；最后，附注提高了会计信息的可比性，可以使不同行业或同一行业不同企业的会计信息的差异更具可比性，以便于进行对比分析。

通过附注与资产负债表、利润表、现金流量表和所有者权益变动表列示项目的相互参照关系，以及对未能在报表中列示项目的说明，可以使财务报表使用者全面了解企业的财务状况、经营成果和现金流量情况。

二、附注的主要内容

（一）企业的基本情况

附注中企业的基本情况主要包括企业注册地、组织形式和总部地址；企业的业务性质和主要经营活动；母公司以及集团最终母公司的名称；财务报告的批准报出者和批准报出日。

（二）财务报表的编制基础

附注中财务报表的编制基础包括会计年度、记账本位币、会计计量所运用的计量基础、现金和现金等价物的构成等。

（三）遵循《企业会计准则》的声明

企业应声明编制的财务报表符合《企业会计准则》的要求，真实、完整地反映了企业的财务状况、经营成果和现金流量等有关信息。

（四）重要会计政策和会计估计的说明

企业应披露采用的重要会计政策和会计估计，应披露重要会计政策的确定依据和财务报表项目的计量基础，以及会计估计中所采用的关键假设和不确定因素。

（五）会计政策和会计估计变更以及差错更正的说明

企业应当按照《企业会计准则第28号——会计政策、会计估计变更和差错更正》的规定披露会计政策和会计估计变更以及差错更正的有关情况。

（六）报表重要项目的说明

企业应按照资产负债表、利润表、现金流量表等报表及其项目列示的顺序，采用文字和数字相结合的描述方式进行披露。报表重要项目的明细金额合计，应当与报表项目金额相衔接。

（七）或有事项

按照《企业会计准则第 13 号——或有事项》的相关规定进行披露。

（八）资产负债表日后事项

资产负债表日后事项主要包括每项重要的资产负债表日后非调整事项的性质、内容及其对财务状况和经营成果的影响。无法做出估计的，应当说明原因；资产负债表日后，企业利润分配方案中拟分配的以及经审议批准宣告发放的股利或利润。

（九）关联方关系及其交易

本企业的母公司有关信息披露。母公司不是本企业最终控制方的，说明最终控制方名称。母公司和最终控制方均不对外提供财务报表的，说明母公司之上与其最相近的对外提供财务报表的母公司名称；母公司对本企业的持股比例和表决权比例；本企业的子公司及合营企业有关信息披露；本企业与关联方发生交易的，分别说明各关联方关系的性质、交易类型及交易要素。交易要素至少应当包括：交易的金额；未结算项目的金额、条件和条款，以及有关提供或取得担保的信息；未结算应收项目的坏账准备金额；定价政策。

REFERENCES

参考文献

[1] 财政部会计资格评价中心. 初级会计实务[M]. 北京: 中国财政经济出版社, 2024.

[2] 财政部会计资格评价中心. 中级会计实务[M]. 北京: 中国财政经济出版社, 2024.

[3] 陈强. 财务会计实务[M]. 4版. 北京: 高等教育出版社, 2024.

[4] 杨娟. 财务会计应用[M]. 杭州: 浙江大学出版社, 2012.